A P E S

猿始

我們為什麼會有
人性與個性？

爭、從眾、好色、馴化，

場關於人類本能的終極探索

孟慶祥——編著

目錄

目錄

第六章 人性

第七章 男性

目錄

後記

目錄

前言

對人的科學認識，將成為改變世界的力量

一百五十年前，一位叫查爾斯 · 達爾文的人才發現了人是類人猿演化的結果。但大部分人只是勉強地承認這個事實，直到現在，這個事實背後的含義還遠未被發掘。

一

直到今天，人仍然習慣性地將自己和動物區別來看。在我們的生物教科書上，人是靈長目、人科、人屬、人種，是唯一的人科動物。事實上，靈長目中的黑猩猩和人的親緣關係很近，牠們和人的基因相似度達98.5%，比黑猩猩和大猩猩之間的親緣關係還近。從基因學上分析，大猩猩和黑猩猩的分化約是一千萬到一千兩百萬年前，二者基因差異是2.3%，人類作為一個分支的分化約為六百萬到七百萬年前。純粹從基因的百分比上來說，人與黑猩猩之間的相似度達98.7%，黑猩猩本應該也是人科。貓和老虎差別那麼大，都被劃分到一個科，為什麼黑猩猩和人差別那麼小，卻被劃分到不同的科？這大概就像富人不願意認貧窮的親戚一樣吧。

表面上看，人類的外形和其他靈長類差異較大，且是唯一長期直立行走的猿類，身體的多數部位也沒有毛髮。較高的智力，讓許多人認為只有人才是能真正改造自然的動物，其他動物頂多做一個漂亮的巢穴，而無論是外在的成就還是行為方式，都很容易讓人誤認為人和動物有本質的不同。

前言

　　但是，人們沒有意識到：人和猴子差異的本質，絕對沒有表面看起來的那麼大。複雜的語言、文字紀錄和傳承方式，是人類區別於其他動物更重要的特點。試想，一個出生的嬰兒如果在原始環境中長大，他們不會有複雜的語言，能夠學習的東西也僅僅是獲取食物的本領，以及與其他同類交往的簡單技能，人能比動物厲害多少呢？換個角度，假定一萬兩千年前，一個前農業社會的人穿越到現代，他也可以學會開飛機、寫程式，或設計高樓大廈。而從社會形態上看，一萬兩千年的人類社會與現在的野生動物差別不大。幾十年前，在新幾內亞島和美洲的部分土著還過著原始生活，但從遺傳性的智力上看，這些土著和現代文明社會的人並沒有多少區別。

　　人類之所以像現在這麼富於創造性，主要是因為工具性進步。人們開著法拉利疾馳，但不會因此認為自己跑得快；人類借助語言和文字這樣的工具，取得了遠大於其他動物的成就，卻因此誤認為人和動物的本質差異很大。富人有錢、頭領有權，看起來很強悍，但從生物意義上，他們和普通人沒有區別，差的只是一點運氣。工具掩蓋了人的動物性，所以看人性時，首先要剝離掉這些工具所導致的虛假繁榮。

　　文字的發明大大放大了人的能力，它讓人的經驗累積超越了代代相傳的局限性，其他動物子承母業，只能從母親那裡學習一點點東西，不能積累。有關人類演化的科普著作多如牛毛，這些作品幾乎都來源於西方，而其中絕大部分都強調人動物性的一面，強調人是由猿類演化而來，而盡情貶低人類。我認為這樣做是因為西方根深蒂固的宗教觀，故每一本書都要強烈否定上帝造人。

在東方不存在這樣的問題，東方最大的問題是自古至今人們都缺乏好奇心。好奇心從來都沒有形成一種社會風氣，也從來沒有得到廣大激勵，因為實用主義充斥於生活和文化中的所有微血管。在人類社會發展歷程中，不斷試錯才可能找出正確答案；但如果對試錯的對象不感興趣，則只會一無所有。

本書是向大家講述一個古老的故事，即剝掉文化的人到底是什麼樣的，即人性研究。對人類本真特性的認識、對大到制度的設計、社會的演進，小到家庭瑣事、人際交往都將有重要影響。

二

自古以來，窺測人的本性一直很令人著迷，從中國諸子百家到西方哲學再到各種宗教，大多數都是「人學」，每個人也有自己關於「人」的觀點。但一直到今天，大多數對人的探究仍然不得要領，關於人的認識遠未建立在科學基礎之上，因為文化蒙蔽了人們的眼睛，而我堅信只有從動物和演化的角度才能看透人體、人欲、人性的真相。文化只是一時的規則，本性則根深蒂固。

早期有系統地研究人性的，是宗教和哲學，研究方法主要是觀察和想像，但這會因觀察者的角度和傾向不同產生很大的差異，這時人性的學說主要是一種觀點。心理學的誕生，標誌著對人性的研究逐漸走向科學之路，而不僅僅是個人的某種觀點。一八二五年，德國哲學心理學家赫爾巴特《心理學是一門科學》（*Psychologie als Wissenschaft*）的巨著問世，第一次莊嚴宣布心理學是科學。一八七九年，馮特（Wilhelm Maximilian Wundt）在德國的萊比

前言

錫大學創立了世界上第一間心理實驗室，用實驗的手段來研究心理現象，被公認為是心理科學獨立的標誌。馮特一生著作很多，其中《生理心理學原理》（*Grundzüge der physiologischen Psychologie*）一書被譽為「心理學的獨立宣言」，馮特被譽為心理學之父，而此後一段時間，心理學發展較為緩慢。

近一百年來，心理學分化出無數分支，加在心理學前面的定語層出不窮：發展心理學、社會心理學、大眾心理學、犯罪心理學、教育心理學……心理學史上也鐫刻了無數名字。除了一些流行讀物之外，較為嚴肅、可以作為教材的心理學主要是以實驗和統計為基礎。很顯然，這種方式得到的結果比觀點要可信得多，但是心理學仍然不是一門非常科學的學問。

我認為最主要的標誌，是心理學的實驗和統計結果，它的結構遠比數學、物理、化學、工程學科要簡陋，而且很不完整，缺乏一個邏輯框架能進行有說服力的解釋。例如，全球的教育制度，都沒有建立在對人的認識過程進行科學分析的基礎上，所以我們迄今都不知道哪個年齡層該學什麼；在面對社會倫理和人本性衝突時，我們只是採取了簡單的妥協，而並未深究本因；全球的股市都是基於理性人的錯誤假設，事實上人更多的是生物人而非理性人……我相信，假以時日，人類社會必將掀起重新認識自己的高潮。

心理學的成熟必將改寫教育、社會制度、公司制度等等，它的影響會波及工作和生活的方方面面。它是一項項實驗和統計，而它最缺乏的是邏輯體系，而這個體系必須從達爾文哲學中汲取營養。達爾文揭示了生物身體、性格、器官、外形等形成原理，但他並沒

有把整座大廈蓋好。他的演化論就像歐幾里德幾何學中的五大基本公理一樣，整個體系還需要後人添磚加瓦、不斷探索。

達爾文的演化論可以總結成下面幾條公理：

第一原理，優勢生存原理。很多人把這個原理簡單的理解成弱肉強食，這是對適者生存通俗的曲解。獵豹強，羚羊弱，後者是前者的食物，弱肉強食只是在搏鬥中的表現。從演化論的角度上看，羚羊不見得比獵豹弱，有一天獵豹滅絕了，羚羊可能還很繁盛。生物學上的優勢，是生存並繁衍後代的能力，無論是身體的某個器官還是某種習性、性格偏好，從長期的效果來看都是優勢取勝，所有的特性、無論體格還是性格（這一點容易被人們忽視）都有一定的遺傳率。比如，好色的男人如果確實比相對不好色的男人能留下更多後代，好色就是一種優勢，而由於我們已經經歷了漫長的演化歷程，不好色的男人現在存在的機率就很低了。

第二原理，代謝保守原理。穴居動物曾經視力很好，但穴居之後由於視力無法發揮作用，視力就慢慢退化了。這不是拉馬克的用進廢退，而是代謝保守原理。這一原理說的是：消耗能量的東西不可能演化得富足有餘。長期來看，無論體能、智力抑或是某個器官，都是剛好能夠撐住演化的壓力、剛好夠用，如果多餘或者壓力被解除就會退化。遠古的人類也曾經有粗壯、有力的手臂，像猴子一樣能在樹上攀爬如飛；然而現在，即使頂尖的體操選手也比不上猴群中普通的一員。這條原理暗示：演化不會創造多餘的器官，也不會形成多餘的個性，因為這些東西如果沒有生存和繁殖的競爭優勢，就會形成多餘的能量浪費。

　　第三原理，近前動力，有的書中稱為引導性原因，更為貼切，或是叫近因。生物的唯一使命就是生存和繁殖，這也是它存在的理由。但是，想要生存和繁殖，就必須處理很多的事情，有很多策略可供選擇。比如，動物該如何交配呢？是讓牠「想」到要留下後代嗎？當然不是！那樣的實現手法太「繞」了，最直接、簡單的方案，是讓牠在發情期有交配的衝動，性慾就是為了繁衍後代的近前動力。為了實現長遠的目的，必須透過近前動力實現，這是一切行為演化的基礎原理；再比如，兩個人面對一隻老虎，跑得快比智商高更現實，跑得快就成了一個近前優勢，而假如逃跑的情況常出現，智力的演化就會落後於奔跑速度的演化，智力的演化就要依賴於其他情境。

　　有了這三個定理，就可以推導出人的性格、慾望、稟賦等一切推論。

　　對人而言，關於人性和行為的認識，要比對人體的認識複雜。演化只會留下有形的化石，不會留下行為化石。比如，所有的生物書上推測說，遠古時期經歷過母系社會和父系社會，還說原始人的生活模式是男人狩獵、女人採集；但實際上，這樣的說法不可能有證據。我發現這樣的說法甚至缺乏基本的邏輯支撐，有人可能從男性更好打鬥、體格更強壯這一現象，推測男人狩獵的行為模式。而實際上，男性區別於女性這種特徵更大的可能性，不是為了與其他物種鬥爭，而是與同伴爭奪交配權所形成。因為我們從很多動物身上都觀察到同樣的特徵：草食雄性家畜比雌性好鬥很多；雄獅外形威武，但捕獵的基本上都是雌獅。而如果從現代人的行為模式上推

演，即便是高大的男性也很難拿著原始工具與野獸搏鬥，當然如果從小就生活在這樣環境中，就另當別論。

缺乏化石證據，讓關於人類行為模式、人性的學說裹足不前。一個學過國中物理的普通學生，關於物理的知識遠比亞里斯多德的物理學正確許多；但是，即便是現在一個頂尖的倫理學者，也無法證明他的倫理學比亞里斯多德的倫理學更優秀，因為雙方都沒有建立在科學的基礎之上。缺乏證據，也讓絕大部分嚴肅的學者，避免研究這個不太容易有令人信服結論的學說。這給我這種滿懷好奇心的「非學者」留下了空檔，而有機會提出前人不曾提出的概念和見解。

三

在這裡，我要請求讀者給我一次狂妄的機會。我所提出關於人類行為模式和人性的許多見解，絕非眾多突發奇想之中的一種而已，而是盡力將這些見解構築於比較可靠的邏輯基礎上。

我採用了以下方法：

以外形推測行為：例如現在恐龍只留下了化石，人們會根據牠的牙齒、骨骼、頭腦大小，推測牠大體上的行為模式；獅子和老虎是近親，染色體數目相等，牠們之間可以交配。獅子和老虎的不同，在於獅子雄雌之間有明顯的外形差異（生物學上叫做二太性），老虎沒有。因此可以大致上推斷：老虎的交配競爭要弱於獅子，獅子交配的集中度要高於老虎，進而可以推斷獅子是群居的、老虎可能是獨處的。

而人類的某些外貌特徵也會暗示人性演化的軌跡：

近親類比法：人的行為模式已經被社會習俗、文化等遮蔽，而我們的近親猴子、猩猩等沒有文化束縛，按照牠們的生物本性行事，二者之間具有某些可類比的特徵。儘管這種方法沒有十分可靠的邏輯推斷，如果總結的夠多，考慮的維度足夠豐富，也會逼近真實的結果。這些比較對象並不限於靈長目，我們飼養、馴化了很多家畜，馬戲團馴化很多用於表演的動物，人對這些動物學習能力和學習規律都有較為確實的評估方法。那麼這些經驗為什麼就不能用於人本身呢？有人可能會想到他們和人的親緣關係太遠了，所以沒有可比性。從邏輯層面來看，馬戲團馴化獸類，讓牠們學會某種知識和技能；人類馴化自身，也不斷地學習。獸類要在長到成年之前學會基本的生存技巧，所以幼小時期最利於馴化，因為這一時期的學習能力最強。而人為了應對生存挑戰，也會建立同樣的學習機制。物種差異雖大，邏輯基礎相同，我們也就可以得出比較令人信服的見解。

觀察、總結、邏輯驗證：每個人都在觀察、總結他周圍的世界和人，每個人都有自己的見解。既然我要提出一種關於人類的理論，就會從更廣泛的意義上觀察、總結。這種方法和古代哲學家無異，區別在於，我要把觀察的結果放在生物的邏輯中評估，所以就會更加去偽存真。一九〇〇年，精神病醫師佛洛伊德寫了一本書《夢的解析》（*Die Traumdeutung*），提出了潛意識學說以及戀父、戀母等心理學概念。當然，這個學說一定是建立在他的觀察和醫療案例基礎上，然而他的結論如戀父、戀母和生物規律相違背，所以這

一定是錯誤的學說。

這些並不是什麼新方法，嚴肅的生物學家、人類學家以及科普作者，都部分採用過其中一些方法，而我的目標則是綜合運用，以提出更加可靠的見解。

這不是一本漫無邊際的暢談人生、談論個人主張的書。麥可・哈特（Michael H. Hart）在《影響世界歷史 100 位名人》（*The100: ARanking of the Most Influential Persons in History*）中論及孔子的貢獻時，說在中國無論是鍋爐工還是一個普通農民，人人說話都帶有哲理。本書基本迴避價值主張，重點是「看」，客觀地看，並解釋生活中的方方面面。為什麼兒童學習外語更合適？為什麼全世界的性服務產業絕大多數都是為男性服務？為什麼各種文化背景下的婚配都有相似的選擇標準？為什麼婆媳容易不合？學習和認知最主要的規律是什麼？所有的東西都立足於科學的解釋，都面向普通讀者會感到好奇和關心的問題。

最後，我要說明一下這種研究的價值。從大方面來看，對人性的基本假設，影響了整個人類社會制度的設計和演進。柏拉圖、亞里斯多德把人區分為菁英和普通人，也由此設計了菁英統治制度；亞當斯密認為人人都是自私的，而這種自私卻可以透過交換讓大家都受益，於是產生了對市場經濟的信奉；而馬克思主義哲學，認為只要是被壓迫、被剝削的好人站上歷史舞臺，就能讓整個社會更加和諧、幸福。

擅於思考的讀者，會認為我如此輕描淡寫地談論歷史，未免過於幼稚和輕浮，但我堅信最複雜、影響力深遠的思想往往都是簡單

前言

的假設推論。數理化等科學基本上都建立在簡單的原理之上，社會科學也是如此，而社會科學凌亂的原因是它不夠科學。我想閱讀本書的人大都讀過一些心理學書籍，事實上，研究人類行為的現代科學主要就是心理學。心理學的特點是比較繁雜，心理學家今天做這樣一項實驗、明天又發現了另外一則理論，但是，他們從未統一在一個簡潔的框架之中，這也是本書要實現野心的一部分，因為我認為人類所有的本質行為模式必須建立在一個簡潔的邏輯框架之內，就像馬克士威方程組和歐幾里德幾何學的公理一樣簡單有效。

　　本書的最後一章，暢想了 DNA 技術和生物技術對人自身、人類社會方方面面的影響。它長遠地預測，因為對人性公式般科學、準確的分析，都必須建立在基因學的基礎上。由觀點到公式是哲學走向科學的途徑，其中間的過渡形態則是邏輯。公式比邏輯強，而邏輯比觀點要好很多，而本書的目標則是達到中庸。

第一章

生　命

第一章　生　命

　　生命的本質是一座複雜的化工廠，簡單地說，對動物而言，蛋白質和基因構成了生命的主體。蛋白質執行主要的生理功能，基因是是生命的主謀，它只是策劃，卻不執行具體的任務。

混沌中誕生的生命

　　我們的故事先從生命的起源講起，這是理解自身身體和本性的唯一入口。雖然也有人想借助宗教、信仰、修行等方式尋找本真的自我，但那是南轅北轍。

　　人們很清楚，四季更替、萬物叢生、晝夜輪迴等一切，與人的存在毫無關係，自然法則、物理定律、數學邏輯等亦同，人類只是發現了它們的存在，並沒有做出改變。但正是這些物理、化學規律及數學邏輯決定了生命的起源和生命運行的軌跡。

　　達爾文寫的《物種源始》（*On the Origin of Species*），雖說源始，但它的定語是「物種」而非「生命」。達爾文是極其嚴謹的人，對他沒有把握的東西不會亂加想像。我不能、也不想把這本書寫成嚴謹的科學報告，這樣可以忽略細節上的障礙，而更容易探討問題的本質，如同我們可以分辨一個人的胖瘦，而不必細究他重幾斤幾兩。

　　我深知由於人性固有的弱點和知識的局限性，很容易自以為是。人類在研究自身時，受到文化的遮蔽，大多數的圖書要麼極為愚蠢和膚淺，要麼晦澀難懂。我希望直達要義，不讓文化蒙蔽了眼睛，看清作為動物的人類本質。

　　我們還是回到正題，把達爾文缺失的一課補上，粗略地解釋一

下生命的起源。生命起源現在仍然是一個謎，相對無機物而言，有機物更加有序。早年有機物的定義就是能燃燒的物質，而這些物質之所以能燃燒，都是直接或者間接從太陽光中吸收了熱量。通常情況下，有機物到無機物易，無機物到有機物難，這是熵的原理。但有一個耗散理論（dissipative structure theory），描述平衡開放系統在外界能量流的維持下，透過自組織形成有序結構，例如在無風的天空中，有時天空出現排列非常規則的階梯雲，就是耗散結構。而生命的起源就是在日光能量的持續關照下，由無機物逐漸形成的有序有機體。

從無機物到較為複雜的生命要跨越幾個階段：首先，無機物要在自然狀態下形成生命的基本成分 —— 最小的有機分子，如氨基酸、核醣等，前者是組成蛋白質的材料，後者則構成了遺傳物質；第二，這些基本的有機小分子有序地連接起來構成大分子，進而形成遺傳物質以及蛋白質。遺傳物質非常關鍵，它使得有機物能夠在比較普通的情況下具有複製自身的能力，可以實現有機物到有機物的製造過程，也就是說有遺傳物質，無機物變成有機物就容易多了；第三步，形成最簡單的生命單位 —— 細胞。最初的細胞沒有完整的細胞核，是一種很簡單的、尺寸很小的細胞，叫做原核細胞；第四步，形成較為複雜的細胞。細胞核由包膜包裹起來，細胞質中有胞器，這種細胞內部結構較為複雜，稱為真核細胞；第五步，由單真核細胞組成多真核細胞；第六步，有性繁殖出現，這樣每一代的遺傳物質都是混合的，使得子代和親代之間變異速度大為增加，新物種形成的速度大大加快。

第一章　生　命

　　一九三五年，美國科學家米勒（Stanley Lloyd Miller）進行了一個著名的模擬實驗。在這個實驗中，一個盛有水溶液的燒瓶代表原始的海洋，其上部球型空間裡含有氫氣、氨氣、甲烷和水蒸氣等「還原性大氣」。米勒先替燒瓶加熱，使水蒸氣在管中循環，接著他透過兩個電極放電產生電火花，模擬原始天空的閃電，以激發密封裝置中不同氣體發生化學反應，而球型空間下部連通的冷凝管，讓反應後的產物和水蒸氣凝結，又流回底部的燒瓶，即模擬降雨的過程。經過一週持續不斷的實驗和循環之後，米勒分析化學成分時發現：出現了含有包括五種氨基酸和不同有機酸在內的各種新有機化合物，同時還形成了氫氰酸。氫氰酸可以合成腺嘌呤、鳥嘌呤等，是組成核苷酸的基本單位，而核苷酸結合起來就可以形成遺傳物質。米勒的實驗試圖向人們證實，生命起源的第一步，從無機小分子物質形成有機小分子物質，在原始地球的條件下完全有可能實現。現在有人已經類比原始環境，製造了更為複雜的蛋白質和核酸，雖然和真實生命的蛋白質和核酸有不少的差別，但實驗已經證實自然環境是具備產生生物的條件。而形成複雜生命後面的步驟，尚不能透過實驗證實，甚至無法完整解釋其成因。但是不管怎麼說，生命起源於無機界並且透過化學反應維持和發展，這一點無可質疑。

　　接下來，生命的歷程交給了達爾文，他發現的演化規律能夠解釋物種的多樣性及其演變規律。演化的神奇之處是逐漸改變，只要假以很長的時間，就可以達到驚人的效果。在自然界中，你甚至很難找到一個磨礪得非常接近球體的鵝卵石（這可能是最容易自然形

成的幾何體），卻到處遍布著複雜無比的生命。圓形的石頭雖然更容易形成，卻沒有逐漸改進的機制，生命雖然複雜無比，卻能不斷進行微小的調整，經年日久就塑造了無比繁複和神奇的生命。

　　在達爾文之前，研究物種的問題已經是一個熱門的領域，博物學家收集的化石已經能讓人們感覺到生物並非千古不變，只是在成因上不能完整解釋。法國博物學家拉馬克（Lamarck），認為生物後天獲得的本領可以遺傳到下一代，這是他的錯誤，但是他探索到生物是逐漸演變的這個關鍵。但作為一個有重大貢獻的科學家，他不僅沒有獲得應有的尊重，反而被愚蠢的世人嘲笑。國中時期的一個笑話說，拉馬克認為後天獲得性特徵可以被遺傳，故事說他為母雞的脖子繫上紅綢，每一隻都如此，而他認為將來就可以孵化出繫著紅綢的小雞 —— 拉馬克當然不會這麼蠢，只是被愚蠢的人取笑而已。

　　達爾文的《物種源始》之所以成為里程碑式的著作，乃是因為他的系統性和完整性。

　　達爾文演化論，暗示了生命法則的遺傳 —— 改進 —— 適應機制，這一學說的推論就是每種生物的每個器官、形態、動物的性格形成都有它的用途，也就是說外形、行為模式、性格等都可以被解釋。

生命的化學本質

　　思考生命的本質，是好奇心的一種自然體現，古人一直在思考這個問題，宗教和哲學的各種結論都沒有什麼價值，直到達爾文發

第一章　生　命

現生命乃是演化而來，對生命的認識有了重大進展，進而物質和精神開始統一，革新了宗教和哲學對人的解釋。

一九四四年，物理學家埃爾溫・薛丁格（Erwin Schrödinger）寫了一本《生命是什麼》（*What Is Life?*）的小冊子。當時，染色體剛剛發現不久，DNA 的具體結構則要在九年之後才被發現。薛丁格在這本書中最重要的推斷，是演化是由很多的突變所構成，而不是達爾文所說的逐漸、細小的變異。他進而推斷，突變實際上是量子的能量躍遷所造成，但後來的科學發展證明生命和量子一點關係都沒有，即所有生命現象最終都可以歸結於化學現象。如我們熟知的睪固酮，成年男子每天分泌約 6～9 毫克，經肝代謝排除。就是這百分之一克不到的微量物質，讓男人表現出第二性徵，肌肉更加發達，維持著高昂的性慾，而性慾的本質不過是少量化學物質的作用。如果有一天，愛某個人、恨某個人、演算一道數學題、寫一篇文章、回憶或者記住一件事，全部都可以找出背後的化學反應因素，我們不會感到驚訝。雖然，大多數人不能接受把精神的東西全部物質化，或者更準確地說「化學」化的事實，但現實生命就是如此。

查爾斯・達爾文隨同小獵犬號環球航行結束兩年後，一八三八年，他的演化論已經接近成熟，而改變整個世界的《物種源始》要在二十一年後才面世，為什麼如此重要的發現要等二十多年一直是一個謎。據哈佛大學古生物學家史蒂芬・古爾德（Stephen Jay Gould）考證，達爾文一直不發表《物種源始》的原因不是證據不足，也不是怕挑戰上帝造物的觀念，而是按照物種源始的邏輯，唯

物論將徹底應用到生命觀的所有領域中，精神不可避免的只是肉體的附屬物，上帝根本不可能存在，來世只是一種幻想，這個問題對人的衝擊太大……精神是肉體的附屬物，這是一個關鍵的推理，本身探討的重點──人的認知、行為、精神層面的東西也必然像身體一樣，遵從演化的邏輯。

距離達爾文的發現已經整整過了一百五十多年，關於人本身，人們仍然很難從根本上接受徹底的唯物論。心理學還處在初期的觀察、實驗、統計、總結階段。科學家雖然畫出了人類完整的基因序列，但離解析它的含義路途還相當遙遠。然而，科學的發展遲早會證明，所有被認為屬於意識或精神範疇的東西，最後都能準確地和生化反應對應，而由於生物化工廠如此複雜，也許一百年後才能看到這一天。

組成生命的所有物質，都是各種原子透過化學鍵連繫的結果，化學鍵就是原子為了達到穩定狀態共用電子的一種機制，這是國中課本上的知識，我們再來簡要複習一下。這種機制簡單地說就是一個原子外層電子數目，都有趨向於某個數值的傾向性。比如，原子的外層電子趨向於八個（第一層例外，第一層的飽和數是兩個），如果很接近八個，比如說是七個或者是六個，則傾向於得到一個或者兩個以湊足八個；而如果外層只有一兩個電子，則傾向於丟掉，從而達到飽和狀態。丟掉和得到之間，是透過原子之間的結合實現，而不是真正的丟掉和得到，因為原子不願意以離子的方式存在，外層的電子數目總是趨向於和內核的質子數相等。丟掉電子的原子帶正電、得到電子的原子帶負電，它們之間的引力又會使它們

第一章 生 命

結合，透過不同的結合方式就構成了世間的萬物，包括生命體。

二十世紀前半葉的量子力學大發現，就是從非常基本的層次上揭示了物質的組成原理，其中與此相關最重要的發現，可能要數奧地利的沃夫岡‧包立（Wolfgang Ernst Pauli）一九二五年提出的「不相容原理（Pauli exclusion principle）」。這一理論揭示了原子外層電子（不是最外層）的分布規律，二十年後的一九四五年，這個理論的正確性和它產生的廣泛深遠的影響才得以確認。不相容原理被稱為量子力學的主要支柱之一，是自然界的基本定律，它使當時許多有關原子結構的知識條理化。人們可以利用包立引入的第四個、表示電子自旋的量子數，把各種元素的電子，按殼層和副殼層排列起來，而元素性質主要取決於最外層的電子數（價電子數），這一理論完整解釋了門德列夫的元素週期表。

原子外層電子數目的差異，決定了它得到或者失去電子的「慾望」大小。例八號元素氧原子，外層的電子數目是六個，它想得到電子的慾望就沒有九號氟強烈，因為後者只差一個電子就可以達到飽和狀態，前者卻需要兩個。但是氧比十六號元素硫得到電子的慾望強烈，雖然它們外層都是六個電子，但氧是第二層缺兩個電子，硫則是第三層缺兩個電子，距離原子核遠一點，就不如近一點有更強的力量獲得這些欠缺的電子；反之，當原子外層電子數很少，它們就很「希望」拋棄這些電子，越靠外層拋棄的動力就越大。鈉、鉀等元素在自然界中都是以化合物的形態存在，因為它們外層只有一個電子，非常不穩定。

元素之間結合慾望恰到好處，是產生生命物質的基礎。為了說

得簡單易懂，我們假定，只有兩種元素結合形成的物質，如果雙方結合的慾望都非常強烈，結合後的物質就比較穩定；但如果雙方、或者一方慾望不夠強烈，它們就容易被更適合配對的、慾望更強的原子取而代之，或者在熱運動比較顯著時，它們的結合就會分崩離析，這就是我們在國中已經學過的氧化還原。

組成生命的物質，不管是蛋白質還是去氧核醣核酸（DNA），最神奇的地方在於，它們是一種常溫下穩定性適中的物質。如果DNA是一種很穩定的物質，像我們鋪路用的花崗岩一樣千百年不變，生命就無法演化，或者演化得異常緩慢；如果DNA非常不穩定，生物在一代之內就會變異，生命體也會因此不穩定。

造化最初的神奇，就在於非常精確地設定了組成生命物質的原子參數。我估計，組成生命最基本物質的化學鍵，強度大一點不行，小一點也不行，但死板的教科書卻從來沒有說明來龍去脈，而只有極不流行的科普書才會談論到這些很關鍵的東西。

到底在什麼樣的條件下才有可能造就生命？這個問題一直被重複爭論，唯一公認的原理是：水是形成生命不可或缺的物質，但我不知道科學家是怎麼得出這個結論。我相信生命是可以計算的，宇宙中的基本元素就那麼幾樣，儘管它們的化合狀態無窮匱乏，但我總覺得可以計算出哪些原子在什麼樣的條件下，有可能組成介於穩定和不穩定之間的物質。根據這個公式，我們就可以精確計算出生命存在的條件。猜測和尋找生命，歷來都是泛大眾化的所謂科學探索，更像是一個譁眾取寵的無聊炒作。

因為原子之間微妙的力量均衡，生命才得以形成。在長達

第一章 生 命

三十六億年的歷史長河中，用了十五億年，才開始出現較為複雜的真核細胞生命，而要再過大約三億年，植物和動物才開始分化。略過中間極其複雜、漫長的過程，我們直接跨越到較為複雜的動物這個分支。

我們先談一下性，性在生物演化歷史中是一個關鍵步驟。地球上的生命分為有性生殖和無性生殖兩種形態，無性生殖通常都是微生物和部分植物，而我們能夠看到的大多數動物和開花植物，都採取了有性生殖的方式。

性的起源，是一個比物種的創生更難解釋的問題。性使生物產生更多變異，提高了物種演化的效率，而科學家不能解釋的是：在有性生殖中，雌雄同體雖然不能和自己交配，卻是最佳模式。雌雄同體保留了性的好處，又不必犧牲一半的繁殖能力。現實世界中，有十四種動物選擇了這樣的生殖方式，包括蚯蚓、蝸牛等，而大部分的有花植物選擇了雌雄同株的有性生殖方式，這是可以理解的，因為植物不會動，如果像銀杏一樣雌雄異株，在授粉上就存在很大的風險。既可以同株授粉（保險方案）又可以異株授粉（享受變異的好處）是最佳方案。當然，如果深究下去，植物的雌雄同株，也不意味著可以為自己授粉，而許多種植物為了獲得異株授粉的好處，演化出了自交不親和性（Self-incompatibility），生命的策略有時十分巧妙。

表面上，性的存在暗示了遺傳物質過於穩定、變化得不夠快這一事實。假如 DNA 的化學鍵比現在更不穩定，以至於不需要性來加快變異，就可以形成很多物種。新的問題就冒出來了：DNA 在

一代生物上變動頻繁並非好事，甚至會提高生物死亡的風險。這很容易理解，癌症就是 DNA 發生變異的結果，而從這個意義上說，DNA 對長壽生物來說又不夠穩定。性的作用就是把變異分級化了，一方面，在一代生物身上，保持了較穩定的狀態，這是生物長壽的基礎；另一方面，性可以在世代間加速變異，雖然這種變異缺乏方向性，但龐大的數量對鍛鍊生物的適應性有好處。性的結果，是製造了生物的多樣性，加速了生命的演化。舉個簡單例子，現在馴化植物基本上都是有性生殖，透過人工選種和雜交等手段，和野生的種類已經有巨大的差異，而蘑菇是無性繁殖的物種，故它的品種就非常難以改良。

在這裡，有必要介紹一個常識性的細節，來說明性對變異的作用。我們知道就一般細胞而言，都擁有同樣的基因；而一旦分裂成單套的精子或者卵子，這些細胞的基因結構就有所差別了。動物的染色體由一對組成，我們不妨把一條叫做「0」，另外一條叫做「1」，雙套細胞染色體全部都是「10」或者「01」，沒有先後次序的、且是等效的。人類的二十三對染色體就是二十三個「10」或者「01」。成對的染色體一旦分裂成單套，在一個位置上可能是 0 也可能是 1，因為沒有另外一個互補的染色體，所以一個雙套分裂所形成的兩個單套細胞的基因不同，精子和卵子就可能有七十兆種結合方式。所以儘管世界人口稠密，但如果不是同卵雙胞胎，兄弟或者姐妹就不可能具有完全相同的基因。由此就能看到，性給物種變異的多樣性發展，提供了多麼廣闊的空間。

第一章　生命

生命的策劃師，DNA 的邏輯

　　國中生物課本已經大致描述了 DNA 本身的複製方式，以及 DNA 是如何指揮複製蛋白質，但那些說法有點複雜，同時也無法描述清楚。我覺得一種簡單的理解方式，是 DNA 由鹼基組成，而蛋白質由氨基酸組成。酸和鹼能自然結合，微妙之處在於鹼基和氨基酸都是非常弱的鹼和非常弱的酸，它們之間的結合力比較弱，不會產生硫酸遇上氫氧化鈉這麼激烈的化學反應。DNA 的鹼基和氨基酸結合之後很容易分離，那麼 DNA 為範本製造蛋白質的方法，就很容易形象理解了 —— DNA 上的鹼基，相當於氨基酸的運輸工具，DNA 上不同的鹼基組合，會形成不同的微觀形狀，就像配鑰匙的「模子」，不同凹凸形狀的 DNA 鹼基對，會取特定的氨基酸放到特定的地方，如此循環往復，複雜的生命大廈就蓋好了。很多人可能從網路、報刊等各種媒體上知道奈米製造的概念，它的意思是：既然所有的產品，本質上都是由一個個不同分子排列組成，那麼我操縱一個個的分子，就可以製造出各種東西。實際上，生物體的製造機制就是奈米製造，DNA 是工具和範本，氨基酸則是材料。當然，生命物質不只有蛋白質，還有如植物的澱粉和纖維、動植物的脂肪等等。我們只能點到為止，因為對動物而言，最重要的生物物質就是蛋白質。

　　對於生物體而言，可以這樣理解：DNA 從來不上前線執行任務，發揮作用的幾乎全是蛋白質（比如為女孩注入男人特有的蛋白質，她可能就會更喜歡舞刀弄槍），但所有的排兵布陣、策略戰術

都是由 DNA 安排，因為它負責製造蛋白質。

　　DNA 在複製自身的過程，偶爾會發生變化，在無性生殖時代，這種變化頻率極低，並且大多數情況下，變種的 DNA 都不如原本「好」，所以生物變化速度非常緩慢。到了有性生殖時代，DNA 的變化就很普遍了，有性生殖的基礎基因成對出現，兩條染色體成對的叫做雙套，人類有二十三對染色體。很多植物配對的染色體數目可能是三、四或者八，稱為多套，也有個別沒有染色體配對的情況稱為單套。

　　典型的雙套有性生殖中，一半基因來源於父親，一半來源於母親。兩條結合在一起的 DNA 並非單獨發揮作用，我們可以簡單地理解為，一對染色體上某個位置的一對基因，有相同的作用處於同一位置的基因稱為等位基因。兩個等位基因可能相同，也可能不同，比如一條基因決定色盲，另外一條決定沒有色盲，那麼生物體的性狀到底「聽」誰的？簡單的比方，就是孩子更像他爸還是更像他媽的問題。整體來說，這是一個比較複雜的問題，各種情況都有：有時只聽一方的，有時是雙方共同發揮作用。如果只聽一方的，說了算的那個叫做顯性基因，另外一個叫做隱性基因。如果兩個基因都是隱性地組成一對，這樣它們「主張」的生物特徵也會表現出來。

　　需要說明的是，通常情況下，隱性基因都是不利於生物體本身的「壞」基因。從機率上說，本來顯性和隱性各有一半的機會有壞基因，而不利於生物體的「壞基因」若以顯性基因方式存在，經常造成生物體不利於生存競爭，而隨著生物載體數量的減少，顯性方

第一章 生 命

式存在的壞基因就越來越少，以隱性方式存在的壞基因就越來越多，這就像壞分子經常偽裝起來一樣。當然，這種說法並不嚴謹，也有顯性的壞基因，有的致病基因也以顯性的方式存在，只是大多數情況下服從壞基因是隱性的這個規律。

近親結婚由於基因同源，兩個隱藏的壞基因會分布在同一點位，造成後代有缺陷的可能性大大增加。有些人就會想，既然近親結婚後代容易有遺傳病，是否也更容易有一些天才的後代呢？答案是：不會！這不是一個賭大小點的問題，使人更天才的基因通常不是不利於生物體的壞基因，它不會以隱身方式存在，故近親結婚也不會提升這種基因被表達的機率。

當然，這些說法只是大概，並不十分嚴謹。根據我的理解，我們的教科書追求嚴謹，只好把這些很糾結、但很有用的知識給省略，結果只留下了幾條乾巴巴的生物學知識，大家不感興趣也記不住。

好奇的人又會問，動物會近親結合，為什麼後代卻沒有那麼多的問題呢？這又是一個不太容易講清楚的問題。從長期的效果來看，避免近親結婚會提高「壞」隱性基因出現的機率，它們隱姓埋名，不對它們的載體 —— 生物本身造成傷害，因此不會被淘汰。

假定總是近親結婚，這當然非常違反人類的倫理，我們假定讓另外一種動物，總是讓牠們近親交配，壞的隱性基因造成對生物體的傷害，長此以往，壞基因出現的機率就越來越低。醫學實驗用的小白鼠就是不斷的用同父母後代交配，這樣後代有缺陷，死亡率就比較高，但總有活下來的，經歷若干世代的這種方式交配，

「壞」的隱性基因就被篩除了，所有的小白鼠都有相似度非常高的基因組合，就像同卵多胞胎一樣，這樣做醫學對比實驗，就能消除生物個體差異造成的影響。

自然界的動物，透過兩種機制傳宗接代：第一種，很多動物演化出了不與近親交配的行為模式和社會機制，如狼和獅子等；第二種，如果沒有禁止近親交配的行為模式，那麼，它的壞隱性基因的數量就被壓制在一個出現機率較低的水準。

生物只有生存、繁殖才可延續，才可以存在，所以，原則上說它的所有外貌、形態和行為都務必利於生存和繁殖，這是達爾文的《物種源始》中就發現的邏輯。一九五三年，華生（James Dewey Watson）和克里克（Francis Harry Compton Crick）發現了 DNA 的結構，知道遺傳密碼都在 DNA 之中。一九六六年，喬治·威廉斯（George C. Williams）寫了一本薄薄的小冊子《適應與天擇》（*Natural selection*），認為演化必須利於生物個體，進而認為演化的「目的」就是為了基因的存續，漢彌爾頓（W. Hamilton）發展了這種理論。

一九七六年，理查·道金斯（ClintonRichard Dawkins）將這種理論寫成了一本通俗、有趣的科普讀物《自私的基因》（*The SelfishGene*），揭示了一個重要的邏輯，即基因片段才是主導生物外貌、行為的主謀。基因最大的特點是「自私」，即它必須促使生物能讓自己存續。這種自私邏輯大部分情況下和生物體本身具有一致利益，因為如果它的載體不存在了，基因也隨之凋亡了。但有時也有相悖的情況，如導致癌症和各種遺傳疾病的基因，它們也會頑

強地傳承自己，通常以隱性方式存在，就不會讓它的載體凋亡。壞基因的另外一種策略，就是生育期之後再表達，這樣它的載體雖然會凋亡，但不影響自己遺傳的機率。癌症大體上就是這樣一種基因，生殖能力消失之後，它再出來興風作浪，「搞死」承載它的生物體後，再遺傳給下一代。

蛋白質是執行生命任務的工兵

　　與人們直觀的感覺一樣，動物要比植物複雜很多，用一句最具有概括性的話描述動物的運作機理就是：蛋白質是表現形式，基因是主謀，但不負責具體功能。舉一個例子，失血過多就需要輸血，輸血的條件就是血型一定要能配對。器官也可以異體移植，但是從來不需要關心 DNA 相容的問題。血型實際上是血球細胞膜蛋白質的類型，如果不相容就會產生凝血反應，但是細胞內部 DAN 不同則沒有關係。無論運動、感覺還是情感，本質上都是蛋白質的作用，DNA 只負責製造蛋白質和它本身，卻不具備任何生理機能。

　　一隻複雜的動物，比如人的身體要分化出各種器官和系統，各司其職、相互配合以完成維持生命這個複雜的任務。從化學物質的角度說，完成動物基本功能，最重要的物質就是蛋白質（Protein）。

　　蛋白質是生命的物質基礎，人體的物質不是蛋白質，就是蛋白質負責製造的物質，沒有蛋白質就沒有生命。蛋白質是荷蘭科學家穆德（Gerardus Johannes Mulder）在一八三八年發現，他觀察到生物離開了蛋白質就不能生存。蛋白質是生物體內一種極重要的

高分子有機物，占人體重量的 16.3%，即一個 60 公斤的成年人，其體內約有蛋白質 9.78 公斤。人體內蛋白質的種類很多，據估計大約有十萬多種。不管蛋白質種類多麼多，都是由二十種氨基酸按不同比例、不同的方式結合而成，並不斷代謝更新。

粗略地說，人的感覺系統、神經、記憶、情感、行為、慾望等等均由蛋白質實現，精神是物質的附屬物。

整體來說，蛋白質主要包括以下功能。

構造人的身體：構成植物機體的主要原料是纖維素（纖維素和澱粉都是多醣結構，都由單醣組裝而成，組裝的方法不同就構成了外在屬性的千差萬別），由醣結合而成，主要以細胞壁的形式存在。而構成動物機體的主要原料則是蛋白質，人體的每個組織——毛髮、皮膚、肌肉、骨骼、內臟、大腦、血液、神經、內分泌等都是由蛋白質組成。與其說蛋白質是纖維素的替代品，不如說蛋白質是纖維素的改良品種，在種類和功能上，蛋白質比纖維素豐富得多。

維持機體正常的新陳代謝和各類物質在體內的輸送：載體蛋白對維持人體的正常生命活動至關重要，比如血紅素（血紅蛋白）輸送氧、脂蛋白輸送脂肪等。

免疫細胞和免疫蛋白：有白血球、淋巴細胞、巨噬細胞、抗體（免疫球蛋白）、補體、干擾素等，七天更新一次。當蛋白質充足時，這個部隊就很強，在需要時，數小時內可以增加一百倍。

構成人體必需的催化和調節功能的各種酶：我們知道，每種化學反應都需要不同的溫度、壓力等條件，而生物體的環境和溫度都

第一章　生　命

很恆定，在這樣的環境中要協調多種化學反應，就需要複雜的催化劑。生物體中的催化劑叫做酶，每一種酶只能參與一種生化反應，人體細胞裡每分鐘要進行一百多次生化反應。酶有促進食物的消化、吸收的作用，相應的酶充足，反應就會順利、快捷地進行，不易生病。目前發現的兩千多種酶全部都是蛋白質，透過酶使人體各種化學反應順利進行，並且控制在一個精確速率。假如某種酶失去了活性，身體機能很快就難以為繼，例如毒品大多數都會阻斷特定酶的機能，只有一氧化碳會直接讓血紅素失去作用。

激素的主要原料：能調節體內各器官的生理活性，胰島素是由五十一個氨基酸分子合成，生長素是由一百九十一個氨基酸分子合成。構成神經遞質乙醯膽鹼、五羥色氨等。

維持神經系統的正常功能：味覺、視覺和記憶。這只是一個粗略描述，總而言之，正如恩格斯所說：「蛋白質是生命的物質基礎，生命是蛋白質存在的一種形式。」

人體或者動物身體能夠協調地製造、並維持這麼複雜的蛋白質工作，全賴於基因的指揮。從構成原料上說，基因比蛋白質的原料更簡單，DNA 只有腺嘌呤、鳥嘌呤、胸腺嘧啶和胞嘧啶四種物質，再加上 RNA 用尿嘧啶取代了胸腺嘧啶，總共只有五種物質。把這些物質按照一定的序列安裝在醣鏈上，就構成了神祕的雙股螺旋，也就是遺傳物質。我們現在知道，最簡單地說生命的基本材料不過是二十種氨基酸、加上五種鹼基而已。在網路上可以查找這些物質的分子式，它們都是很簡單的小分子。事實上，不僅人體，我們地球上的生命從本質來看，都是由這些最基礎的物質所製成。所

以，自然界在創造生物上非常慷慨，但用材卻非常節儉。

　　早在達爾文之前，他的爺爺，博學的詩人、博物學家、醫生伊拉斯謨斯· 達爾文（Erasmus Darwin）就猜測生命的同源性問題。他寫道：

　　遠在動物存在之前

　　地球和海洋就充滿了植物

　　我們是否假設

　　所有的有機生命都源於同一種活性纖維？

第一章　生　命

第二章

感　官

為什麼我們覺得癩蛤蟆是醜陋的，孔雀是美麗的？為什麼人是最有口福的動物？人類是一種視覺動物，這意味著什麼？本章探索人類感覺系統的演化歷程，感官是動物應對環境的感測器，是人通向世界的入口，從感官到認知再到慾望是動物的構成模式，也是人的構成模式。

感覺 —— 通向心靈，指揮行動的入口

動物靠感覺趨利避害是最直接、最有效的。透過眼、耳、鼻、口、身等器官，動物獲得或者傳遞資訊，做出反應是適應環境、獲得生存和繁殖機會的主要手段，飢餓時想吃東西，發情期有強烈的性衝動，遇到敵害會產生恐懼、避讓、逃跑、裝死等各種反應。

像其他動物一樣，人類的感覺並非是一種客觀真實，只是一種趨利避害天擇的結果。見了蛇，人們會覺得有點畏懼；見了蟲子會覺得噁心，鳥類卻覺得是牠的最佳食物。人們覺得奇臭無比的糞便，在狗看來卻是不錯的食品；人遠離糞便可以遠離寄生蟲的感染，而狗恰恰不怕人糞便中的寄生蟲，因為牠的消化液有強烈酸性，糞便中尚未利用的氨基酸對於狗是不錯的營養物質。

兔子體型較小、腸道也比較短，消化往往不充分，所以兔子經常吃自己的糞便，以獲取剩餘的營養價值。蟲子雖然也是蛋白質，但是經常有毒，況且這麼小的生物，對於人類這種較為龐大的身軀是杯水車薪，為了吃蟲要演化出對蟲子毒液的免疫力，獲得食物需要支付的能量也比較大，對於人類這種體型和生態位的動物而言，喜歡吃蟲的感覺不如厭惡蟲子更利於生存，久而久之，

人類厭惡蟲子的感覺就保留在本能之中。但對於體型很小的葉猴（*Trachypithecus poliocephalus*）而言，蟲子和蟑螂卻是主要的食品。

像人類一樣，沒有一種動物的感覺是完全「客觀的」，動物的感覺只是實現生存和繁殖的策略，這一點就是解釋感官問題的突破口。感覺是實現目標的近前動力，這些目標包括獲取食物、躲避傷害、與同伴交流、對環境做出反應。

人類的感覺系統，多半是由棲息在森林的生活方式而塑造。感覺器官集中在頭部，據說這種設計可以將訊號最快速地傳給大腦反應。眼睛和耳朵感覺實體訊號，鼻子和嘴巴主要處理化學訊號。為了生存，生物充分挖掘了蛋白質的潛力，用蛋白質這種複雜多變的材料，演化出各式各樣靈敏的感測器。而因為趨利避害生存的需要，同樣的訊號送到不同物種的大腦，可能被解讀成不同的含義。

退化的鼻子

用化學訊號通訊，是動物最古老的通訊方式，體型最小、最簡單的動物首先有嗅覺。化學訊號的優點是消耗能量很小，非常少的物質就可以產生嗅跡，嗅覺感測器比光線感測器、聲音感測器更容易設計，嗅跡訊號在動物離開後仍能發揮作用。缺點是化學訊號傳播緩慢，不適合及時反應和長距離通訊。所以，小型動物常常把化學訊號作為主要的通訊手段，而大型動物通常用化學訊號標識領地，用作發情期訊號、追逐獵物等。

鼻子為什麼能聞到味道？味道的本質是什麼？熱的本質是分子高速運動，而氣味的本質現在仍然不能被確切瞭解。一般認為，氣

# 第二章　感　官

味物質在化學上是一些小的、簡單的化合物。在玫瑰園裡，玫瑰之所以是玫瑰，是由叫作香茅醇的十碳原子化合物所決定，原子構成的分子幾何形狀和原子間化學鍵的角度，決定了物質的氣味。氣味是物質分子裡的原子或原子團的特殊振動，或者說整個分子的振動樂曲。據分析，分子的幾何形狀，似乎比組成分子的原子本身名稱還要重要。任何一組原子，如果精確地排成同樣的形狀，不管排列以後叫什麼化學名稱，就會有芳香味。科學家猜測，嗅覺蛋白質是透過測量一些分子的幾何形狀來定義它的味道。

分子的形狀也可以測量？其實這並不奇怪，大家知道熱的本質是分子運動，我們感覺到熱，其實是在測量分子運動的速度。我猜想，嗅覺可能是透過特定形狀的多種蛋白質實現，就像過去的虎符一樣，嗅蛋白和被嗅分子的嚙合決定氣味。嚙合的縫隙大小可以轉換成微弱的電訊號，傳遞給處理這些訊號的器官形成嗅覺。

最簡單的生物，可能有靈敏的嗅覺器官，因為它有鑒別特別氣味的蛋白質，人卻不能發明簡單的「嗅味機」，緝毒和追捕罪犯現在還用警犬。在製造蛋白質方面，人類的科技還處於相當初級的原始水準，比如人很容易製造相機，動物的眼睛卻是演化中的複雜事件。因為用材不同，塑造形狀的難易度有別。人類掌握了宏觀製造，但對構造蛋白質這種超精細的化工卻所知甚少。

嗅覺和身體的器官、行為秉性一樣，也遵從「用進廢退」原理，「用進廢退」這個詞在生物學上特指拉馬克演化論，其內涵是後天獲得性能力可以遺傳，這是錯誤的，但我們能夠觀察到：常用的器官通常都比較發達，不用的器官趨於退化，也是事實。如果去

掉「後天獲得性形狀可以遺傳」的內涵,「用進廢退」本來是一個好詞,但因為這個詞被賦予了特定的含義,只好用另一個詞 ——「代謝保守原理」,以描述用和不用對演化的影響。在演化過程中,有一種使能量消耗最小、代謝最少的趨勢。若生物長久穴居,眼睛就沒有多大的用途,這個器官就會退化,因為這種方式代謝能量最小。以此原理,我們可以預測很多事情:長久吃熟食,會導致人的齧咬能力越來越差;雙手長期不勞動,會導致人的手臂越來越細。其實這個原理有一個危險的暗示,就是人類在創作優越生存環境的同時,人類自身的生存優勢也正在迅速喪失。

因為樹棲的緣故,密密麻麻的樹林容易阻斷氣味的通路,靈長目的動物嗅覺多半都欠發達。狗是一種嗅覺敏銳的動物,有人說牠的嗅覺能力相當於人的一百萬倍,尤其對於酸性物質。顯然,狗的嗅覺是獲得食物的一種重要手段。犬科動物與貓科動物的捕食方式不同,經常採取長途奔跑的方式追逐獵物,如此,氣味就比視覺重要,因為視覺會被阻隔。對犬科動物而言,長一個好鼻子顯然很重要,所以狗有靈敏的鼻子和平庸的眼睛;貓科動物則擅長突然襲擊,一舉拿下,所以牠們的鼻子很平庸、眼睛則很銳利。

嗅覺不僅用於獲得食物,躲避追擊,還是動物之間溝通的重要方式。成隊的螞蟻在路上爬行時,可嗅出同蟻群和其他蟻群的區別。螞蟻熙熙攘攘過路,留下蹤跡,親近的螞蟻可以跟蹤,別的螞蟻不能。有些螞蟻是肉食蟻,生來就具有覺察其它蟻類蹤跡的本事,跟蹤受害者到巢穴,釋放出特殊的氣味物質,使受害蟻群驚慌潰亂。

# 第二章　感　官

　　人類由足跡留下的化學物質標記著自我，就像膜表面抗原標記一樣，準確無誤，個個有別。從這個意義上說，人們普遍存在的臭腳是為了留下嗅跡，過去我們曾經有過靈敏的鼻子，只是有的人腳臭並未隨著嗅覺退化，才造成了今天這個小小的遺憾。

　　人是嗅覺最差的動物之一，研究表明，嗅覺的退化和視覺的演化是同時發生，因為人的生存並不特別依賴於嗅覺。昆蟲的嗅覺就比人類靈敏得多，雄蠶蛾在三公里遠處，就能嗅到雌蠶蛾的氣味，即使只有幾個分子飄來，也能嗅到。當然，蠶蛾的嗅覺主要是為了尋找交配對象，很可能只對特定的氣味有極強的嗅覺；而人類不必依靠嗅覺來覓食和求偶，嗅覺在遠古時期對人類的生存和繁殖，就已經退居次要地位。在密林中或者穴居的祖先很少受到肉食獸的威脅，通常也不缺水喝，眼睛對生存和繁殖的意義比嗅覺更重要，要在密林中尋找果實、判斷樹枝是否可以支撐身體等。慢慢地，人類成了嗅覺不敏感的動物。

　　嗅覺和味覺都是人體的化學感覺，生理學家們研究後發現，嗅覺比味覺要靈敏一萬倍左右，氣味比味道豐富得多。其實這是合情合理的，生物用氣味通訊、追蹤、躲避、甄別敵友等等，用途非常廣泛。相比之下，味道的意義並不大，僅僅是鑒別食物、引起進食慾望的一種方法而已（引起食慾還有其他方式，如蛇類的吞咽）。人類特別重視「口福」，這是少數雜食動物才需要的技能，而不是普遍現象。

　　科學家說，在人的感覺器官中，嗅覺和味覺密切相關。感冒時吃東西沒有味道，不是因為味覺失靈，而是因為嗅覺失靈；如果光

有味覺，吃蘋果差不多就跟吃生馬鈴薯一樣，即使吃巧克力霜淇淋也會嘗不出味道，不知在吃什麼。這種說法是缺乏現實依據的，因為你捏鼻子吃糖照樣是甜的，吃鹽還是鹹的。

「有口福」的嘴巴

演化學說很少討論人的味覺，原則上味覺不能用於動物個體間的通訊，只是引起進食慾望的一種感覺，但不是唯一引起進食慾望的一種方式。所以味覺缺乏豐富性，相對其他感覺而言比較簡單，缺乏研究價值。蛇經常吐著開叉的毒信（這是一種通常的說法，蛇的舌頭是無毒的），牠是從空氣中感受聲音和氣味。蛇的舌頭上其實沒有味蕾，牠的舌頭其實是鼻子，吃東西只是吞咽。蛇可以吞下比自己身體粗幾倍的東西，估計牠的進食慾望，是透過我們看起來很難受的「撐」的感覺來實現。

人雖然沒有一個好鼻子，但是長了一個「有口福」的嘴巴，這應該歸功於人類多次變換豐富的食譜。從樹棲吃水果為主到地面的雜食動物、肉食類。人類良好的味覺系統，可以說明人們能夠辨別種類如此豐富的食物。

食物越單一，味覺系統越簡單，狗雖然有無比靈敏的嗅覺，卻只有普通的味覺。在馴化之前，狗是純種的肉食動物，食物味道比較單一，不需要那麼多辨別味道的能力。像大多數肉食類一樣，並不細嚼慢嚥，而是囫圇吞棗地吃下去，因為群居的肉食類如果吃食物比較慢，將處於不利地位，肉食動物靠胃液中大量的鹽酸消化蛋白質。豬就有很好的味覺系統，別看豬吃東西很隨便，豬舌頭上味

蕾的數目是人的三倍之多。

多食譜動物味覺還有另外兩個功能：一是鑒別哪些東西可以吃，哪些東西可能有毒；二是鑒別食物的熱量。

植物為了防止被動物吃掉，毒性是其中的一種常用策略。動物為了避免中毒，需要相應的演化，味覺可能是一種最直接、最重要的方式。亞馬遜森林中的貘，為了避免吃有毒的植物，每株植物的葉子每次只吃幾片。貘不可能知道中毒這個事情，牠們可能透過味覺系統的疲勞，實現趨利避害，吃幾片這種植物的葉子就厭倦了，再去吃另外植物的葉子。整體來說，我們覺得好吃的東西都含有較高的熱量，這才是味道的本質。自然環境下的雜食類動物，食物短缺是司空見慣的事，盡可能地吃高熱量的食品有明顯的好處，自然界的設計方案，就是讓高熱量的食物味道好。今天人類的食物豐富了，甚至不需要多少勞動，在短缺時期演化出來的優勢，卻在豐沛時期成了一種累贅，這是人類容易肥胖的原因。

像大多數能力一樣，人類對味道的感覺也非一成不變，後天建立一部分對味覺適應性，這就是所謂的口味。一方面，如果你熟悉了一種食品的味道，就會覺得它好吃，例如川湘人，喜歡吃辣椒多是後天養成的習慣。另外一方面，總是吃單一的食品，也會感到很膩，長時間吃不到一種食物，比如水果，就會有特別想吃的慾望。前者的緣由，是消化系統建立了對常用食品的適應性，比如消化道內細菌群落的差異，可能就會導致對不同食品的偏好，所以會透過味覺傳遞：這種東西是不是好吃。而吃膩了和特別想吃某種東西，可能是人體某種營養過剩、或者特別需要某種物質的訊號。

人類和動物一樣，學習能力隨著年齡遞減。我所謂的學習並不限於我們稱之為知識的東西，而是包括動作，味覺等。細心的人發現年輕人的口味容易適應新的環境，而老年人就很難改變自己對食物口味的偏好。在生物意義上，這也是一種學習能力。

很多動物的食譜非常單一，如熊貓只吃竹子、老虎只吃肉，牠們需要用單一的食品製造身體需要的多種營養成分。而人類作為一種歷史久遠的雜食動物，在獲得口福的同事，身體喪失了用單一的原料製造多種營養成分的能力，人體不能合成其中八種氨基酸，也不能合成維生素 C，在食物異常豐富的情況下，也會產生營養不良。上古時期，動物透過味覺傳達需要這些營養的訊號，是一種恰當的方式。所以從健康的角度說，想吃什麼就吃什麼，是一種明智的選擇。

肩負重任的耳朵

人的耳廓與同樣體型的哺乳動物相比比較小，同時又不能轉動（只有少數人能微微煽動自己的耳朵）。哺乳動物耳廓的大小及轉動的靈活程度，的確與聽力的靈敏程度有關。

就像耳機比照相機簡單一樣，耳朵要比眼睛容易設計和實現，演化出靈敏的耳朵是相對比較容易的事情，有時候演化與人造某種東西的難易程度也有可比之處，儘管生物用材比人造用材的局限性大太多。與其他感覺系統一樣，靈敏程度取決於它對生存的意義。在原始環境下，人類生存對聽覺的要求並不苛刻，我們更依賴眼睛獲取食物和躲避攻擊。狗的視力比較差，牠要靠靈敏的耳朵感受周

邊環境。據估計，人對聲音的敏感程度只有狗的 1/16。

　　論靈敏程度，狗的聽力遠沒有達到極致，例如，螞蟻會敲擊地面，用聲音傳達訊號，這個聲音之小，恐怕無法想像，但對於體型如此之小的動物，檢測尺寸很小也可以理解。

　　實驗表明，一般情況下，對於中等強度的純音，平均的頻率解析度大約為 0.5%。依此推算，在 20Hz ～ 20kHz 範圍內，人耳大約可以辨別出一千五百個不同頻率的聲音。人耳對 400Hz 左右的音，分辨能力最強，只要相差 1Hz 就能區分。

　　音調、響度、音色等都是人耳對聲音的主觀感覺，而頻率、聲強等才是客觀的物理量。生理聲學和心理聲學，主要就是研究聽覺的客觀機制以及聲音的主觀感覺和聲音客觀量之間的關係。此外還研究失聰、助聽、掩蔽、雙耳定位等問題，為電聲設備、語言通訊和雜訊控制提供重要的資料。

　　人雖然沒有一對好耳朵，卻用它承擔重要的任務。首先，複雜語言形成的歷史並不長，卻發揮了極其重要的作用。人不需要特定的頻率和音色分辨同伴或者報警，因為識別複雜語言不需要特別靈敏的感測器，卻需要更複雜的處理器，所以語言促進了大腦的發育，卻沒有讓人演化出更靈敏的耳朵。

　　其次，大多數人先天對音樂有很高的敏感性，兩三歲的兒童能隨著節奏跳動或者表示出喜悅，這顯然是天生的。其中一部分人對音樂的喜好會延續終生。很多演化學者一直思考，在古老的環境下，喜好音樂對生存到底有何意義？人類具備的音樂能力已經超出了原始社會生活的需求，這個問題一直困擾演化論創始人之一華

萊士（Alfred Russel Wallace），以至於最後華萊士放棄了人的演化學說，認為人是上帝特創的，其他的生物才是演化而來。華萊士認為，人對音樂的喜好以及過分聰明的大腦，在古老的生活場景下沒有什麼意義，而演化論暗示生物不會演化出超越其生存意義的能力，因為這會額外消耗能量。

起初我認為，音樂可能是流水、微風聲音的變種，也許這些聲音有利於生存，但我感覺這個解釋不太可靠。而在《細胞生命的禮讚》（The Lives of a Cell: Notes of a Biology Watcher）裡，美國科學院院士，博學、睿智的路易斯・湯瑪斯博士（Lewis Thomas）的解釋，可能更切合實際。

假如像我所相信的那樣，製造某種音樂的驅動力，如同我們其他的基本生物功能一樣，也是我們作為生物的特點，那麼其中必有某種道理。既然手邊沒有現成的解釋，那我自可冒昧提出一個。有節奏的聲音，也許是另外什麼事的重現 —— 是一種最最古老的記憶，是一支舞曲總譜，記載了混沌中雜亂無章的無生命物質，轉化成違反機率的、有條有理的生命形式過程。

自然界的聲音如此之多，在其中尋覓特定的節奏與聲音通訊有很大的關係，我們演化出這種本能順理成章。聽覺還可以暫時與聲音的感受分離，放一些「經過耳邊」的聲音，把它們當作「耳邊風」不予理會。比如當人仔細看書時，並不會「聽見」桌上鬧鐘的滴答聲，但一旦有你感興趣的聲音，即使它比其餘的聲音都弱，就會立即聽到它。母親可以在很強的噪音中熟睡，但當孩子一聲哭泣的時候，她就會立即醒來。

　　傾聽的專注程度，往往與一個人的學習能力有著某種聯繫。馴猴人最早發現了這一點，他們首先要挑選合適的猴子馴化，方法就是觀察哪一隻猴子更能專心聽講。有的猴子總是左顧右盼、不能專心，就無法馴化成很會表演的猴子，其實這一點也可以用於人的自身複雜語言系統的形成。人類對聽覺的依賴也是空前的，專注對我們而言要比猴子重要得多。據觀察，一個人學習的能力非常取決於專心致志的能力。隨便問一個小學教師，他對這一點都會有深刻的體會，而如果你的孩子培養了專心聽講的習慣，以後就不會為成績煩惱了。

視覺動物

　　眼睛的形成是動物演化的里程碑，光學系統能夠傳遞的資訊遠比化學系統豐富、快速、準確，眼睛的演化加劇了動物的生存競爭，眼鏡是一部精密的光學儀器，代表了演化的最高成就。數百萬年的演化已經形成了十種以上的動物視力系統，每一種都要特別適應它們各自的需要。

　　雖然人類生就了平庸的鼻子和耳朵，卻有不錯的眼睛。人是一種視覺動物，人的眼睛幾乎有哺乳動物中最好的色感，透過眼睛中的錐狀細胞可以清晰地感覺紅、綠、藍三原色，這全賴於祖先要在密林中尋找水果所賜。

　　以種子和蟲子為食物的鳥類，對色彩的感覺遠遠強於人類，除了紅、綠、藍三原色，很多鳥類還有處理紫外線的感光細胞。貓科動物雖然眼睛明亮，但對於色彩的感覺比人差很多，我們眼裡鮮豔

的顏色，在貓科動物眼裡只有平凡的色彩。而在鳥類看來，人則是色弱動物，鳥類的眼睛要找尋微小的種子，要和擬態的昆蟲競賽。枯葉蝶從形態、顏色甚至紋理，都極其類似一片枯黃的樹葉，而在鳥的眼裡隱藏得也許不是那麼完美。如果僅僅有人類這樣的眼睛，鳥類恐怕早就餓死了。

識別色彩，首先是為了挑選食物。許多門市招牌都是紅的，其次是黃色，而絕大部分兒童更喜歡紅色的。人們之所以喜歡紅色和黃色，因為這是大多數成熟水果的標誌色，這種顏色是祖先食物的顏色。

解剖學認為，色彩識別能力和夜視力此消彼長。眼睛透過桿狀細胞感覺光的強度，透過錐狀細胞感覺色彩。錐狀細胞多、桿狀細胞就會減少，所以夜視能力強的動物色彩的感覺都比較差。喜歡夜間捕食的貓頭鷹眼睛中沒有錐狀細胞，完全是色盲，但它看清東西需要的光線強度僅為人類的百分之一。像雞這樣的色彩感覺超群的動物，光線一旦暗下來就半盲了。

生存方式所產生的演化壓力，決定了感覺器官的靈敏度，而要達到較高的靈敏度，通常需要較大的體積，就像昂貴的相機體積都比較大一樣。夜間捕捉老鼠的家貓眼睛比人還大，如果人的眼睛比例像貓那麼大的話，直徑將達到十五公分！很多昆蟲眼睛比頭還大，當然，也不能機械地理解眼睛大小與靈敏度的關係。在天空翱翔的金雕，眼睛的體積也不怎麼大，但視力極好，可以看清距離一公里外的一隻兔子。這是牠獲得食物必需的本領，在強大的天擇壓力之下，演化出不可思議的能力。

第二章　感　官

　　視覺對於生存鬥爭的意義，對於絕大多數體型不太小的動物而言都極為重要，獲得食物、躲避敵害是眼睛演化最主要的壓力。

　　對於人而言，視覺多了一重意義，常被用於人之間的交流。在長期的群居生活方式中，眼睛已經演化成傳遞情感、觀察同類最重要的器官。

　　小學生都知道：青蛙的眼睛只對運動的東西敏感，肉食動物也具有這樣的特徵，這些都是有利於生存的演化。人類自身的眼睛也不是一架照單全收的相機，像青蛙一樣，眼睛背後的傳感系統，也是選擇性地把訊號傳給大腦。在我們眼裡，不需要特別注意就可以自然區別出不同人，而如果我們看斑馬，就會覺得牠們長得都一樣。但在斑馬眼中正好相反，牠們可能無法區分人的面孔差異，但對每個斑馬特定的花紋一眼就能看出來。

　　人是一種視覺動物，不僅僅因為在硬體方面優良，更重要的是人類生存、生殖乃至後來文明社會演化出的需求，都相當地依賴於視覺系統。無論是文學上對人的描述，還是我們平時觀察、評論一個人，大多數都離不開有關眼睛的描述。我們評價一個人，也常常看他的眼神，「察言觀色」是每個人天天用到的技能。

　　在群居靈長類動物中，視覺系統，甚至「眼神」這種較為抽象的能力已經相當重要了。猴子也是這樣，位次低下的猴子是不敢氣宇軒昂地正視首領，牠們見到首領時，本能地低著頭、顯得很矮小、很順從；而一旦躍居到高位，就會擺出一幅趾高氣揚的樣子，眼神中也流露出猴眼看猴低的姿態。

　　進入大腦的資訊大約有 80% 以上來源於眼睛，實際上這個比

例並不容易量化，至少眼睛是人們大腦獲取資訊的主要管道，這一點是沒有錯的。眼睛能夠接收很多資訊，但它有天生的缺陷，就是要發送很多資訊會非常困難，雖然有眉來眼去、暗送秋波、吹鬍子瞪眼等各種表述情感的方式，眼睛所能傳達的資訊仍舊遠遠遜於嘴巴。

商人發現：從服裝到電器、從汽車到手機，消費者選擇的主要是外形，而不是內在品質。這再一次證明了人類的本能力量被低估了，理性的力量被高估了。人類常常忘記自己是一種動物，過多地考慮你們、他們是怎麼「想」，而實際的主謀卻是動物本性，所以商業的下一個焦點就是研究、發掘本能的價值。

人類和大多數靈長類動物一樣，都是複雜的社會性生物，也就是俗稱的群居動物。靈長類的群體比斑馬等草食動物複雜，要建立複雜的位次、溝通、統馭—服從關係靠什麼？靠什麼傳遞這些複雜資訊呢？狗表示順從靠要尾巴，可人類的祖先沒有尾巴。犬科靠靈敏的嗅覺溝通、識別，而人類的祖先缺乏這些硬體條件。把這些需求讓眼睛來擔負，看來是最現實的解決方案。

文明社會的人類，從學習到溝通，耳朵和嘴巴迅速取代了眼睛的地位。語言功能的飛速發展，也同時帶來假冒偽劣。口才好經常被高估，老江湖更相信自己的眼睛不是耳朵，語言既可以忠實反映世界，也更具有欺騙性。眼睛用於處理群體成員之間的關係，已有數百萬年的演化史，而語言不過是突飛猛進的結果。所以，從生物本身的特性上說，直覺對於判斷他人往往是非常有道理的。所謂直覺可能就是尚未轉換成語義的感覺，是複雜語言系統出現之前的一

種感知系統。

對於絕大多數動物，尤其是較為低等的昆蟲來說，化學訊號遠比光學訊號更重要，即使在哺乳類動物中化學訊號的作用也非常強大。起碼，動物的發情資訊是靠化學訊號傳遞的。人類是極少數沒有發情期的動物，那我們是靠什麼來刺激性慾呢？答案是光學訊號，難怪世界上有那麼多所謂的「窺陰癖」。雖然，實際生活中也有少數收集異性內褲的行為，但從人的動物本性上說這是一種正常心理，只是出於文明規範的約束而不可為之而已。

為什麼爆出豔照有那麼大的影響力？為什麼明星露點總能吸引眼球？為什麼網路上的成人影音長盛不衰？為什麼所謂藝術家一定要刻畫女性的裸體？別拿藝術做幌子了，透過視覺驅動性本能才是真正的原因。在這一點上，人更像很多鳥類，牠們看重的是羽毛和外觀，人則對特定部位及面龐更感「性趣」。

毫無疑問，視覺在人類生殖中扮演的角色，在其他動物中是罕見的。這方面，男女視覺和生殖的相關性有很大的區別。供過於求的男性必須爭奪女性，所以女性身體的視覺效果對男性的吸引力，遠大於男人身體對女性的吸引力。

雖然女性的生殖器官只是普通的物理形狀，卻能催發男人難以抑制的性衝動。

男人願意為之一擲千金、甚至赴湯蹈火的「寶地」，在女人看來卻也許很不怎樣。按照人類的審美標準看，並不是一個特別美觀的東西，有的女性甚至會因為生殖器官感到自卑，這種情況有的心理學書籍和文學中會有所提及。

當然，作為近親，有些猴子也有相似的偏好。靈長類的視覺訊號在性中扮演的角色，間接地為人類演化提供了一個證據。舊世界猴（Old World Monkeys）的雌性發情期間，生殖器口附近皮膚的裸露部分出現大片紅腫，在一些極端情況下，這種紅腫程度使得雌猴難以坐下。雌性透過彎腰低頭和上抬其臀部，大大把生殖區部分展示給雄性。

男人在意的外貌特徵，大多數與性有直接關係，他們把視覺焦點放在女人與繁殖有關的關鍵部位上。現實中，女人更喜歡梳妝打扮，有人認為這純粹是文化的產物，與天性無關，因為男權社會中，女人打扮有取悅男人之嫌。這種假說並不正確，在不同文化背景下都觀察到女人更注重打扮。從生物的角度來說，女人喜歡打扮自己，與雌孔雀喜歡雄孔雀的羽毛原理是相同的，差別在於雌孔雀雖然喜歡漂亮的羽毛，卻不能據為己有。試想，如果羽毛像衣服一樣，不是長在身上，而是可獲得的，那麼會是雌性還是雄性孔雀有更好看的羽毛？調查表明，不僅男人喜歡美女，女人也喜歡美女，只是前者的出發點是性，後者則是為了美。

美醜的本質

我想再延伸一步，解決一下美學的問題。這麼簡單的一個東西，竟然被裝腔作勢的人類包裝成了一門學問。陳丹青說：「美是沒有客觀標準的」——譬如晚霞，只是大氣層和日光照耀的物理效果，但人類自作多情，發生感動，又寫詩，又畫畫，弄成所謂「美」……

第二章 感 官

陳丹青的直覺是對的，美並不是一個客觀存在，生活經驗告訴我們：不同種類生物關於美醜的「看法」可能大相逕庭。蟲子、蛇、癩蛤蟆這些動物在我們眼中可能有些噁心，但牠們自己肯定不這樣認為。在對羽毛美醜的判斷上，人類大體上和鳥類是相同的，但鳥類喜歡的蟲子人卻敬而遠之。

生物學家的解釋是，孔雀漂亮的羽毛和身段，是為了取得雌性的歡心。這個表面上看來合適的邏輯，必須深入一層才能到達核心：為什麼孔雀眼中的漂亮，和癩蛤蟆眼中的漂亮完全不同？每種動物眼中美的起源是什麼？

科學家僅僅解釋說，有漂亮羽毛的雄孔雀較為健康，健康的配對後顯然後代的競爭力會更強大。

我總覺得這種說法有點牽強，為什麼健康一定要和長尾巴掛鉤？我認為喜歡漂亮是一種由視覺偏好衍生出來的需求。鳥類吃蟲子和不容易分辨的種子，演化出豐富色彩感覺。為了獲得食物，牠們喜歡五顏六色的東西看來是合適的，一旦演化出來這種特性，牠喜歡同伴的五顏六色，看來就是美的自然延伸。試想有兩隻雌孔雀，一隻喜歡五顏六色，另外一隻則喜歡單調的、灰色的異性，前者更為自然，後者則很彆扭。前者出現的機率遠較後者要大，周而復始地進行，就得到了孔雀眼中「美」的定義。起初，雄孔雀的羽毛遠沒有現在豔麗，只是比灰白多了一點色彩，就獲得了更多的交配機會，於是主導色彩的基因獲得傳播，這個過程一代一代地傳播下去，就引起了無止境的軍備競賽，馬太效應慢慢催化出無比豔麗的色彩。

同理，雄性青蛙透過聲音和下顎上鼓起的氣囊吸引雌性青蛙。聲音與體能有關，鼓起的氣囊則成了衍生物，青蛙也慢慢了形成了自己關於美的標準。

人類對自然界美醜標準的形成，可能與古老的生存環境、與食物有關，五顏六色對人類而言代表了密林中的果實。而男人對女人體態的判斷標準，源自於生殖能力的判斷，女人細腰、豐乳、肥臀、高挑代表了生殖能力，喜歡這種特質並有機會與之交配的男人，能留下了更多的後代，但對於姣好面容的在意，完全解釋成生育方面的原因就相當牽強。許多人對容貌評價第一要素是年齡，這顯然代表了生殖能力。形狀和搭配比較好的五官有可能與健康有一定的關係，但這個解釋仍然不能讓人們滿意。

人類對容貌美醜標準的形成，可能來源於趨同的穩定性選擇。我們可以想像這個演化過程中，起初大家對美的標準判斷相當離散，你覺得美，我可能覺得很醜陋；但隨著戰爭、瘟疫的流行，人種基因被鎖定於一個狹窄的頻段上，於是大家都形成了近似的標準。這種解釋的一個有利的證據，是人口雖多，可是基因的差異性卻相當小，地球上人之間的親緣關係相當近。在近代，也就是十萬年之內，隨著人類獲取食物能力的提高，人口迅速成長，當達到一定密度時提供了瘟疫的傳播條件，人口急遽減少，然後再漲到一個高峰，再次減少。

第二章　感　官

第三章

智　慧

第三章　智　慧

　　既然人也是演化而來，人類的智力在遠古的場景下顯得有些多餘，超出生存需求的智力因何演化？這個基本問題一直困擾著人們，而勞動創造人本身的說法有明顯的漏洞。本章提出了革命性的思路，解釋了人類智力的起源——人類智力是語言演化的副產品，而語言則是合作和溝通的產物。

人類智慧的謎團

　　一般認為，較高的智慧讓人與其他動物區別開來。如果稍微瞭解一下人類的演化史，就會發現智慧是一個重要的基礎，但智慧並不必然導致農業社會、工業社會乃至現代社會，遠古時期也有牛頓、愛因斯坦，只是智慧沒有得到開發而已。

　　化石證據間接顯示，近五萬年間，人類頭骨沒有明顯變化，而人類文明的起源，最遠可以上溯到一萬三千年前伊拉克北部、土耳其一帶，那時已經開始種植作物。此前的人類與獸類無異，純粹靠天吃飯，沒有什麼工具，生存方式和社會形態只是眾多動物中的一種，沒有多少特別之處。但那個時代，人類的潛在智力已經和現代人沒有什麼差別。文明的起源是一些偶然因素疊加的結果，智力只是其中一個必要條件。另一方面，智力並非文明社會刺激的產物。所以關於人類智慧的形成，必須到遠古的演化場景中尋找答案。

　　假如另外一種動物，海豚、鸚鵡或者大象擁有與人同等的智慧，牠們幾乎肯定無法發展出文明社會，因為牠們都沒有手。手是一個非常特別的部位，以至於有一種觀點認為，正是因為手刺激了智慧的發育，手和腦相互作用，最終演化出了現代人類。

　　科學家找到了一種追溯人類祖先遺跡的方法：粒線體是存在於細胞質中的一種胞器，本身也有 DNA，但這個 DNA 發揮作用的範圍僅限於粒線體本身，「權力」比細胞核的 DNA 小得多。在有性生殖中，精子只有細胞核，後代的細胞質完全與母親相同。由於是無雜合傳承，粒線體的變異非常緩慢，兩萬年也只有微小的變異，所以透過粒線體 DNA，就可以追溯到非常遙遠的母系祖先。

　　一九八七年，根據相關粒線體 DNA 研究，著名的「粒線體夏娃」（Mitochondrial Eve）被提出，即今天地球上所有人的粒線體，都是從大約二十萬年前非洲的一位婦女所傳下來的，而她的後代在約十三萬年前走出非洲，來到了歐亞大陸。

　　一九九〇年，對粒線體 DNA（mtDNA）的進一步研究發現：不論什麼人種，女性的粒線體 DNA 皆相同，這證明了現代人類來自一個共同的智人祖先，又根據考古學分子生物學的推算確定，是非洲的一名女性；之後根據對女性粒線體 DNA、男性 Y 染色體基因和猿猴 DNA 研究綜合推算，人類共同智人祖先出現比較科學可信的年代，大約是五萬到十萬年前，繁衍路徑是非洲—亞洲—歐洲—美洲。

　　人類到底何時變得這麼聰明？這是一個有爭議的問題。僅從大腦容積這個解剖學角度看，人類的腦容量是在兩百萬年前開始迅速增加，直到二十萬年前停止。據此，可以粗略推斷二十萬年前的人類祖先，智力已經發育到與現代人相同的水準。當然，也有人不同意這種看法，但即便最激進觀點，也不會認為距今一萬三千年前的前農業社會的人，與現代人的智慧有多少區別。

 第三章　智　慧

　　人類的智慧顯然不是由於農業社會和馴化動物之後形成，更不是現代工業社會所促成。智慧的起源是一個非常重要的謎題，不解釋智慧的起源，就很難理解人性本質的來龍去脈，進而關於人類精神層面的所有學問，都難以建立在堅實的基礎之上。

智力的演化

　　人類演化過程中，到底是什麼原因導致了智力的飛躍，還是未解之謎。達爾文時代這個問題很難解決，現在仍然很難解決。在《物種源始》中，達爾文說不打算討論智力的起源，就如我未曾討論生命的起源一樣。因為他知道這個問題很難解釋，容易陷入無休止的爭論和糾纏之中。

　　為了解釋智力起源這個極具挑戰的問題，我們簡要地回顧一下人類演化的歷程。基因學證實，人類作為一個物種從猿類中分化出來的歷史大約有五百萬到七百萬年，舊石器時代是兩百五十萬年前開始的，新石器時代從一萬八千年開始，結束於五千到兩千年前，那時已學會種植。即使從新石器時代算起，這麼短的時間基因都不足以有重大改變。

　　關於智慧的起源，大體上有三種主要的說法。

　　1. 勞動創造說

　　一八七六年，恩格斯發表了〈勞動在從猿到人的轉變中的作用〉（*The Part Played by Labour in the Transition from Ape to Man*）一文，這篇文章只有三千多字，內容卻很豐富。文章開頭就說，勞動創造了人本身，但在我所閱讀的其他有關人類演化的書並不常提及

這個說法，大眾卻把一種假說當成了真理。

2. 性選擇說

一八七一年，達爾文出版了《人類的由來》（*The Descent of Man*），這本書的厚度相當於《物種源始》的兩倍。像《物種源始》一樣，如果你僅從書名猜測內容一定會猜錯，因為人類的由來與性選擇，在這本書中基本上是並列關係，而不是因果關係。這本書重點論述人類的確是猿類演化而來，不是特殊物種，還用了大量的篇幅論述了性選擇原理，因為這部分在物種源始中寫得不多，最後闡述了男女外形不同的原因。但有關智力的起源問題，仍然不是達爾文的重點，他只是強調人類的智慧和動物智慧的本質差別不大。

3. 群內鬥爭說

從與自然界或者其他動物鬥爭的角度看，不太容易解釋人類智力何以演化到現有的高度。因為人類高出動物一大截的智力，在原始場景中派不上用場，於是另外一種下棋說誕生了。這種學說認為，人類的智慧是因為彼此鬥爭的產物，競爭可以把人類的智慧推到很高的程度。

關於人類演化的讀物非常浩瀚，儘管我拚命閱讀，也讀不到冰山一角，所以本書的寫作肯定會遺漏一些前人的重要研究。但另外一方面，有影響力的觀點總是被各種讀物交叉引用，這是我能夠僅憑閱讀的資料，就可大體上判斷現在人們已經搞清楚了什麼、尚未搞清楚什麼，也可以據此提出一些新穎看法的原因。

關於人類智慧的起源沒有一個公認的、有影響力的結論。單純地否定人類智慧和動物的差異，從某種程度上說是一種迴避問題的

自然反應。

　　上述幾種假說都有明顯的疑點：在恩格斯這篇文章中，勞動創造人的邏輯，是人類的智慧起源於直立行走時期，這時，手從一種用於行走和抓握雙重功能器官，分化成一種專門用於勞動的器官。因為勞動刺激了大腦，所以大腦得以發達。在勞動過程中，又有了溝通的需要，刺激了語言的產生。恩格斯寫道：「隨著手的發展、隨著勞動而開始的人對自然的統治，在每一個新的進展中擴大了人的眼界。他們在自然對象中不斷地發現新的、以往不知道的屬性。另一方面，勞動的發展必然促使社會成員更緊密地互相結合，因為它使互相幫助和共同合作的場合增加了，並且使每個人都清楚意識到這種共同合作的好處。一句話，這些正在形成中的人，已經到了彼此間有些什麼非說不可的地步了。需要產生了自己的器官：猿類不發達的喉嚨，由於抑揚頓挫不斷增加，緩慢而自然地開始改造，而口部器官也逐漸學會了發出一個個清晰的音節。」

　　最早發現的直立人化石，可以上溯到四百萬年前，而腦容量的迅速增加始於兩百萬年前，也就是說直立比腦容量的擴大早了兩百萬年。新石器時代之前的人類製造的所謂工具都是粗製濫造的，談不上運用多少智力的成分。也就是說在遠古時期，手的勞動並不構成對智力演化的壓力，黑猩猩和獼猴等一些靈長類也經常用手來勞動，也製造和使用一些工具，但腦容量並沒有因此突飛猛進。從恩格斯的年代到現在，人類考古學又有了一些新的發現，讓恩格斯的觀點在那個年代看來合理、在現代卻可能會被證明不符合事實。

　　性選擇促進智力發育，就更難以自圓其說。如果智力活動和性

建立了聯繫，根據人類交配模式的演化（後面會介紹人類的性），男人生育資源富餘，競爭激烈，選擇壓力大，男人一定會比女人的智慧高很多，其差別就像雄獅和雌獅的外形一樣明顯。另外，較高智慧的男性在擇偶中應該具備明顯吸引力，事實卻並非如此。僅憑生活經驗就知道，智力在男女擇偶中沒有表現出顯著的作用。

群內鬥爭是一個比較有意思的學說，有必要用些筆墨介紹。有密西根大學的學者認為，人類演化的智力壓力不是來源於外部，而是和同胞進行智力競賽的結果。科學家目睹了東非幾隻狒狒運用智力鬥爭的場面：年輕的雄狒狒保羅看到成年的雌狒狒梅樂發現大型的樹根，保羅環視四周，然後大吼引來了自己母親。母親以為梅樂威脅保羅、偷走了保羅的食物，所以把梅樂趕走，最後保羅吃到了那塊樹根。

對很多靈長類觀察表明，智力主要的作用是內鬥。大猩猩力大無比，基本上沒有天敵，而他們的食物是非常容易獲得的植物。牠們也是比較聰明的動物，和我們預想的一樣，聰明才智主要用於對同伴的操控。

「人類爭鬥並非為食物、空間或者資源，他們是為權力而鬥，」芝加哥大學靈長動物學家馬埃斯特里皮耶里（Dario Maestripieri）感慨地說，「有了權力與地位，就能控制所要的一切。猴子也是如此。」

如果大腦不是很有用，自然界不會選擇這個奢侈品放在那裡，因為為了維持我們的大腦運轉，每天要消耗 18% 的能量。聰明若無生存和繁殖優勢，必然會被笨一點的人淘汰，自然界遵守消耗能

第三章　智　慧

量最小法則。有人認為，人類智力演化的第一動力，可能是社會成員之間的鬥爭。最近這種想法慢慢占了上風，人們還為它取了一個名字 —— 馬基維利智慧假說。馬基維利寫《君王論》（*Il Principe*）比達爾文發現人是猴子演化而來早三百多年。《君王論》闡述的思想則是赤裸裸的權謀爭奪之術，所以人們借用了馬基維利的名字描述這種演化學說。

達爾文時期，雖然觀察了很多群居動物，但那個時代尚未發現染色體和遺傳的關係；更重要的是，那個時代沒有系統研究社會生物，所以他忽略了群體中個體成員爭鬥對智力的影響。哈佛大學教授愛德華‧威爾森雖然完善了社會生物學這個體系，但他仍然過於保守，過多地闡述事實，推理與想像則過少。

分布亞洲多國的恆河猴是群居動物，往往是三十餘隻恆河猴組成一個小社會。雌性恆河猴的社會地位往往是由她母親的地位決定，而雄性恆河猴的地位就得靠打鬥、撕咬、討好，最重要的是以結盟來決定。

動物學家從靈長類群體的觀察中，發現了智力在這種複雜群體中的重要性。馬埃斯特里皮耶里說：「會打並不是最重要的，關鍵的因素是牠在群體中能獲得多少支持度。」

雄性恆河猴爭取猴群支持率的最常用手段，是拍馬屁與見風使舵。拍馬屁的具體手段包括：跟朋友坐得盡可能近一點；為目標對象梳理毛髮；為其他猴提供幫助。不過這種幫助是有條件的：「恆河猴絕對是把握機會的高手。牠們裝出樂於助猴的樣子，但往往只對成年猴伸出援手，從來不會管未成年的猴子。牠們往往只幫助那

些地位比自己高的猴子，而從來不正眼看地位低的猴子。幫助打架時從來只幫快要得勝的那方。」也就是說，恆河猴像人類一樣，喜歡錦上添花，從來不雪中送炭。

「一句話，牠們從來只會以最小的代價獲得最大的好處」，他總結說。

馬基維利假說，強調了人之間的相互算計，在原始野生環境中生存，但相互算計絕不會讓文明社會普遍存在。獲得食物、獲得更多的交配並不需要太高的智慧參與，這種演化動能仍舊無法將人類的腦容量和智慧推到很高的水準。

「語言—智慧」假說

我認為關於人類智慧的起源的幾種學說都比較牽強，還有機會提出一種更自然、更合乎道理的學說，我把這種學說叫做「語言—智慧」學說。

人類智力的起源就像很多器官的一樣，並不一定是單一因素促進的結果。人的聰明程度對古老的生存鬥爭來說顯得有點多餘，這讓用生存選擇提高智力的想法也走不通，這個問題讓達爾文和華萊士苦惱不已。遇上獅子能否逃生，不取決於聰明一點還是笨一點，主要取決於體能和運氣。

語言—智慧假說認為，是語言促進了智慧的發展。語言的起源很難從化石上考證，卻容易從邏輯理解。有語言的動物不只人類一種，長尾鼠在發現地面上的強敵 —— 狐狸和狼等時，會發出一連串的聲音；如果威脅來自空中，牠的聲音便單調而冗長；一旦空中

第三章　智　慧

飛賊已降臨地面，就會每隔八秒鐘發一次警報。母雞可以用七種不同的聲音來報警，牠的同伴們一聽便知：來犯者是誰，牠們來自何方，離這裡有多遠。所有動物的語言相對人類而言都是比較簡單的，只有人類發明了很複雜的語言。

我們普遍持有這樣一個觀點，那就是人和動物的區別是能夠製造和使用工具。事實上，黑猩猩和一些其他動物能夠使用和製造簡單的工具早已經不是新聞，黑猩猩在自然狀態下就知道用石頭打開堅果的果實，其餘靈長類動物和烏鴉看到人用某種工具，也能夠學會使用這種工具。不可否認，人類的智慧水準非常突出，但並非人類獨有的能力。達爾文說：「從前我曾在這方面（人與動物的區別）收集了大約二十幾條有關人獸之別『經典』的論斷，但幾乎全無用處。」

複雜的語言是人類與動物較為顯著的一個區別，動物的語言是以單字的方式存在，不管是猴子、鳥還是其他動物所發出具有資訊含量的聲音，都代表一個具體的事物，翻譯成人類的語言，就可能類似於「走」、「鷹」、「蛇」等等。而人類的語言有文法結構，將多個單字拼在一起，就可以表達複雜很多的事物。

語言在溝通中的作用無須贅述，作為一種通訊工具，語言比化學物質、肢體動作等通訊方式攜帶的資訊多得多，而且在傳輸距離，傳輸方式上更靈活多變。大多數哺乳動物和鳥類即便只有單調的叫聲，也可以傳遞很多日常資訊。人類從樹棲到草原上直立行走面臨的一個困境就是跑得太慢，在與其他動物的攻守中需要更多溝通；在確立階級秩序時，較為複雜的溝通方式也可以派上用場；在

群體之間的戰鬥中，成員之間的配合與溝通能力顯然也很重要。總之，人類從樹上走上草原那一刻，溝通的演化壓力也隨之而至。透過聲音溝通越來越複雜，句法組合規律自然產生，這樣，人類就能用排列組合的方式用有限的發音傳遞無限的資訊，無須為每種事物發明一個特別的發音。所以，那種認為解剖學上可發音的豐富性，決定了人類語言起源的說法是站不住腳的。

較為流行的觀點認為，語言大約有五萬年的歷史，古猿化石結構證明：五萬年前人類頭蓋骨的化石已經能夠發出比較複雜的聲音了，而此前的喉嚨結構不適合複雜的發音。同時，五萬年前是人類技術與藝術的大發展階段，稱為文明的「大躍進」時代，從此精緻工具、繪畫、雕刻、裝飾品、祭祀及交易等開始出現於人類歷史中。許多學者都認同距今五萬年的人類演化是急遽的，他們還認為語言的成形乃是大躍進的根本原因，也有人考證認為複雜語言的歷史已經有十八萬年之久。但僅憑解剖學推斷語言的起源時間是很難有說服力的，因為發音與肌肉構造的關係遠大於骨骼。而我僅僅從邏輯上支援那種認為人類語言起源非常久遠，以至於可能有兩百萬年的說法。

在談及語言時，很多人明顯地忽略了語言除了溝通之外另外一個用途 —— 思考的工具。在我閱讀的諸多有關人類演化的著作中，幾乎沒有發現誰提到了這個問題，而正是對這個司空見慣問題的忽略，導致人類演化學沒有聯想到語言之於智慧演化的作用。就像大家每天都看到東西可以落到地上，卻沒有想到萬有引力一樣。中世紀之前就有人提出地球是轉動的，然而這種假說遇到了一個問

題 —— 當時人們認為地球如果轉動，從高處落下的物體理應落在西邊一點，而不是物體的正下方，因為在物體下落過程中，地球又向東轉動了一段距離。這個問題困擾了人們百年之久，實際上，你只要在運動的馬車上自由下落一個物體就可以回答這個問題，人們卻沒有想到要這樣做。

我不妨將將人們長期忽略語言思考作用的這個現象，叫做「下落蘋果效應」，意思是我們整天這樣做，卻熟視無睹。閱讀本書，你會發現人類迄今為止，關於自身的認識有很多「下落蘋果效應」。

當我們思考問題的時候，實際上是默默地自言自語，也就是說，我們實際上是用語言思考。天生的聾啞人為我們提供了自然的實驗，因為他們沒有建立起語言系統，那麼他們就不可能用語言思考。研究認為，天生的聾啞人是用畫面思考，他們頭腦中展示的是一幕幕畫面，而當這些聾啞人學習手語之後，才開始用手語動作思考問題。

然而，展示畫面有一個非常顯著的缺陷，就是只能思考具象的事物，無法思考抽象的事物，這樣就讓思維極其受限。語言因為具象的事物被逐漸發明，且可以表達抽象的事物，就像哥倫布本來是要開闢通往印度的另外一條航線，卻無意間發現了新大陸一樣。

有了思考抽象問題的能力，人腦的演化便開始突飛猛進。用語言思考大大開拓了腦部演化的前景，其效果相當於平房到樓房的轉化。在一塊空地上蓋平房，房子的面積受到地面面積的約束；一旦學會蓋樓房，可拓展空間就增加很多倍。

按照語言—智慧假說，人類智慧的演化邏輯就比較自然了。複

雜溝通的需求，逐漸產生了將單字組合在一起的能力，這樣可以表達更為豐富的內容。兒童學習語言的過程每個人都很清楚，起初只能說一個個簡單發音的單字，然後是兩三個單字組成的簡單句子，這些單字和句子都是表示非常具體的事情。頭腦繼續發育，孩童逐漸開始理解一些抽象的單字，同時學會了更複雜、更長的句子，而有關文明社會特有的抽象詞彙精細表達，要到更晚才學會。

如果把幼兒學習語言的過程在時間尺度上拉開，便是人類語言演化的過程。

按照日常的思考，人們很自然地認為語言純粹是學會的。人們知道，在不同語言環境下出生的兒童，會說不同的語言，但這只是表面現象，語言其實是一種本能，而後天的語言環境輔助開啟了這個本能。性是一種本能，如果幼童在成長中從未接觸有關性方面的知識，他將不會性交。科學家對猴子的實驗證實了這一點，如果一隻猴子在成長過程中，從不觀看其他猴子性交，性成熟之後，就不能自然產生性行為。語言也是這樣一種需要開啟的本能，只是這個開啟過程比較複雜、緩慢，有關語言的問題後面再詳述。

語言逐漸代替圖像作為思考工具，可能有三個好處：第一，處理語言可能比處理圖像需要的腦力少；第二，它使處理抽象的事情成了可能；第三，它不可避免地產生推理能力。

用於交流的語言，最終導致思維能力的飛躍，這個歷程非常自然。

瞭解一下科學史，就會發現科技衍生現象是非常普遍的。愛因斯坦發現了質能方程式，只是一個純粹的理論研究，但它導致四十

第三章　智　慧

年後原子彈爆炸；馬克士威寫出那個著名的電磁方程組時，絕不可能想到無線通訊；一萬三千年前的冰河期導致食物短缺，肥沃月彎的人民不經意的種植促進了農業，最終導致現代文明的出現。

　　工具一旦被發明，其廣闊的應用和衍生能力往往超乎想像。電腦起初的目的只是計算，文字當初也只是記錄一些極其簡單的東西，直立行走讓雙手更靈活，雙腳更笨拙有力，這種分化卻在日後人類文明的演進中派上了大用場。

　　複雜語言的產生，是人類演化史最偉大的一次飛躍，高級智慧、尤其是邏輯推理能力在此基礎上自然展開。

遠古智者如何勝出？

　　語言思維為大腦提供了技術上的準備，那麼天擇怎麼讓這種演化處於有利地位，從而不斷讓大腦向更發達的方向邁進呢？遠古的天擇場景包括與野獸的搏鬥、與同伴的合作和鬥爭，即馬基維利智慧假說。

　　即便是在舊石器時代，人類沒有一款像樣的武器，能讓我們在與野獸的鬥爭中，僅憑智慧與合作就可以占據優勢。美國國家科學院院士、《槍炮、病菌與鋼鐵》（*Guns, Germs, and Steel: The Fates of Human Societies*）的作者賈德・戴蒙（Jared Diamond）發現，澳洲、美洲的大型動物開始快速消失，時間上恰好與人類遷徙到那裡的時間吻合，他認為是因為當地的動物還沒有足夠的時間適應和人類的鬥爭，就被迅速消滅了。這個假說的推論是，為什麼三萬年前進入澳洲、一萬五千年進入美洲的人類，一下子有了這麼強的能

力？他們沒有任何新式工具和武器，但他們已經有複雜語言和高級思維，這可以間接說明：高級智慧在原始場景下的生存鬥爭，也是關鍵競爭優勢。

馬基維利智慧假說我們前面已經陳述，但我要加上一些解釋，就是這種鬥爭並非單向。對抽象問題的思考和表達，讓人類有了考慮較為長遠問題的可行性，比如在同伴之間的鬥爭中可以更容易拉幫結夥、作出承諾或者撒謊等。所有這些鬥爭策略都借助語言這個工具展現出智慧的優勢，用演化的角度，就是它讓智慧向更複雜的方向發展。

另外，罕見的變異對人類智力形成也有非常關鍵的作用。科學家在日本獼猴中發現了一隻「愛因斯坦」，一隻名叫伊茉（ Imo ）的雌猴特別聰明，牠在十八個月時，就發明了海水清洗馬鈴薯法，然後將這一技能傳遍了該島的猴群。為了補充食物，人們把麥粒撒到沙灘上讓猴子一粒一粒地撿食，伊茉四歲時又發明了小麥粒與沙粒漂浮分離法。伊茉的成績來源於稀有的遺傳天賦，假設伊茉可以獲得更多的後代，種群將變得更聰明。

最關鍵的問題是：透過什麼直接的方式，能提高在種群中出現這樣天才基因的頻率？智力演化最頭痛的地方在於，它不像體力具有顯而易見的生存和繁殖功用，這個問題深深地困擾著達爾文同時代。事實上，同時發現了演化論的博物學家華萊士，思維十分縝密，他認為按天擇之說，超出生存需要的智力不可能演化出來：「天擇只可能賦予未開化的種族，獲得比猩猩略微高明一點的腦，但實際上未開化種族的智慧，只比我們開化社會的普通成員略低一

點。」

我們不妨換個角度看，有的猴子能學會伊茉的發明，有的則學不會，前者的生存優勢就多一點點，後者就少一點點，天擇能夠選擇擅長學習而不是發明的基因，這樣就提高了聰明基因的出現頻率。

從日常生活的觀察來看，擅長學習的人非常普遍，而天生具有創造性思維的人少之又少，這大概就是對智力天擇程序的反映──自然界選擇了絕大多數擅長學習的基因，保留了少數擅長創造的天才基因。

罕見的天才是少數，應付人之間鬥爭的能力可能儲存在每個人的基因之中，人類成員之間的鬥爭是智力的起源，同時，現在仍在頻繁地、高效率地使用中。

很顯然，群居社會對智力選擇造成了更大的壓力，透過複雜的政治鬥爭，選舉出智力發達者留下了後代。

鬥爭的第一手段是體能，在兒童中很容易觀察到這個現象，個子高、力氣大的兒童往往是統禦者，小個子則是服從者。人類是一百九十三種靈長類中體型第二大的，化石表明，人類體型變大的歷史比較短，是否內部鬥爭導致體型變大？我覺得有這種可能性。體型變大帶來了一個附加優勢，即智力提升。威爾森（E. O. Wilson）發現：一般來說，每個目中（目，生物的分類，從粗到細分成界、門、綱、目、科、屬、種）最複雜的社會系統，都出現在體型最大的物種上。每一分群中的最大型（不管其生活方式如何），一般都有較大的、結構較複雜的腦，並且有較強的學習能

力，有袋動物、齧齒動物、有蹄動物、肉食動物和靈長類都是這樣。演化生物學家比恩哈德· 王希（Bernhard Rensch）認為，在不同的情況下，大型哺乳動物大致有較高的智力，因為絕對腦容量的成長似乎成為不可避免的結果（也就是說智力提升在某種情況下是體型變大的附帶品，體型大順便帶來高智商，如同語言帶來了推理能力）。大象是一個典型，龐大的體型讓牠們幾乎沒有天敵，且牠們也是非常聰明的動物。

就像我們發現很多人可能不通文理，卻沒有人不懂人際的位置和秩序關係，就像每個人都可以學會說話一樣。智力靠成員之間爭名奪利得以演化，這是人類不願意接受的事實。

人類在「語言—思維」模式下演化的智慧，不需要製造工具和使用工具的壓力，智力演化即使與製造工具關係不大也完全可以派上用場。以我們現代人看來，遠古人類聰明的大腦顯得多餘，這也正是從達爾文時代以來研究人類智慧起源的關鍵障礙。以「語言—思維」模型來看，人類的智慧在遠古是可以借助語言這個工具性的事物演化出來，同時以語言的方式傳播，確實也可以獲得明顯的競爭優勢。

接下來，人類到了近兩萬年前，此時，開啟了製造新時期的時代，這並不是一項需要很高智慧的活動，重要的是第一位發明了磨製的石器工具的人類，這項發現就可以擴散開來，因為代表人類已經具備了這樣的智慧，只待普羅米修斯把它點燃。又過了幾千年，人口密度的增加或者是自然界食物相對減少，在伊拉克北部一帶，恰好有粒大、自然狀況下產量較高的禾本科植物，人類無意中，也

許是用了千年的時間，一位農業的愛因斯坦發明了種植，養活更多的人；又過了若干年，人類開始了馴化動物的歷史。人類社會脫離了靠天吃飯的時代，進入了農業文明。

關於「多餘的智力」這一點，我們還是要給讀者一個更扎實的解釋。我們知道：家養動物很多可以學會一些野生狀況下不可能擁有的技能，訓練良好的狗可以幫助人類做很多事情，農村的役畜可以學會做很多工作。過去，訓練良好的拉車馬如果總是到一個地點，趕車的人甚至可以躺在車上睡覺，因為馬自己會找到目的地；馬戲團的動物可以學會很多非常了不起的技能；信鴿可以送信。也就是說，許多動物如果進行定向馴化，可以發揮出很多潛力，這些原本在自然狀態下顯得很多餘的智慧，也將普遍出現於動物身上。

那麼，人類為什麼就不能像動物一樣存在多餘的智慧呢？很顯然，人類也像馴化的動物一樣，自身存在超越遠古野生時代需要的智慧潛力，它並不需要更多的能源供給。誠然，人類大腦消耗能源占 18% 之多，但沒有跡象表明，聰明的大腦較蠢笨的大腦、或者是思考的大腦和空閒的大腦相比更耗能。也就是說代謝保守原理不會精確地消除那些「多餘的智慧潛力」。人類的鬥爭既然塑造了更高的智慧形式，那麼，理應人類的潛在智慧更多，這就像聰明的動物比智慧低的動物可塑性更強一樣。

本能、銘印與學習

人類因為有了語言和文字，尤其是強大的思考力，常常忘記我們是動物一員的基本事實。人類總是認為，我們一切行動都是後天

學習和理性思考的結果，其實不然。達爾文的觀點是對的，人類的智慧與一些動物相比，並非完全不同，而只是量上的差別。廣義的智慧表現形式有本能、銘印、學習等。

首先，我們要瞭解一下這些概念。自然界設計的動物要完成某項任務，並非都如我們日常思考的那樣 —— 每一件事都要首先去想怎麼做，自然界的設計自有它最簡潔實用的方式。

春天，一隻雌性細腰蜂 (*Sphecidae*) 從地下羽化，牠的雙親早已在一年前的夏天死去，而牠現在必須與一隻雄性細腰蜂交尾，然後開始在地下挖洞建築巢室，完成其他一系列的工作：外出狩獵、把獵物麻醉後帶回巢室、產卵和封堵洞口。所有這些工作必須在短短幾週內完成，然後便死去。牠既無法向親代學習，也無法把這些本領傳授給子代，這一系列工作都是本能行為。

本能並不一定限於處理簡單的事物，有時會發展到很複雜：亞馬遜流域的切葉蟻 (*Atta*)，雖然只是小小的螞蟻，卻會種植。樹葉由纖維組成，比較難以消化，切葉蟻就把合適的樹葉切下來運回巢穴發酵，種植蘑菇。真菌對牠們具有非常重要的意義，可以說是救命草，因此牠們十分注意呵護、培育真菌。切葉蟻用昆蟲的屍體或植物殘渣之類的有機物質培育真菌，把真菌懸掛在洞穴的頂上，並用毛蟲的糞便來「施肥」。有的螞蟻「發明」了畜牧業，有一種螞蟻喜歡取食蚜蟲腹部末端所分泌的含有糖分的蜜露，所以螞蟻常常保護蚜蟲，甚至把吃蚜蟲的瓢蟲趕走。有時蚜蟲缺乏食物時，蟻還會把蚜蟲搬到有食物的地方。

大杜鵑 (*Cuculus canorus*) 自己不築巢，也不會孵卵，當然也

不哺育後代。牠會將卵產在畫眉鳥的巢穴裡，雛鳥一孵出就會將畫眉幼鳥或者卵推出巢穴，獨享畫眉鳥的餵養，長到可以獨自飛翔後，就會自己外出捕食、交配，然後再將卵產在畫眉鳥或者另外幾種鳥的巢中，這些行為都沒有受到父母的言傳身教，而是出自本能。

螞蟻的農業和畜牧業，與人類的農業和畜牧業並無二致，無論本能還是後天的學習，最終都是為了產生某種行動，如果二者產生相同的行動結果，二者就是等效的。前者透過漫長的演化，逐漸寫進神經細胞之中，後者則透過環境因素引起神經做出反應。低等的、壽命很短的動物大多數行動都靠本能；而較為高等的動物中，其生存技能並不完全來源於基因編制好的程式，為了處理多變的環境因素，許多動物必須透過後天的學習，獲得一部分經驗才可以應付自然的挑戰。一隻肉食獸透過學習適應環境，但牠從小就有捕食傾向，這種傾向性是一種本能，要把這種本能轉變成真正的捕食能力，則需要後天的學習，因為捕食並非千篇一律的招法和程序；一隻山羊投入虎園作為老虎的食物，牠沒有經歷過野外生存環境，竟然毫無畏懼。沒有學習過捕食的老虎一時也不知所措，這說明山羊的逃避、老虎捕食行為並不是一種純粹的本能，而是要透過後天的學習才能開啟這個能力。在動物園中被馴養幾代的老虎，放歸到野生的環境中很難生存，因為人工飼養的環境切斷了牠們學習捕食的機會。後面我會講述，人類也因為關進自己的籠子中撫養，缺乏必要的鍛鍊，而造成無法彌補的遺憾。

從本能到學習的過程，非常類似於電腦上從硬體到軟體的過

程。硬體通常擅長處理一些固定程式，優點是速度快、正確率高，但不夠靈活；而軟體則是為了增強適應性而設計的，這樣就需要一個複雜的、可設計的 CPU。所以你會發現：幼小的昆蟲例如細腰蜂或者螞蟻只有極小的「大腦」，卻有不可思議的本能。

在本能和學習之間，還有一種獲取技能和形態中間方式，叫「銘印」（Imprinting）。剛剛出殼的小雞在六小時內，會跟著任何一個移動的物體走，並對這一物體產生依戀，並終生把這個移動的物體當作媽媽。小雞在出殼後認識媽媽既不是像細腰蜂一樣的本能，也不像人類的學習，這是一種介於二者之間的形式，就像人們創造的可設計硬體一樣，動物也演化出了一種軟硬結合的學習方式，這就是銘印。

銘印是自然演化一種巧妙的設計，試想：小雞一出殼，第一個見到的通常是雞媽媽，如果把雞媽媽的特徵全部用本能記憶下來，在千差萬別的各種雞中識別出特定的雞，對「硬體」的設計能力就會要求太高，於是牠在硬體設計上簡化 —— 把最初看到的移動物體當作雞媽媽，這樣就容易多了。假如小雞看到的第一個移動物體是一個木塊，就會終生將這個木塊當成雞媽媽。在《影響力》（*Influence*）中，作者席爾迪尼（Robert B. Cialdini）描述火雞依靠「吱吱」叫聲來識別小火雞，即使將人造黃鼠狼裝上這種聲音，母火雞也照樣把黃鼠狼摟在懷裡當作小火雞，這也是簡化設計的一個例證。

小雞在剛出蛋殼的六個小時之內，如果不能和雞媽媽建立聯繫，以後就會和雞媽媽相互不認識；又假如雞喪失了後天這幾個小

第三章　智　慧

時的學習機會，不幸又生活在野外，那麼小雞存活的機率就大大降低了。在自然環境下，剛出殼的小雞最初見到的移動物體幾乎總是雞媽媽，銘印是在這個短暫的時間內認識媽媽最簡單、最有效的方式。我們可以想像一下，如果小雞學習識別媽媽的本領完全靠後天的智力和學習，這樣對雞的智力水準要求也會非常高，大大增加了自然界演化的設計難度。

為了適應環境，大多數動物都具備三種獲取生存技能的方式：哺乳動物生下來就會吃奶是一種本能，牠對第一時間奶的味道和接觸的動物有特別的偏好和記憶則是一種銘印；鳥類透過銘印識別媽媽，挑選食物或者捕食則需要學習；人類生下來就會吃奶是本能，嬰兒出生第一週吃什麼牌子的奶粉以後就很難替換，很少人知道，這是嬰兒識別媽媽味道的一種銘印。

人的行為也並非完全由文化主導，相關的研究表明，先天成分的影響力比我們想像的大很多。但不管怎麼說，文化對於人，尤其是在社會關係中所發揮的主導作用是毋庸置疑的。但文化並沒有超越演化規律，壽命短暫、腦容量非常小的動物要應對的情況比較簡單和固定，自然就選擇了用本能的方式處理。隨著壽命延長，腦容量的增加，動物的生存要應對更加複雜多變的環境，自然就選擇了學習的方式獲得生存技能。

對電腦軟硬體有一些瞭解的人知道，固定程式的晶片、可一次性程式設計晶片、處理方式非常靈活的 CPU，本質上並非涇渭分明。動物的本能、銘印和學習幾乎可以和電腦上述三種方式一一對應。它們的本能、銘印和學習也不是千古不變的。比如 Word 是

一款靠 CPU 運行的軟體，其實也是可以設計成專門的晶片。假如每一代人都讓語言能力強，說話早的人有更高的生育率，無數代之後，語言能力就會變成銘印，進而可能會變成一種本能，像啼哭一樣，兒童生下來就可能會說話。

電腦的軟硬體並不是完全割裂，軟體要運行在硬體之上，硬體是燒製了特定軟體的電路。動物處理問題的方式也一樣，本能是燒製了特定程式的神經元，學習也要靠大腦 —— 一種可程式設計、較為靈活的神經元。比如，教黑猩猩或者猴子說人話幾乎不可能，這並非全因為這些靈長類不夠聰明，而是牠們沒有演化出處理複雜語言的基礎硬體。動物和電腦不同，電腦一旦被製造出來，什麼時候安裝軟體效果都一樣，動物的學習則具有時效性。

並不是任何時候軟體都可以花費相同力氣安裝，這一點恰恰是我們整個學習系統所忽略的事實，這我們將在「發育」一章中詳述。因為我們掌握了本能、銘印和學習三個概念，便於進一步深入討論人類的學習問題。人和動物在出生時都是一無所有，主要差別在於，人類可學習的東西越來越多，而動物則是祖祖輩輩都學習一樣的事物。

人的學習就像人的身體一樣，也是從靈長類演化而來。人們曾經認為人類是唯一會學習的動物，這明顯與日常經驗不符。動物的學習能力隨處可見，根本不用巴夫洛夫（Ivan Pavlov）的實驗去證實。然而，由於人類經久的盲目自大，對動物一些明顯的能力總是視而不見。

現在大多數人，總算接受了動物也有學習能力這一點，但又忽

第三章　智　慧

略最重要的一個事實：人類在很多方面也應該採取和動物一樣的學習方式。該用本能的時候就培育本能，幼童樂於冒險，走得不穩時就想跑，但總是被父母喝止，因為怕他們摔跤，殊不知摔跤是一種對平衡能力的鍛鍊；該用銘印的時候就用銘印，並不限於吃奶粉，幼兒學習語言也可以看作是一種銘印的延伸；該用軟體的時候用軟體，成人為兒童、小學、國中編寫的教科書，全部用「軟體」的方式，卻根本沒有科學的規律。我所說的應向動物學習指的就是這些方面，絕對不是譁眾取寵的玩笑話。

　　一名大學畢業生，其專門用於學習的時間長達時十六年，但純粹從實際需求的技能意義上說，十六年所學的東西只有極小的一部分會被應用，絕大部分時間的實質性意義不過是為了「浪費時間」而已。而作為一種原始的群居動物、現代的社會性生物，處理成員關係這種重要的能力，卻沒有一樣能在課本或者課堂上學習到。

　　即便說到純粹的學習，也就是軟體處理那部分，在學習方式上，人類應該怎麼從動物的學習方式中汲取靈感呢？關於人類智慧的研究已經成為學科，從兩百年前加爾（F. J.Gall）的顱相學（Phrenology）、一百年前的比奈—西蒙智力量表（Binet-Simon Intelligience Scale），再到後來的情商理論，馬丁·加德納（Martin Gardner）的多元智慧理論，無數人研究過智慧問題，希望對人的智慧進行評測，分類和開發。這門學科有科學的成分，但還遠未達到堅實的程度。教育心理學是在很不完善心理學基礎上拼湊的產物，基本上沒有影響力，也沒有實質性的發現。

　　儘管從自然的觀點看，現代社會人類的智慧潛力已經被大大開

發。前農業社會是最自然的生物社會，所有的智慧僅僅用於和其他成員的溝通以及與野獸爭鬥，數理能力在農業社會根本就派不上用場。

現在，正處於智慧開發大爆炸時期。再過若干年，人們在評價二十一世紀之初的智慧開發時，會認為那只是計算的奔騰時代，對智慧的認識是亟需補齊的一塊短板。人類已經過分相信語言、文字、數理邏輯在智慧開發中的作用，而忽略了促進智慧發育的一些基本方式。

第三章　智　慧

第四章

認　知

第四章　認　知

　　人們喜歡分門別類研究問題，對智慧和認知的研究也是如此。人們將認知分成智商和情商；也有人分成記憶力、理解力、邏輯能力；所有的劃分方法都明顯具有主觀性和隨意性的特徵，並且缺乏意義。按演化的原理劃分具有明顯的邏輯上的優越性，並且對認知的研究具有清晰的意義。

泰山、閏土、阿甘的成長

　　假設有一個同卵三胞胎，泰山成長於前農業社會的原始部落，閏土在落後的村落不接受任何知識教育，阿甘則生活在現代城市中接受完整的教育，他們成年之後有什麼不同？

　　泰山就像達爾文時期能夠看見的原始部落成員一樣，他只有幾樣從部落中學習的狩獵或者採集能力，以及用於交流的語言。他的社會規則也比較簡單，沒有禮儀和禁忌等較為複雜的規範。他成長的歷史就與猴子差不多，保持原始本色，受到最低程度的馴化和約束。

　　閏土文明程度則要高得多，他會按照農業社會所建立起來的規則行事。例如，他不能搶劫別人的食物，也不能對喜歡的異性動粗，除了沒有任何科技知識以外，他在各方面與現代城市中長大的阿甘差不多；但阿甘比閏土多了很多知識，而知識讓他能夠勝任社會分工中的一枚螺絲釘。

　　阿甘在成長中接受的社會規範教育、專業教育最多，用動物學的視角說，他受到的馴化最多。我們的主要問題是：馴化阿甘的方式是否是最佳方式？如果阿甘是一位競技體育運動員，我相信在專

業範圍內，他受到的是最佳的訓練方式；如果他是一位工程師、文字工作者或者律師，我敢保證，他接受的教育絕對缺乏效率。教育心理學、發展心理學等儘管已經成為一門學科，可是這門學科對人成長規律的研究十分有限，遠未達到競技體育訓練一樣的水準。

還有一個問題，就是專業知識以外的阿甘，是否具備社會價值觀之下的理想人格，是否擅長與人相處？是樂觀主義還是悲觀主義？是積極勤奮還是好吃懶做？……知識之外的人格訓練和學習，基本上沒有專門的教育科目，因為耳濡目染自然會明白社會規則。

那麼，阿甘人格的形成多大程度上是天生的，又有哪些部分是受後天教育影響？有關阿甘成長的最關鍵問題，最新的心理學或者教育體系也不能提出確切的答案。所以，我說心理學科學化程度並不高。認知是心理學領域一個重要部分，但我不打算按照通常心理學書上對認知的描述性介紹，因為我想要更深入理解人類認知的方式。

模仿是被忽略的本能

大人跟小孩講很多「道理」，成人之間也不遺餘力地用發達的語言說服他人，這可能是人類對自身學習方式最大的誤解。

動物是怎樣教導幼崽呢？很顯然，動物沒有語言，聲音所能傳達的資訊很有限，所有動物都是透過模仿的方式學習。小老虎長到一定的體型，母虎捕獵時會帶上一兩隻幼崽，捕到獵物後會帶領小老虎拔毛、扒皮等，慢慢地小老虎開始捕食小一點的獵物，逐漸成熟。

# 第四章　認　知

　　人類因為有了語言，完全忽略了模仿在人類學習中的作用。語言成為所有學習的入口，從簡單的單字到句子，然後，用語言和道理灌輸幼童，從小學到高中的課本也按照這種方式編排，用成人理解的道理和邏輯講述，即使是最聰明的學生，也經常難以理解大人編寫的課本。究其原因，是教育方法忽略了模仿在學習中的作用。早在一八七〇年，達爾文時代的學者阿爾弗雷德‧華萊士（Alfred Russel Wallace）在《物競天擇理論相關文章》（*Contributions to the Theory of Natural Selection*）中就敘述了模仿的重要性：「人所涉及智力的工作中，有很大一部分是由於模仿，而不是推理。」

　　在生活中，看到別人在做什麼，就好像自己也在做同樣事情：看到別人在吃東西，口水就來了；看到別人打球，就渾身熱血沸騰……為何會有這樣潛移默化的作用？科學家發現，原來都是一種叫做鏡像神經元（mirror neuron）的細胞在發揮作用。

　　科學家已經透過實驗從神經層次上揭示了模仿的機理。

　　在義大利，帕爾馬大學的賈科莫‧里佐拉蒂（Giacomo Rizzolatti）、維托里奧‧加勒（Vttorio Gallese）和李奧納多‧福加塞（Leonardo Fogassi）將一些電極接通到同伴（真夠殘忍）運動前皮質中的單一神經元，研究恆河猴抓取不同對象時的神經活動。當猴子每次抓或移動實物時，其大腦區域的一些細胞就會興奮起來，為此，監控器還會記錄一個聲音：啵哩 —— 破，啵哩 —— 破，啵哩 —— 破。一位畢業生手上拿著一球霜淇淋進來，猴子盯著他，之後令人驚奇的一幕發生了：當學生將霜淇淋球放到他的唇邊時，監控器聽到了一個聲音：啵哩 —— 破，啵哩 —— 破，啵哩

—— 破。其實，帕爾馬大學的神經學家賈科莫早就看到了這一現象，他當時拿的是花生。當猴子看到人們、或其他猴子拿著花生放到嘴裡時，同樣的大腦細胞興奮了。之後科學家發現，猴子剝花生或聽到有人剝花生時，此細胞會興奮，而當用香蕉、葡萄乾和其他所有實物時，反應亦同。

人們為這種現象取了一個名字叫鏡像神經元，即一隻動物的行為會在同伴中的神經元產生鏡像作用。

這並不是一個無足輕重的小的實驗，美國加利福尼亞大學聖達戈分校認知神經科學家維拉揚納爾・S. 拉馬錢德拉（Viayanur S.Ramachandran）甚至大膽地斷言：「鏡像神經元之於心理學，猶如 DNA 之於生物學：它們將提供一種統一的架構，並有助於解釋許多心智慧力，這些能力至今仍非常不可思議，而且也難以提出實驗檢驗。」

鏡像神經元的發現，科學地揭示了動物學習的生理過程，一隻猴子看到另一隻猴子吃香蕉，自己頭腦中的「鏡像神經元」也產生同樣的反應。視覺感測器經過大腦，觸發其他神經元做出相應的反應，是一種很自然的模式，演化就選擇了這種方式讓知識和技能在個體間傳遞。從傳授者到學習者經歷這樣的過程：傳授者大腦產生某種意志 —— 指揮做出動作或者反應 —— 觀察者觀察到這些動作 —— 引起大腦中的鏡像反應 —— 指揮學習者做出相同的動作和反應。

科學家猜測，人肯定也有較為發達的鏡像神經元，但是人不能像猴子一樣，把電極接到大腦的神經元上實驗。後來，因為病人需

第四章　認　知

要這樣做，給科學家提供了這樣的機會，他們證實人雖然比猴子聰明，但並非人們認為的主要透過「思想」指揮行動。人比其他動物有更靈活、更複雜的鏡像神經元。當 A 做一件事情，比如說罵人，就會觸動 B 的神經元引起「罵人」反應，然後 B 也罵人，不然如何解釋足球場看球時那種瘋狂的舉動呢？群居動物需要協調、統一行動，一群黑猩猩去侵略另外一群黑猩猩或者猴子，發動者拿木棒敲打樹幹，然後，每個成員做出的舉動，一下就群情激奮、勇猛地投入戰鬥中，人類的戰爭和體育賽事看臺上的觀眾，和群居動物的反應原理是相同的。

人類大腦有若干鏡像神經系統，專門傳輸和瞭解別人的行動和意圖，以及別人行為的社會意義和情緒。「我們是非常社會化的動物，」里左拉蒂說，「我們的生存是建立在明白其他人的行動、動機和情緒上。」「鏡像神經元不是透過概念推理，而是透過直接模仿來讓我們領會別人的意思，透過感覺而非思想。」此發現觸動了許多科學規則，改變了對文明、移情作用、哲學、語言、模仿、自閉症和心理療法的理解。這一發現為文明的進步提供了生物學基礎，它彌合了人類透過語音學習和動物透過模仿學習之間的鴻溝。

加州大學研究鏡像神經元的馬科・艾可波尼（Marco Iacoboni）說：「當你看到我完成一個動作，如踢球，你的大腦就會自動模仿此動作。當你模仿時，我們還不完全清楚大腦電路是如何約束你不動，但你明白我的動作，是因為你大腦中有一個基於你自己模式的動作範本。當你看到我揮手擲球時，你大腦會重複一下動作，以說明你得知我的目標。因鏡像神經元，你能看懂我的意

圖，知道我下一步要做什麼。」「如果你看到我哽住了，鏡像神經元會模仿我的痛苦，你會自動同情我。你知道我的感受，是因為你能真正感知到。」

鏡像神經元似乎能洞悉現場、分析意思。如果你看到有手伸到書架，但你看不到書，你會猜測他是否要拿書，因為你的鏡像神經元告訴你如此。美國加州大學洛杉磯分校研究人類演化的心理學家派特麗夏·格力佛（Patricia Greenfield）說：「鏡像神經元為文明的進步提供強大的生物學基礎。」直到現在，學者們討論文明基本不涉及生物學，她又說：「但現在我們看來，鏡像神經元直接吸收了文明，透過社會分享、模仿和觀察，一代代傳授下來。」

後來，有人又對鏡像神經元進行了一些深入研究，它的意義尚未得到深刻而廣泛地認識。我們都知道，兒童經常透過模仿的方式學習一些東西，言下之意成人都是透過思考和理性分析學習，但實際上成人透過鏡像神經元模仿學習的東西之多，遠遠超出我們的想像。兩個人談話，不自覺地會調整自己的模式以適應對方；而當談話對象變了之後，又會進行一次調整。

「打哈欠」經常是可以傳染的，但是它沒有傳染的化學基礎和物理基礎，而鏡像神經元肯定是幕後的操盤手。我們的情緒也經常受到周邊感染，這顯然也是鏡像作用的結果。

從演化邏輯上推理，動物生存需要後天學習的本事並不是特別多，即使行為方式最複雜的人類，在遠古環境下需要學習的東西也不是很多，在這種情況下，模仿是一種最簡單的方式。於是，用於模仿的鏡像神經系統就慢慢建立起來了。

第四章　認　知

在體育館觀看比賽，你的情緒經常被賽場上的情況和周邊的氣氛所感染。這一切本質上都是模仿的結果，無論從短時間的情緒變化，還是長期的生存競爭習慣，「感同身受」的模仿方式，都比從書本上學習有更大的影響力。

遺憾的是，鏡像神經元發現了十幾年，現在仍然停留在科學研究和解釋階段，而沒有研究如何利用模式本能改善我們的學習方法、應用於教育系統，以及改革現在僵化的教育方法。

自然演化通常遵循這樣一個規律——越是久遠形成的能力，作用力越持久。透過模仿的方式學習並非近幾萬年、幾十萬年的事情，而是亙古就存在的一種生物的生存方式。所以在人類學習方式中，模仿被大大地低估，甚至忽略。

專業科目知識之外的行為規範、興趣、態度、價值觀等，籠統地稱為人格。舊時私塾把德育作為一個專門的科目教授，是《弟子規》或者四書中的大部分價值主張。新式教育已經修改了這些部分，於是人格的形成主要靠環境薰陶，在具體的方式上則主要是模仿，所以在人格教育中，有「言傳不如身教，身教不如境教」的說法。

歸納是動物應變的思維方式

比模仿高級一點的思維方式是歸納，模仿的學習方式和歸納幾乎密不可分，如果僅僅是機械地亦步亦趨地模仿，還不如用本能的方式更經濟。

遊樂園訓練的鸚鵡會到觀眾席上叼錢給馴獸師，馴獸師怎麼訓

練動物？是跟牠們講一堆大道理嗎？當然不是！所有動物馴化的方式都大同小異，透過獎懲機制讓動物一步一步地逼近馴獸師想要的結果。動物能對獎懲機制做出反應的內在原因，是牠們都有一定的歸納能力。

據我估計，歸納是位於模仿之上最基本的智慧。凡是後天需要學習一些本領的動物，都是透過模仿的方式掌握基本要領，透過歸納則靈活處理，舉一反三、衍生出同類技能。

有條件的話你可以觀察一下動物的模仿行為，沒有條件也可以閱讀一些資料。所有的模仿，幾乎都不是完全機械地照抄，而是會做出一些調整；模仿久了，動物就會總結出一些經驗，以應對變化的情況。不需要變化的機械模仿方式，在演化中逐漸會被本能取代，透過本能實現更有把握、效率更高。

梭子魚（*Sphyraenus*）是一種肉食魚，把一條梭子魚放在浴缸裡，中間用玻璃隔開，另一端放上梭子魚愛吃的魚類，梭子魚為了吃到另外的魚，經常猛力地撞向玻璃，幾個月之後，梭子魚就歸納出了一條真理 —— 想吃這種魚就會撞得頭暈眼花。此時把隔離的玻璃取下來，梭子魚就不敢再攻擊這種魚；但如果再放上另外的魚，梭子魚照吃不誤。

自然界中相似的場景、相似的東西很多，透過歸納的方式學習就可以應對相似事件。人當然是最具有歸納能力的，然而這種能力基本上靠先天的本領完成，後天所學收效甚微，人們對一再重複的股市波動無所適從，就是這個原因。

患自閉症的兒童普遍缺乏歸納能力，比如，你告訴他一顆青

椒，他只能理解這顆青椒；換一顆形狀的青椒，就不知道是什麼東西了。一位自閉症兒童的媽媽為了教會兒子什麼是青椒，買回來各種形狀的青椒；一個多月後，他兒子終於懂得了什麼是青椒，然後在教什麼是馬鈴薯時，需要的樣本就少一點了。

當你想應徵一份新工作，履歷中的經驗很重要。歸根到底，所謂經驗就是你接觸過的用於歸納的素材，素材越多，歸納能力就越強。哈佛商學院採用案例教學方法是比較典型的歸納教學法，因為他們認為相似的情況可能總結出相似的經驗。

對幼兒的教育，即便是無意識的也會採用很多歸納法。例如讓幼兒知道：雞會走、馬會跑、兔會跳、魚會游、鳥會飛、蚯蚓會鑽，凡是動物都會動。

兒童在歸納上的潛力，有時讓你覺得很吃驚。我兒子三歲時，我告訴他牡蠣和蛤蜊是軟體動物，有一天他告訴我蝸牛也是軟體動物。一天他說：「你知道為什麼長（長短）和長（生長）是一個字嗎？」我從未想過這個問題，他說因為長的東西都是長出來的。

早期啟蒙教育中，有意識地讓孩子學習歸納歸類的思維方法則十分必要，故必須讓兒童在成長時期盡量開發他們的先天能力。

推理是人類特有的高級智力

達爾文說：「在人的一切心理活動中，我敢說，誰都會承認，推理是居於頂峰地位的。」

本能和模仿之間有一條清晰的界限，歸納和推理之間卻不容易分清楚，枚舉法也許是最初的邏輯形式，只是不夠嚴密。蘇格拉底

喜歡用推理的方式讓對方說出想法，亞里斯多德建立了較為系統的邏輯框架。中國哲學一直停留在簡單歸納和枚舉思維的階段，從個體到群體，從民間到政府，缺乏遠見和策略能力一直是華人的弱點。

　　歸納通常能解決的現象和結果都是已知事實，而推理則是要找出因果關係。自然界中與動物生存、繁殖直接相關的，都是有形的、或者可以感覺到的東西，故找出純粹的動物推理例子並不容易。

　　河狸（*Castor*）是最大的齧齒類動物，也是一種非常聰明的動物，牠喜歡生活在雜草茂盛的水泊附近。之所以說牠聰明，不僅是因為牠造巢的技術令許多動物難以望其項背，還在於牠有一項絕技：修補水泊豁口。出於本能，河狸喜歡保持居住地的儲水量，盡力阻止水的流失。有豁口必然有流水聲，河狸聽到這種聲音便會趕來，銜來樹枝、泥土等物將豁口堵死。

　　動物學家曾經做過這樣一場實驗：把一臺答錄機放在岸邊（實際沒有豁口），不停地播放流水聲。不久，河狸聞聲趕來，雖然牠們怎麼也找不到豁口在哪裡，但出於保險起見，牠們會在聲源附近塗上厚厚的一層泥土，然後才放心離去。而當牠們返回這裡，聽到流水聲還在時，會再次銜來泥土……

　　如果說河狸發現流水聲與滲水之間的關係純粹是推理，作者也覺得有點牽強，但在效果上是一種推理，這是無可置疑的。

　　朝三暮四的成語故事可能是編造的，但智力較為發達的靈長類有數量多寡的概念，卻大概是真實的。任何一名幼童都喜歡體積比

較大的東西，這是一種食物選擇原理，因為挑選大的能得到更多營養。但從這一步到較為複雜、抽象的純粹數理邏輯，還是有相當的距離。

達爾文也承認，在動物中很難找到具有明顯推理能力的例子，但這一點用我的「語言—思維智慧假說」很容易解釋。動物由於沒有發展出較為複雜的語言，只能用圖像思考具象的東西，推理主要屬於抽象的範疇，所以動物的大腦沒有演化出來這種能力，這樣人與動物在腦力上的分界線就形成了。

就每個人的學習經驗來說，所遇到的同學記憶力有強弱，語言能力和歸納能力也有一些差別，但你沒有發現什麼人不具備這些能力。而數理邏輯則不同，一竅不通的人有很多。這可能間接證明，數理邏輯在過去久遠的歷史中，並非一種很必要的生存技能；同時也暗示在演化史上，這可能是一種較晚形成的智慧，沒有經歷強烈天擇壓力的人，在這個特徵的分布自然更離散。某些較高智慧的活動，確實只有較少的人才有通向這種階段的能力。假定天擇一直有利於數學天賦高的人，現在每個人的數理能力必定都很好。

如果一個人大學畢業，他在學校的學習時間長達十六年，幾乎有一半的時間在學習邏輯推演。遺憾的是，時間的長度與學習效果並不完全成正比，邏輯能力很可能更取決於基因。但是，養成邏輯思維的習慣，並不需要特別的天賦。例如，排毒教父林光常著述了很多關於健康的暢銷書，到處宣講「牛奶是給牛吃的，不是給人吃的」的理論，但稍微有點邏輯常識的人都能發現明顯的漏洞。

從生物本身生長的目的而言，除了母親的奶是給幼兒吃的，其

他所有生物都不是給人吃的。豬長肉不是給人吃的，稻米作為稻穀的種子是為了繁育下一代的，也不是給人吃的，這麼推下去就會達到荒謬的地步：除了自己母親的奶，從天生屬性上都不是給人吃的。我翻看過很多有關健康的暢銷書，大部分的暢銷書到處都充滿了邏輯錯誤，令人吃驚的是，這些書在所有學歷水準、所有智商水準的人群中均暢銷。邏輯思維習慣在工作、生活的諸多場景中對鑒別真偽、辨別是非有應用價值。

翻閱一下柏拉圖的《理想國》（*The Republic*）和孔子的《論語》，這兩本書對國家治理的想法諸多相似，都有治平的思想內涵。最大的區別在於：《理想國》是厚厚的一本書，充滿邏輯，冗長卻未必正確；而《論語》的一萬兩千多字都是結論，太過分陶醉於所謂精煉，實際上犧牲了過程，就犧牲了思維。

楊振寧曾發表一場演講，題目是「《易經》對中華文化的影響」，認為《易經》是科學技術沒有在中國萌芽的主要原因。其在演講中說：

近代科學為什麼沒有在中國萌生，已經有很多人討論過了，歸納起來大概有五種道理。

第一，中國的傳統是入世的，不是出世的。換句話就是比較注重實際的，不注重抽象的理論架構；

第二，科舉制度；

第三，觀念上認為技術不重要，認為是「奇技淫巧」；

第四，中國傳統裡面無推演式的思維方法；

第五，有天人合一的觀念；

第四章　認　知

第四跟第五兩點跟《易經》我認為都有密切的關係。

……

中華傳統文化的一大特色是有歸納法，可是沒有推演法。其中歸納法的來源是什麼？「易者象也」、「聖人立象以盡意」、「取象比類」、「觀物取象」，都是貫穿《易經》的精神，都是向上求整體「象」的方法。

《易經》奠定的簡單歸納、直接下結論、由此及彼的思想方法，一直影響了數千年。

人類文化發展也像生物演化一樣，具有明顯的路徑依賴現象。古希臘的雕像一開始就追求逼真的效果，後來的雕像和繪畫都非常細膩；中國的雕像一開始就不追求真實和協調，這個路徑就影響了幾千年的藝術成就。

假如《易經》或者《論語》是充滿邏輯的敘述，而不是武斷的結論式陳述，中國思維方式的走向可能完全不同。而精簡的敘述方式可能僅僅是因為在當時的條件下記錄成本太高，太過麻煩，所以越簡單越好。

如果說，希臘哲學奠定了邏輯推理的思維方法，歐幾里德的《幾何原本》則種下了數理邏輯的種子。楊振寧說：明朝的大學者徐光啟與利瑪竇合作翻譯歐幾里德的《幾何原本》前六章，可惜沒有流行。徐光啟總結了這樣幾句很有名的話：

似至晦，實至明；似至繁，實至簡；似至難，實至易。

方法論在開啟人類智慧潛力方面有決定性的作用，它是思維的引導員。邏輯推理引導了歐洲人最初的思維模式，法蘭西斯‧培

根總結的歸納法和實驗驗證法則開啟了現代科學研究的模式。

　　人類是自我馴化、自我認知能力很強的動物。很多時候，人們只要知道這件事是「可行」的這樣的結論，就足以導致這件事成真。美國早期有一個叫賽闊的土著人，他僅僅知道白人是有文字的，可以用它來記錄語言，但對白人的文字、文法等一竅不通。他隨即發明了記錄土著語言的文字，而僅僅經過幾年的修正、完善，就可以很完整記錄當地的土著語了。假如你是一名幼童的父母，僅僅知道幼童主要是透過模仿學習的，這個信條足以讓太擅長言傳的大人改變很多。

差強人意的記憶力

　　從生活場景上看，只有現代人對人類所謂的「知識」記憶力要求比較高，若退回到百年之前的農業社會，絕大多數人也不需要很強的記憶能力。農民不讀書，每天過著日出而作、日落而息的生活，只與有限的少數人打交道，生活場景相當固定和單調。

　　工業革命百年的時間，在演化的歷史中幾乎沒有多少意義，像推理能力一樣，記憶力強的人也沒有顯著的比記憶力差的留下更多的後代。人類記憶力還停留在適應遠古生存環境的水準，所以記憶力差是現代人的一個普遍苦惱。

　　幸好，人類發明了文字。近十幾年電子記憶媒介、網路、檢索技術的快速發展，為人類有限的記憶力提供了強大的外援。在網路時代，任何一個人想立刻知道某個陌生門類的知識變得異常簡便。難怪 Google 會成為最大的搜尋引擎，因為它解決了人類記憶力不

足的一大部分問題。我們可以預測：在遙遠的將來，也許解決推理能力的發明創造，將把人類社會推向一個新的高度。問題是，電腦若可以產生新的知識，不久就會產生自由意志，就會出現科幻片《我，機器人》（*I, Robot*）中所描述的人無法控制機器人的場景。

在諸多的智力活動中，記憶力是最容易被解析的一種智力，因為記憶是一個結果。比如說，它會引起大腦中某些物質的變化，而其他思維則是一個過程，結果相對容易看到，過程則不容易。現在人們只是大致上清楚了記憶和神經軸突的關係，但要想完全在分子層面上解析記憶力，看來還是遙遠的事。

雖然人們發明了電腦、搜尋引擎等輔助記憶的工具，人們對提高大腦能力仍有強烈需求。脆弱的記憶、有限的推理，是人們適應現代生活環境的短板，為此人們也研究了一些不太實用的方法。網路上可以搜尋到很多的所謂記憶法，還有記憶力培訓班、速記單字法等，這些都是一些小技巧。其實記憶就像人體的肌肉一樣，不斷的鍛鍊乃是保持或者提高記憶能力最簡單、最實用的方法。

人類雖然透過眼睛傳遞和獲得更多資訊，但人只對視覺刺激的反應強度較大，對圖像的記憶能力卻很平常。

日本科學家公布一份研究報告說：幼年黑猩猩的短期記憶力勝於成年人類。這也推翻了以前科學界普遍相信的「人類所有認知能力均優於黑猩猩」的論斷。這項研究由日本京都大學靈長類動物研究所教授松澤哲郎主持，研究報告也發表於美國《當代生物學》（*Current Biology*）期刊上。

松澤哲郎的研究團隊選取六隻黑猩猩，包括三隻雌性黑猩猩和

牠們的幼崽。研究人員在數年時間裡，透過多次實驗，比較牠們與志願受測人員的記憶能力。其中一輪實驗中，研究人員讓已能識別從一到九阿拉伯數字的黑猩猩與受測者比賽。九個數字無規律地在觸控式螢幕上先後出現，這時黑猩猩或受測人員觸點第一個出現的數字後，其他數字所在位置將變為空白，牠們必須按照先前數位出現的順序，依次觸控式螢幕中相應數字所在區域。

這輪實驗後，一隻叫做「阿步」的幼年黑猩猩在同類中勝出，牠的準確度雖並不比人類更強，但速度卻更快。

後繼實驗中，研究人員將閃出數字減少為五個，閃爍時間依次縮短為 0.65 秒、0.43 秒和 0.21 秒。這些數位在螢幕上快速閃現，「阿步」和九名志願大學生被要求完成上述動作。

這幾輪比賽中，黑猩猩「阿步」優勢開始顯現，牠在後兩輪實驗中準確率依然保持 80% 左右，而受測大學生卻從 80% 的準確率降至 40%。

人們說老馬識途，是以為馬因為老所以更有經驗，實際上卻不是。所有的馬都有識途的本領，對圖像也都有過目不忘的記憶力，這是牠們為了獲取食物、需要季節性遷徙演化出來的記憶力。斑馬和羚牛在非洲大地上季節性的結伴遷徙，前者靠記憶力帶路，後者則靠敏銳的嗅覺找到水源；遷徙讓大象具備了驚人的記憶力，牠們可以找到五十年前只去過一次的水源。

人類祖先對圖像的關注，主要是為了短時間的生存利益，他們只需要對某個圖像感興趣，而不是長久的記憶這個圖像，因為他們較為固定地生活在一個地方。人類的祖先不是遷徙動物，所以在相

關能力上不及很多動物很正常。

　　人類對圖像記憶能力弱於黑猩猩，間接暗示語言—智慧假說的正確性。發明了複雜的語言之後，複合化思維取代了圖像式思維。按照代謝保守原理，撤出了演化壓力，對圖像的記憶能力也日益衰退。

　　人雖然對視覺訊號產生的刺激反應強烈，但能夠記住很困難，所以電視廣告不厭其煩的一遍又一遍重複的播送是有效的。

理性與天性

　　人類的學習和思考太強大了，遮蔽了一切，以至於人們誤認為自己是理性的動物，忘記了動物本能。經濟學就是建立在「理性人」的假設基礎上，經濟學家也知道人有非理性的成分，但估計不足，他們認為對人非理性的忽略完全無傷大雅，就像一顆鐵球在速度不快時，自由落體運動可以忽略空氣阻力一樣。

　　近年來，有關人類非理性的研究增加，在網路上敲入「非理性」三個字，可以搜出一堆含有這三個字的書籍。而不管各種專家是怎麼定義理性和非理性，頭腦中的概念才是真正的概念。人們一般認為理性是經過思考、評估和算計採取的行動方案，而非理性則是不可理喻的，是未經思考評測的行為。《影響力》這本心理學著作，研究了人們行動決策的非精確計算模式，用作者的話說，人們的行為很多時候遵循一種原始應急反應模式，就像昆蟲會趨向火苗一樣，古老的環境很少有火苗，趨光性本來是利於昆蟲的一種演化，環境變了，昆蟲一時也難以改變天性。人也是如此，古老簡單

場景所演化出來的心理 —— 行為模式，也經常不知不覺地發揮作用，我認為這部分就是人的天性。

心理學非常有必要盡可能的解釋清楚本性和理性的關係，這對於解釋、理解人類的行為具有非常關鍵的作用。

人們認為，重大的決策肯定是理性、深思熟慮的，其實不然。我們常說歷史總是驚人的相似，這句話暗指：人們通常不會從歷史中吸取經驗教訓。杜牧說：「嗟乎！使六國各愛其人，則足以拒秦；使秦復愛六國之人，則遞三世可至萬世而為君，誰得而族滅也？秦人不暇自哀，而後人哀之；後人哀之而不鑒之，亦使後人而復哀後人也。」黑格爾說：「人類從歷史中吸取的最大教訓，就是我們從不吸取歷史的教訓。」面對重要的事件，人們都不汲取教訓？那麼人們按照什麼來行事呢？肯定是他的想法，一旦涉及想法，人們自然歸於理性。

上述邏輯具有很大的隱蔽欺騙性，處於想法絕不代表理性。一隻狗要保護牠的領地，本能要咬人，咬人是狗的本能，那麼我們為什麼不想像成狗「想」咬人呢？事實上也是大腦指揮行動，這種想像實際上更合理一些，那麼狗也具有理性了，顯然，這樣的說法不會被眾人接受。狗咬人這種本能也是透過「想」的方式實現，這個道理同樣也適用於人。

真正的理性是「哀之而鑒之」，如果統計規律支持人們在同樣的情景下，不同文化背景人的有相似的表現，我們認為就是人的一種天性或者本性的流露。不同的心理學派關於什麼是本能什麼是理性，哪些方面理性主導，哪些方面本能主動，仍有巨大的爭議。最

第四章　認　知

激進的理性主義認為人只有性慾、食慾等少量本能，而我則屬於另外一個極端，我認為絕大多數貌似理性行為，本能都是真正的幕後主謀。

假定週末有一場演唱會或者足球賽，你也買了票去現場觀看，到了激動之時，大家發出山呼海嘯般的嚎叫。你本來也可以坐在家裡看電視直播，大多數情況下，電視傳遞的資訊拍攝角度好，還有一些輔助的技術手段，從純粹的資訊量而言，比去現場的大多數位置都好。那麼，為什麼有這麼多人願意鞍馬勞頓去現場觀看呢？你會說現場感覺不一樣，你可能從未想過為什麼現場不一樣？因為人是群居動物，聚集在一起，就會有你沒有察覺的心理變化，或激昂或愉悅等等。那麼去現場看演唱會是理性還是本能？你會發現，表面上理性做出的決策，其實是本能在影響。

電視出現於電影之後，人們馬上預測由於電視更方便，電影將消失。有一陣子盜版光碟橫行，人們認為盜版會把電影弄垮，但這些預測都沒有發生。因為幾乎從未有人發現，聚集乃是群居動物的一種本性，很難察覺，也很難改變。

如果你以心理學的角度觀察人們，你可能就會發現一些平時從未想像的現象：人們通常喜歡給別人負面評價，愛挑刺；你可能還會發現，隨著年齡的成長，人越來越難以接受別人的建議；感覺到男性和女性的差別等等。

那些對人性非常敏感的人，也許是莎士比亞，也許是亞當斯密，也許是身邊的企業家。他們都會總結出一些規律，而這些東西在課本上沒有，專業的心理學書籍沒有著述。他們的觀察不成體

系，很多的情況下卻很真實有用。這些業餘敏銳的觀察者所觀察的人性，是人的理性嗎？這些統計規律歸入天性更合適。

關於人性問題，智者和芸芸眾生幾千年來，從未停止觀察和論述，現在仍然處於人性大發現時期。那麼，我們有沒有什麼辦法把各種零星的觀察納入一個可解釋的、有見解的體系之中？回顧一下物理、化學的發展歷程，就會發現現象、實驗和理論體系之間相互促進、相互印證的發展模式。心理學的大廈，人性的大發現也會遵循同樣的規律。人性的體系就是演化的邏輯，所有的天性都應該能夠解釋過去數百萬年的場景和變遷，每一種人性都應該有存在的理由，而演化論就是這些觀察和專業心理學實驗的理論基礎。

第四章　認　知

第五章

發　育

第五章　發　育

　　古老的演化已經為人類安排了學習日程表，人們卻視而不見。人類是最聰明的動物，同時也是最不「理解」幼童的動物。成人按照他們的方式理解、呵護兒童，卻成了扼殺兒童天賦的兇手。教育心理學就像亞里斯多德時期的物理學一樣幼稚，而人們現在每天都在為這種蒙昧支付不菲的代價。

　　不管我多麼強調人的動物本性，我都不打算無視這樣一個事實：人是習得性動物，即便是新幾內亞仍然處於原始社會的土著，他們的心理、行為模式都受到習俗、環境和後天教化強烈的塑造。

　　人們大體上清楚從幼兒到老年伴隨著體格的發育，心理、行為方式也發生一些變化。很顯然，幼童尚未接受多少教化，受到文化影響幾乎為零，而伴隨著成長，注入的文化越來越多。

　　伴隨著年齡的成長，心智也在不斷地改變，有內在的基於生物因素的改變，又有文化的影響，研究智慧和心理的發育已經是心理學中一個重要的分支 —— 發展心理學（Developmental Psychology）。這門學說像其他分支一樣，聚焦於對細枝末節的描述，其科學程度距離我們期望的甚遠。

　　對發育規律的認識程度低，讓我們每天都做很多無用功，事倍功半。

心理學家比不上馴獸師

　　人一生下來就進入了現代社會的環境，時時刻刻地開始接受人類文化灌輸。廣義上說，幼兒總是能夠接觸到電視、招牌廣告，參與各種活動，而所有這些活動都在塑造人生。專門意義上的教育也

隨之而來，從三四歲進入幼稚園直到大學畢業將近二十年，大部分時間在專門的教育機構度過。

很少有人去想，教育究竟有何用？因為它似乎不辨自明。教育其實是為人類社會的規則服務，現代教育對每個人真實的作用，就是考大學、找工作，沿著現代社會制定的規則盡量向上攀爬。「教育究竟有何用？」這一個問句還可以包含另外一層深意，即現在設定的教育體系和方法，是否真的對將來有幫助？或者是否真的有助於智慧的開發？一百年前，中國的教育是讀私塾，學生唯讀語文一個科目，整個教育過程就是熟練閱讀，甚至背誦大約四十萬字的、各種以儒學為中心的著作。在那個時代，讀書人也是為了在既定的社會規則下納入向上攀爬的路徑之中。現在一個普通的人都會懷疑，私塾讀的那些東西，真的能讓人官當得更好嗎？一個普通人就會說，那個時代的教育太愚蠢了，讀那些孔孟之道其實沒多少用。我敢斷言，一百年後，人們普遍會覺得二十一世紀初的教育體制太失敗了，教育體系給人們灌輸一些毫無意義的東西。教育很大程度上類似每天教授同學們如何下象棋，然後讓象棋下的好的人去參加網球比賽的遊戲。

即便是現在，認為現代教育荒謬之說也不在少數。教育的問題涉及面太廣，即便是彙集許多學科最具有創建的學者，也無法圓滿地將教育系統的設計推進一步，這種複雜的生態需要慢慢演化。本書的主旨是談論人類的生物性和文化銜接的問題，而在這方面，現在人類重複地犯下大錯。

人類迄今都不甚理解自己的發育規律，對身體和智慧發育規律

的認識，還停留在現代科技啟蒙之前的水準上。

例如從時機上說，農夫知道什麼時候幫小馬駒搭上拉車最合適，馴獸師也很清楚動物最適合學藝的年齡，太早和太晚都不是最佳時機，人類卻偏偏忽略了研究自身最佳的學習時機。科學家還提出來一個「幼齡延長（Neoteny）」這個不必要的詞，解釋為什麼人具有終生的學習能力。人的學習能力也像牛、馬、猴一樣，壯年之後，會出現下降趨勢。

透過對家畜的觀察可以發現，軟體學習的能力伴隨著大多數長壽的動物終生，而並非是人類特有的能力，但這種能力在體格發育完成後就開始下降。驢、馬在身體發育成熟之後，才開始學習拉車和農事，馴化大牲畜拉車，越晚馴化學習效果越差。從道理上說，為了應對千變萬化的環境挑戰，保持靈活的學習能力，進行一些微調具備生存意義；從身體條件上說，農夫讓大牲畜拉車時，牠們的體格已經成熟，可以說已經過了學習這項技能的最佳年齡，說明動物也有透過軟體學習的能力。

自然環境下，動物在馬戲團的表演對生存也沒有任何意義。在人類棍棒威逼和食物誘惑之下，猴子也可以學會很多生存中不需要的技能以娛樂大眾，這說明動物也能學習超過生存需求的能力。

可以說，一流的心理學家對人的認識，還比不上馬戲團二流的馴獸師對動物的瞭解。心理學還存在一個頑固的定式，認為人和其他動物理所當然有重大的區別，故認為從動物身上觀察到的現象不可能適用於人，甚至也不可能給人啟發。

華人社會望子成龍、重視下一代的文化源遠流長、根深蒂固，

其無償付出的犧牲精神都是舉世罕見的；但華人都不理解幼兒到成人的發育規律，用心越深，有可能鑄成的錯誤也越大。

自從有了文字以來，人類進入了文明時代，但進步之中也樹立起了迷信和愚昧。動物不懂得上帝，當然也沒有拿活猴去祭祀的這種習俗。現代文明的歷史，多是自然知識爆發的歷史，達爾文雖然開啟了對人自身科學研究的先河，這門學科卻進展緩慢，大概要等到人類徹底讀懂基因這部天書，才有可能科學地認識自身。從演化論的發展歷程上說，達爾文正確地觀察到了生物現象，提出定理式的解釋和證明還需要基因技術。

今天，人類對自身認識最大的錯誤，是對兒童的認識，這一點有尤有害處。基本上所有高等動物都需要在成年之前學習生存的知識，如果是社會性動物，還要在兒童時期學習群居規範。成人只按照自己對幼童的理解，粗暴地灌輸。教育體制的各個環節都有巨大的問題，單就學齡前的兒童來說，人類的教育已經一錯再錯，從動物屬性出發，認識兒童比從成年人的文化角度更正確。人們都希望將自己的孩子培育成天才，實際情況卻有可能適得其反，因為光是將幼童培養成正常人就已經有很多問題了。

人們會說，怎麼可能？我們比猴子聰明太多，而且有前人的經驗積累，怎麼可能出錯？錯就錯在這裡，其中很多是現代社會特有的錯誤。人們不瞭解作為動物的人應該是什麼樣子，人們認為的好可能是壞，而人們認為的壞可能是好。即便從純粹實用的目的出發，這一章的內容也值得被所有父母知曉。

「三字經」錯了，佛洛伊德也錯了

　　人之初，性本善。性相近，習相遠。苟不教，性乃遷。教之道，貴以專。昔孟母，擇鄰處。子不學，斷機杼。

　　《三字經》開篇的這段文字可謂經典，義大利教育家瑪利亞·蒙特梭利（Maria Tecla Artemisia Montessori）也發現人之初富有愛心。隨著成長，她的困惑也跟《三字經》一樣，為什麼人越來越喪失愛心、越來越「壞」呢？而人們把這個現象，通通解釋成受到社會汙染的結果。

　　人類自古就對瞭解自己的本性有很大的興趣，透過觀察沒有受到文化影響的幼兒性情，被認為是一條可靠的途徑。《三字經》和人們對現象的觀察是正確的，但是對成因的解釋卻是錯誤的。雖然一個人的基因在精子和卵細胞結合的一瞬間就不再改變，但其一生性格卻不是一成不變，基因序列上的遺傳密碼並不是同時發揮作用，而是按照一定的程序打開。在胚胎形成時期，基因塑造了人體的基本外形，出生後決定成長發育，這些我們都非常清楚。可不經意間，人們忽略了無形的部分，也就是習性或者說行為的形成，也有一定的時間序列。

　　一隻小老虎很可愛，除了樣子看上去非常招人喜歡，同時也沒有攻擊的本能，性格溫順；但長到一定的年齡和體重之後，獸性就會發作了。即使一隻幼小的老虎，完全隔離起來人工餵養，到了一定階段，仍然是一隻吃人的老虎。雖然牠因為沒有在合適的時機學習撲食技巧和，造成終生缺憾，但肉食的獸性是不會改變的。人類

112

只有青春期才有強烈的性衝動，但並不是貫穿終生，這也不是文化教化的產物。

如果你仔細思考，就會發現性格形成在時間序列上的安排也非常巧妙。幼虎缺乏攻擊性，是因為尚不具備攻擊的能力，如果有攻擊性，反而讓自己的生存處於更危險的境地，可見基因對生存策略的指揮極為老謀深算。

反過頭看「人之初，性本善」這句話對不對呢？性善是孟子的主張，性惡則是荀子的主張，迄今也沒有達成一致的意見，雙方都能找到有利於自己學說的證據。蒙特梭利說，幼兒對父母的依戀和愛是發自內心、至誠至真的，在成年人身上你觀察不到，故基本上支持了人之初，性本善的主張。這個觀察雖然真實，卻只強調了善的方面。一名幼兒同時也是非常自私的，他不願意別人動他的玩具，還會去搶別人的玩具；而到了四五歲的年齡，幼童經常打架，有的幼童還會咬人；再等到他們懂事一點時，也不願意媽媽再生一個妹妹或者弟弟。幼兒自私主要表現在爭奪食物資源、與同齡人打鬧以學會日後生存所需要的技能上。但總體上說，嬰兒競爭力很弱，就像小老虎一樣是性善的。

隨著年齡漸長，性競爭、地位競爭等矛盾日益突出，所以人即使不受社會的汙染，也會越來越「壞」。青少年的叛逆行為並非受到後天汙染所致，而是基因序列規定的程序。「苟不教，性乃遷」這句話不對，即使教，性也會遷。儒家仁愛的哲學是歷代封建帝王和士大夫的必修課程，但宮廷和政治鬥爭中所用的陰謀詭計無所不用其極。六十年前，中國試圖透過教化，讓人們放棄自私自利的習

第五章　發　育

性，養成為具體利益服務的公心，效果當然很有限。教化和本性之間是一個協調和鬥爭的關係，用一艘停泊的船做比方，本性是錨，教化是船，有一定的漂移性，但不可能掙脫錨的左右，教化的目標和本性偏離太多，效果反而會更差。例如，承認人性自私，並加以約束比要求大公無私，或者鼓勵自私效果都好。

教育和兒童是一個容易發表議論的題目，大多數名人都發表過關於這個問題的看法，這些看法多為一些個人主張，缺乏對兒童的觀察和研究。大多數父母和老師都有自己的一套理論和實踐，都建立在自己粗糙的總結和當時流行的格調之上，談不上正確。

和其他動物一樣，人一生中「天生性格」的變化都具有適應性，即這種行為方式有利於生存。想想看，一個幼兒若不愛他的母親、不依戀他的親代，被親代拋棄的可能性就比較大，少兒依賴母親的性格就會被天擇保存。

伴隨著成長，兒童依戀母親越來越沒那麼必要，這種愛的性格越來越被淡漠，這是天擇規律，就像我們觀察到的家畜和其他動物一樣。人類認識自身最大的障礙，是總是不把自己當動物看。隨便看一看家養的動物，就能明白這個道理：一隻小羊非常可愛，依偎在母親身邊，如果母羊白天出去吃草，母子之間就會依依難捨；兩三個月之後，母子之間的感情就淡漠了，直到形同陌路。因為從子代的角度來說，依偎在母親身邊已經沒有意義，牠不再需要母親的奶水和保護。遺傳的任務這時已經完成，基因的火炬已經穩穩地交給了子代。

奧地利心理學家佛洛伊德說：在人的潛意識裡，人的性慾一直

處於壓抑的狀況，社會的道德法律等文明規則，使人的本能慾望時刻處於理性控制中，他認為女孩有戀父情結，男孩有戀母情結。一九○○年，著名的《夢的解析》（*Die Traumdeutung*）出版，成為影響至深的心理學著作。佛洛伊德將性延伸到兒童時期是一個致命的錯誤，性並不是貫穿人的終生。

我們稍微詳細的解釋一下戀父和戀母情結：戀父情結也稱厄勒克特拉情結（Electra Complex），指女孩親父反母的複合情緒。相傳古希臘神話，厄勒克特拉公主因母親與其情人謀殺了她的父親，決心替父報仇，最終與其兄弟殺死了母親。佛洛伊德藉此來說明兒童性心理的特徵，認為小女孩對父親的深情專注，潛意識中有一種取代母親位置的願望，特別是到了性器期發現自己沒有男性生殖器，埋怨並妒忌母親占有父親的愛。一個女孩在成長的過程中，始終無法與父親實現心理分離，結果與母親的關係疏遠，與同齡男性的正常交往乃至婚戀，也常常會受到嚴重影響。

戀母情結，又稱伊底帕斯情結（Odipus Complex），在精神分析中指以本能衝動力為核心的一種慾望。在古希臘神話中有這麼一則預言：底比斯王的新生兒（也就是伊底帕斯），有一天將會殺死父親而與母親結婚。底比斯王對這個預言感到震驚萬分，於是下令把嬰兒丟棄在山上；但是有個牧羊人發現了棄嬰，並把他送給鄰國的國王當兒子。

伊底帕斯並不知道自己真正的父母是誰，長大後陰錯陽差回到了底比斯，當上了國王。後來底比斯瘟疫流行，他才知道：多年前他殺掉的一個旅行者是父親，而現在和自己同床共枕的是母親。伊

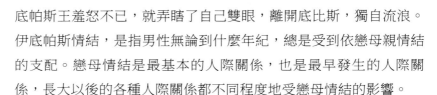

底帕斯王羞怒不已，就弄瞎了自己雙眼，離開底比斯，獨自流浪。伊底帕斯情結，是指男性無論到什麼年紀，總是受到依戀母親情結的支配。戀母情結是最基本的人際關係，也是最早發生的人際關係，長大以後的各種人際關係都不同程度地受戀母情結的影響。

佛洛伊德的理論誕生在《物種源始》發表四十年後，在他的整個理論體系中，沒有考慮到演化的邏輯，兒童時期的行為是為了生存而不是性，從道理上非常清晰，現實中隨處可見，根本無須高深的理論，只需把人真正地看成一種哺乳動物即可。生存是第一動力，貫穿一生；性是第二動力，只在有性能力時才發揮作用，而佛洛伊德卻誤將人的一生解釋成性動力。

只要腦筋轉個彎，我們就很容易想像，即便從出生就讓嬰兒成長於洪荒的環境，不受任何人類文化的影響，他身心發育仍然有自己的節拍和特點，後天的變化絕非純粹文化的影響。

敏感期

考古證據顯示，人類文明的歷程是從西元前一萬兩千年開始，這時陸續有了種植業和馴化動物，此前人類一直過著採集─狩獵的生活。這便是文明的起源，到現在大約經歷了五百代人，這個短暫的瞬間在自然狀態下，對基因的改變是有限的。人類的很多天性是被遠古的環境所塑造，這一點對於研究幼童的心理和行為有特別的意義。一般認為狗有一萬年的馴化史，外形上的巨大變化非常顯著；但所有的狗都有保護領地、吠叫的天性。當然狗一歲多就進入了性成熟，牠的代際更換頻率可能相當於人的十倍左右。

群體遺傳學和生物實驗表明，強度較大的定向選擇，可以讓生物在一百代以內發生實質性的變化。說一個有點不恰當、但能將問題解釋清楚的比喻：如果有一種超人馴養人類，每一代人都要如人類馴化狗一樣，選擇他們期望的人類品種繁衍後代，那麼一百代人就可能發生很大的變化。但我們並非其他物種馴化的動物，定向選擇並不明顯，按著自然的演化速度，五百代是比較短暫的歷史。

進入農業社會之後的一萬年，人類的生存環境確實發生了巨大的改變，而這些改變在多大程度上、在哪些方面形成了對人類自身定向選擇的壓力尚不清楚。嚴格意義上，現今人類的特徵並非完全是遠古塑造，而是摻入了一部分我們尚不清楚的文明社會塑造的成分，這些我們只能憑想像去猜測。但文明社會並沒有塑造主要的人性，而是在部分環節可能有較強的影響力。

文明社會讓人學會了很多原始場景下不需要的知識，尤其是現代社會的分工，就像馬生來不會拉車，卻學會了一樣。

我們不妨把人的知識和能力分成兩部分，一部分在原始場景下能用到的技能；另外一部分只有文明社會才有用武之地。因為這兩部分的學習機制完全不同，前者由天擇形成，後者則要強加於人。馬戲團的猴子在自然狀態下，會掌握階級秩序、個體之間簡單交流的方法，所有這些都會按照自然規律成長。對於猴子而言，自然狀態下的學習和人工的訓練是不同的，而人們忘記了自己也是如此。

對於社會性動物而言，那些非常重要的技能，必須在離開母親之前學會；等加入成年人行列那一天，他們若不具備這些的生存技能，將處於很不利的位置。用生物學的觀點說，就是成長期對某些

第五章　發　育

技術的掌握有巨大的演化壓力。這種壓力並不是庸俗的書上所講的，獅子每天早晨起來就要練習奔跑，也不是遠古人類的母親就像現代人一樣，逼著幼童讀書、寫作業，而是天擇的淘汰機制。意思是，如果你在某個階段學不會某種技能，將使生存處於不利地位。學會和學不會、愛學和不愛學就會產生分野，這種能力和習性伴隨著遺傳產生了優勢或劣勢。

幼兒長大到成年後，再也沒有人照顧，而且他必須參與成年人之間的競爭，這個時候，該學的都應該學會了，也就是說，演化逐漸撤銷了壓力，這個階段之後，即便學習能力不強，也不會有多少劣勢可言。

既然人也是接受天擇挑選的產物，那麼他的學習能力也應該分布在天擇的邏輯之內 —— 所有原始場景生存的能力應該在進入成年期之前學會。這些能力大體上包括：

動作類，要應付日後獨自生活挑戰最基本的技能，盡量早學會才有優勢。

語言，這是人類交流、思考的工具，對生存至關重要。

社交，知道誰強誰弱，誰可以挑戰，誰惹不起，怎樣不惹禍上身，怎樣獲得更有利的地位等等。

獲取異性青睞，人類的行為有很多智慧的成分，結交異性也不例外，伴隨著青春期的到來，要學會獲取異性的好感，這對將來基因的傳承構成直接的壓力。

現在只要你稍微留意，就可以觀察到明顯的演化痕跡，蒙特梭利的理論認為這是兒童在確立一種自信。這顯然是錯誤的，小孩選

擇崎嶇不平的路是一種天生的本能，目的是為了適應日後攀爬的需求，人類的祖先採摘果實、追逐獵物，適應在崎嶇的道路上奔跑和攀爬是一種生存技能。幼兒走崎嶇不平的道路是為過去的環境所設計，而不是為現代的柏油馬路。兒童根本不需要成人理解的自信，但他們會像很多群居動物一樣，透過打鬧的方式確立在群體中的地位。幼童會有一段時間愛打架，尤其是男孩，這也是古老演化的遺跡。

幼兒在剛剛學會走路不久，就不讓大人抱，並且有的兒童越是上臺階這樣不好走的路，越不讓大人抱。大人帶著年幼的兒子去餐廳吃飯，發現小孩非常愛鑽到桌子底下，你會感到有點生氣，認為飯桌底下太髒；但如果你明白我們的祖先曾經過著漫長的穴居生活，就理解這種行為了。沒有鑽洞穴本能的個體更容易受到寒冷、野獸的威脅，逐漸被具有這種天性的個體取代，幼兒鑽桌子實際上就是鑽入了原始環境居住的洞穴。

為了適應古老的生存環境，幼兒時期還有一些林林總整體性格和行為特徵。如幼兒非常願意動手，對很多東西充滿了好奇之心，對玩具喜新厭舊，這些都是為了學習日後生存所需要的技能。作為一種體型較大的動物，體力不足要靠智力以及靈巧的手來彌補，若幼年沒有鍛鍊這些的天性，對日後生存鬥爭是不利的。

人類幼童的學習模式為原始環境而設計，為了學會應付生存挑戰的技能，天擇為在不同的年齡層設計了不同的任務。就如我們前文所說，讓年幼的肉食獸學習撲食技能，只能讓牠的處境更加危險。在此之前，同伴之間玩耍打鬧行為，是撲食行為的先修班。

第五章　發　育

一百多年前，荷蘭動物學家德弗里斯（Hugo Marie de Vries）發現，動物在特定的時間適合學習特定的內容，不在這個時期學習就特別費力，事倍功半。這其實就是農民馴養役畜所知道的事實，而德弗里斯為這種現象取一個名字 —— 敏感期（Sensitive Period）。

後來義大利幼稚教育家蒙特梭利發現，在兒童身上也有敏感的這個現象，而作為醫學博士的蒙特梭利本應該從演化論上「推演」出這個結論，可不知道什麼原因，她的整體理論卻來源於觀察和歸納。與演繹和推理相比，把整個理論體系降低了一個層次，也因此缺乏了完整性和可信性。

蒙特梭利的觀察和總結過於瑣碎和凌亂、過於具象，以至於不怎麼提綱挈領。蒙氏將敏感期進行了細分，有動作敏感期（0～2.5 歲）、語言敏感期（0～6 歲）、秩序敏感期（2～4 歲）、感官敏感期（0～6 歲）、動作敏感期（0～6 歲）、文化敏感期（6～9 歲）等等。

我認為從邏輯上講，蒙氏的總結有些不完整，還有些錯誤的成分。敏感期這個理論應該延伸到人的整個生命歷程，而不僅限局限於兒童。

甘特圖上的任務

天擇壓力無形中為每個成長階段設定了任務，我們根據這個道理可以畫出了成長過程的甘特圖，即在不同年齡階段「應該」完成的事情。這裡的「應該」並非人們頭腦中認為的應該，不是三歲應

該認識幾個字、五歲可以背誦幾首唐詩，而是演化意義上的應該，是指為適應環境設計的學習路標。

生物學家史蒂芬·古爾德（Stephen Jay Gould）有兩個觀點很有趣：第一，他認為人類的嬰兒其實是胚胎；第二，小孩是人類的真正父親。前者的意思是人類嬰兒出生時的成熟度，如果達到我們近親黑猩猩和大猩猩出生時的水準，應該要十五個月才出生。人類嬰兒生下來還不能翻身、坐著，嬰兒腦的大小占成年人的比例也遠不及我們的近親，人類出生後六個月腦的容量才達到黑猩猩出生時腦所占成年個體的比例，古爾德認為這是人類早產所造成的。雖然從孕期上看，人懷孕的時間比黑猩猩和大猩猩要稍長，但是考慮到人的壽命，懷孕期應該更長才對，比如八十歲左右壽命的大象，孕期長達二十二個月。「小孩是人類真正的父親」這句話的含義，是人類和其他動物的一個區別，只有人類在一生中一直保持幼稚時期的狀態，生物學叫作幼齡延長（neoteny），據稱可以從解剖學上得到證實。生物學解釋說，幼齡延長是人在一生中都具備學習能力的原因，而其他動物只在小時候具備這種能力，成年之後便喪失。

幼齡延長的這個觀點廣泛流行，但我認為事實並非如此。首先，隨便問一問比較有經驗的飼養家畜的老農就很清楚，讓家畜學習工作有最佳學習期，不過即使過了這個學習期也可以學會工作，只是訓練起來更費力、或者它學得比較粗糙而已，並非過了一定時間就完全喪失。就人來講，不同階段學習不同事情的能力有重大區別，這是生物學家和心理學家尚未察覺的祕密，馴獸師清楚猴子的這個特點，人們知道馴猴最恰當的時機是什麼時候，卻不明白自己

也是一種猴子，這讓人沒有在最佳的時機學習最該學習的東西，結果事倍功半。

幼齡延長理論，暗示了所有時間段學習能力都差不多，事實上完全不是這樣。

對於兒童教育而言，最重要的是：需要在敏感期具備的技能，盡量安排在敏感期學會，過了這一站就會付出巨大的代價彌補。另一方面，在尚不具備某種能力時，你讓他去完成這個任務也要付出額外的代價，讓不該安排的任務搶占了本該安排的資源，揠苗助長得不償失。

前蘇聯心理學家維高斯基（Lev Vygotsky）也研究了學習時機的問題，他認為發展的每一年齡階段都是有各自特殊的、不同的可能性，同時學習某些知識或技能總有一個最佳年齡期。為此，他提出了學習的最低期限（必須達到某種成熟程度才使學習某種科目成為可能）和最晚的最佳期。如果我們學校的教育脫離了兒童學習某一知識或技能的最佳年齡，從發展的觀點來看都是不利的。可惜維高斯基英年早逝，加上他是社會主義陣營的科學家，他的重要研究沒有得到應用的重視。因此，學校在開始進行某一種教育時，必須以學生的成熟和發育為前提，但更重要的是教學必須建立在那些處在成熟階段、但還未成熟到教學時機的心理機能基礎上。

關於年齡與學習的理論，日後必將成為心理學最重要的研究領域，並且其成果將廣泛的影響到教育機制的設計，年齡與學習的關係理論的發現，必將對開發人潛在的能力大有好處。

幼兒期應該學習的第一個重要技能是語言，靈長類群居動物的

溝通能力與生存競爭力息息相關，所以遠古時期的語言一定是在敏感期完成學習。人們的外語教學理論從一個盲點走到另外一個盲點，起初學習外語是成人發明的解構方法，從字母到單字再到文法和句子的學習方式。大家發現這種方式事倍功半，代價巨大、效果很差。於是，另外一種主流理論粉墨登場，這種理論認為學習外語之所以差，是因為方法不對，因為人類學習語言是一個自然的過程，應該從聽說入手，語言是一個整體，按照庖丁解牛的方式結構化是無效率的，於是開始學習句子，不關注文法、不總結句子的構成規律，從死記硬背單字，到死記硬背句子，結果效果還是不行。

兒童學習語言的關鍵是時機，幼時沒有學習，日後學習就會很困難，就像驢、馬，在該學習的時候沒有學習，日後很難訓練，工作能力也不好一樣。有一個社區，住著美籍阿拉伯人，由於在多個國家輾轉，他六歲的女兒熟練的掌握了中文、阿拉伯文、英文，雖然大人和兒童有同樣的環境，甚至父母和中國人做生意，接觸的中文更多，孩子的父母對中文卻一竅不通。

外語教學一直深受詬病，每個人都花費大量的時間學習外語，效果還比不上以此為母語的頑童，原因是我們錯過了建立銘印的時期（銘印這個詞的含義較複雜，在「學習」一章中詳解），等到基因已經關閉了這種能力時，純粹靠後天學習彌補，就非常費力。

外語的自然教育法也不會取得什麼實質性的改進，學習語言錯過了最佳時機，即使用正確的方式也不會有高效，很難達到自然、流暢的境界。在多語種環境下成長的幼兒很容易掌握多種語言，即便是在單一語言環境下的兒童，只要你仔細觀察，就會發現他們具

第五章　發　育

備的驚人的語言學習和創造能力，科學實證研究也零星地證實了學習語言在特定的時期具有很高的效率。

　　科學家透過很多案例，更精細地研究了語言敏感期，敏感期是對聽和歸納文法做出反應。在英語中有複雜的時態、語態等，在自然環境下學語言，是沒有人去講解其中的道理和規律，兒童有一種天生的、自己也不清楚的歸納文法本能。假如像華人一樣背單字，再講解文法，這種脫離了自然語言學習規律的方式灌輸，即使是敏感期對語言也不敏感。這就像成人在自然語言環境中也不容易學會外語一樣，前者雖在敏感期，但不是用兒童敏感的方法，後者用兒童敏感期的方法，但是已經失去了對語言的學習本能。

　　十九世紀初，不同國籍和語言的人被帶到夏威夷島上種甘蔗。這些人語言不互通，又需要交流，他們就發明了一種混雜的語言。這種語言缺少系統的文法規則，在表達上很低效，但一切在孩子那一代改變了。經過孩子改造過的混雜語言有了轉調規則、字詞順序以及文法規則。

　　這是一個真實的故事，問題的關鍵是孩子不可能是語言學家，甚至他們也不可能有意識的設計和優化語言，但是他們做到了。這說明了語言在敏感期是一種本能，只是需要語言環境將這種本能賦予實際的意義。

　　我們這裡所說的語言是日常溝通所需要的語言，而不是背誦唐詩、宋詞，那些是語言的技巧部分，不屬於敏感期的內容。

　　有人對這個問題也有不同的看法和經驗，認為在多語言環境中的兒童，比單一語言環境的兒童說話要晚。兒童搞不清楚為何一種

東西可以有不同的表達，心理學家說兒童雖然知道，但是不知道應該如何說，造成了學習語言緩慢。蒙特梭利教育法也同意這個看法，蒙氏教育要求小孩學說話應該在單一語言環境中成長，這是蒙氏教育的一個核心方法，即鍛鍊一項就專門鍛鍊這個項目，盡量排除其他干擾。我們知道練健美時，採用的就是這種訓練方式，鍛鍊肱二頭肌時，盡量只讓這一塊肌肉參與效果最好。蒙氏教育中如果要讓幼兒感受重量，絕對會拿大小和顏色同樣、只有重量不同的東西去讓兒童體驗。否則可能會產生錯誤的聯想，比如顏色和重量的關係。

蒙氏所強調的專一性訓練，我覺得並不妥當，這是一種半生不熟的機械唯物主義，而且缺乏意義。現實世界是紛繁的體系，人為地抽取某些元素強化訓練，得到的只會是一個和實際相脫離的支離破碎的體驗。兒童的成長並不是練健美，在練一塊肌肉時，盡量不要讓其他肌肉受力，兒童本能是為適應實際世界需求所設計的，而實際的世界是混雜的。

在多語種環境下，說話晚一些可能是事實，多語種混亂的語言環境，對理解也構成了一定的障礙，畢竟原始環境下是單一語言的，而不是多語種環境。最好的方法，是在敏感期集中時間學完一門語言，再學另外一門語言。但多語種環境並非不可越過的障礙，一旦越過這個障礙，天地更加寬廣。

在幼童時期，應該學習的第二項能力是基本的運動能力，而這種特質對於獨立生存的意義很明顯。

第五章　發　育

向競技體育學習

　　人們現在重視智力，忽視運動方面的能力，這是一個錯誤。蒙田說：「我們造就的不是一個心靈、一個軀體，而是一個人，不應把心靈和軀體分離開來。」

　　人類在這方面也因為無知犯了不小的錯誤，例如，為了更方便兒童學步，人們發明了學步車防止兒童摔倒，殊不知兒童不摔倒反而損害了他們在特定時期建立平衡感的機會。一些已開發國家使用學步車的孩子，發現他們長大後的運動能力和平衡能力較差，最後才追蹤到了學步車這個罪魁禍首。

　　在原始場景下，只是走路、攀爬和打鬥，即不踢足球也不游泳。但要稍微變通一下，現代運動只是原始軀體運動的變種和花樣。走路、摔跤、平衡只是基本的運動技能，把打鬧換成一種集體運動項目可以一舉兩得，一方面開發了運動本能，另外也從集體中學會了秩序、規則、配合。很多被父母、爺爺、奶奶抱大的孩子，到了五六歲走路還跌跌撞撞，錯過了建立平衡能力的時機，終生很難彌補。運動技能絕對是少壯不努力，老大徒傷悲。以我自己為例，大學畢業才學習游泳，這些年累計游泳超過一百萬公尺，速度還是不快。我兒子九歲進行正規的游泳訓練，游了不到四萬公尺，速度已經超過我了，考慮到力量的差別，少年時學習運動和成年之後再學習是天壤之別。

　　作為競技體育項目，每種運動專業教練都知道，小孩應該從幾歲開始訓練效果最佳，瘋狂的競爭驅使人們在這些方面精心地統計

和研究。可人們距離真理往往就差一小步，從沒有人想過，競技運動的規律也應該推廣到普通人。絕大部分人不必去爭金奪銀，運動對所有人都有好處，不管是身體健康、多一種樂趣還是建立秩序的習慣，身體的重要性被大大低估。

在成長的甘特圖上，除了分配不同階段的任務之外，同時也分配不同階段的學習方法。嬰兒最早的學習是從嘴開始的，一方面早產的嬰兒四肢能力不足，食物是生存最基本、最重要的東西，獲得食物的能力必須與生俱來。嬰兒喜歡把很多東西放進嘴裡，大人通常總是阻止這種做法，主要是認為不衛生，同時也不安全。從生物的意義上說，作為雜食動物的人類，幼年期應該具備嘗試各種食品、獲得有關食物經驗的能力，這種本能顯然對日後生存有利。若幼年時缺乏必要的不衛生條件、缺乏感染刺激，可能導致成年後的過敏體質，有些學者就提出了衛生假說，認為過敏性疾病逐年升高的趨勢，與兒時感染疾病的機率大幅降低有關。幼時過分治療的兒童，長大了更易感染，體質更弱。英國布里斯托爾附近有一項對十四名孩子的調查發現，那些每天洗五次手、洗兩次澡的孩子，有25% 的機會得哮喘；而那些每天洗三次手以下、每兩天洗一次澡的孩子，得哮喘的可能性要降低一半。

嬰兒過了半歲，就逐漸進入到用手學習的時期了。從演化的歷程上看，手從行走功能中分化出來的歷史是比較悠久的，比語言出現要早很多，因此在嬰兒成長過程中動作也早於語言，符合基因控制次序。

既然手的解放在智力的演化中有很大的功用，嬰兒鍛鍊手也會

有智力的參與，這是合情合理的簡單的推論。嬰兒用觸摸、抓握感知世界，不能僅僅看作是對肌肉的鍛鍊，實際上，這是他們感知世界的一種方式。大人根據自己的觀點覺得這裡髒、那裡不乾淨，不讓孩子去抓握這些東西，實則是極大的錯誤。兒童教育最大的錯誤是成人根據自己的想像，去設計和規範各種行為，殊不知這種視角違背了自然發展的規律，只會適得其反。

不知不覺的社交剝奪

我要強調的第三個重要技能就是社交能力。現在許多人，包括心理學家，都把人類的社交技能或者行為看成是一種純粹文化現象；但實際上它更是一種生物現象，自然演化也為這種技能安排了甘特圖。我推斷，從生物意義上，社交的學習和適應行為應該從三四歲延續到青春期結束。在此階段，每個階段都有不同的任務，而青春期之後，社交技能開始失去演化意義。

我們先看看孩子們是怎麼玩。

大多數孩子願意在條件比較差的鄉下玩耍，他們並不喜歡成人所認為條件更好的城市，因為鄉間的環境更接近遠祖的生存環境。這樣說並不是主張所謂返璞歸真，在鄉下長大優於在城市的幼兒園長大。當鄉下的孩子和城市的孩子上大學後開始融合，此時我們發現，鄉下的孩子普遍缺乏自信、交往能力比較差。

以前，我覺得這僅僅是信心的問題，後來發現這不僅是一種信心，也是一種技能。城市裡的孩子之所以有比較強的交往能力，與他們幼年時期接觸面較廣有關係。鄉下的生活圈子和人類祖先的生

活環境比較類似，每天都是少數幾個固定夥伴交往，小孩也總是和那幾個熟悉的玩伴玩耍。在城市中，除了固定的生活圈子和熟悉的玩伴，還要和很多陌生的小朋友玩耍，在關鍵時期鍛鍊了更適應現代社會的交往的能力。

由此可知，兒童如果能夠接觸更多的玩伴、包括陌生的玩伴，有助於適應現代城市生活需求。

不得不承認，作為人類確實有很辛苦的一面。雖然人們生活條件優越，吃喝不愁，營養充足，但人類的生活環境已經不是遠古時期的生活環境了，除了盡量考慮到少兒的天性之外，還要考慮到如何盡量適應現代城市的生活環境。兒童訓練的本質目標是符合原始的本性，並且適應現代的場景。現代生活場景需要的技能很多是原始生活技能的變種和延伸，原始場景需要語言，只用來簡單的溝通，現代語言要豐富需要，而且還有各種講究；原始場景需要攀爬、適應崎嶇的山路，現代場景人們發明了各種運動；原始場景一生只跟較少的固定成員交往，現代場景需要應付更多的社交和變動。

人類的一切在動物身上都能找到對應的東西，動物、尤其是靈長目動物的絕大部分表現，也同樣適用於人類。實驗證實，如果幼年的恆河猴被剝奪了社會交往的環境（生物術語叫做社會剝奪，social deprivation），如不讓其與母親在一起、或者不讓其與母親之外的其他同類在一起，會出現有不會養育後代、不會交配、不會與其他成員相處等情況。由於威爾森身為嚴肅的學者，他不便妄加推測、把靈長類觀察到的結果直接嫁接到人類自身。我認為本書

第五章　發　育

作為大眾通俗讀物，不妨以從動物身上觀察到的事情為基礎，合乎情理的推及我們人類自身。儘管人類成年之後的學習能力和可塑性遠較其他動物要強，人類年少時期的社交習慣和能力很也會延續到成年，但若在兒童時期盡量鍛鍊交往能力的機會，很可能有不小的好處。

那麼，人類在幼年進行社會剝奪會怎樣呢？王莽為了攝政，把兩歲小皇帝劉嬰單獨關起來，不讓他接觸人，也不讓別人跟他講話。這實際上就是剝奪了劉嬰的社會性，將來長大了也不能像正常人一樣交往、思考、說話。科學家發現年幼時若無學習語言的環境，長大了之後，即便記住很多單字，還是掌握不好文法。

像劉嬰這種極端的社會性剝奪並不多見，少量的剝奪則隨處可見，就像沒有人錯誤到向幼稚園的小朋友教授微積分一樣。但小錯誤卻非常多，以至於我們的教育方式不知不覺事倍功半，甚至毀掉了一些正確成長所能夠具備的能力。有的父母不讓自己的小孩與鄰居的小孩玩耍，怕髒、怕打架、怕吃虧等等。在成人的社會中，很多工種缺乏與人交往的機會，將群居動物變成獨處動物，對兒童、對成人的心理都會造成很大的影響，少兒會形成孤僻的性格，缺乏交往意願也缺乏交往能力，成年人則變得社交能力差，越來越封閉。

更廣泛意義上的社會性剝奪，普遍存在於整個社會之中。很多媽媽生下孩子就交給老人撫養，自己很少參與，割裂了母子相依的天性；現代社會的競爭已經擴展到幼稚園，小學、國中就像一個漫長而緊張的比賽場，為了不讓孩子輸在起跑線上（這是一個混蛋理

論），或者勝於他人，很多父母剝奪了青少年玩耍的需求，殊不知這種剝奪很可能造成性格和交往能力終生無法彌補的缺憾。後天即便靠理智和意志也可以與人打交道，而缺乏生物意義上交往的本能和自然性，很可能造成人格上的某種缺陷。比較肯定的是，這就像游泳一樣， 三十歲也是可以學習的，只是學不太好，而部分社會性剝奪造成的缺憾是無法彌補的。

女人為了保持身材或者不受懷孕之苦，代孕產業悄然興起，然而從生物意義上這是不道德的。代孕儘管在基因上和親生是一致的，但沒有生育過程，生物紐帶就不能形成，母子關係純粹是一種理性認同，而不是生物認同。對代孕者而言，剝奪了她生的孩子，與剝奪了她自然懷孕的孩子是等同的，也可能造成某種程度的心理傷害。

現代社會人一生中，會更換很多生活場景和鄰里同輩，這些重新組合和遷徙很多都是成年之後進行的，表面上人的可塑性和學習能力如此之強，以至於我們認為這些遷徙都無傷大雅；但從生物意義上分析，這會造成很多不能適應的問題。華人移民比較多，各個年齡層的人都有，這些移民模糊的感覺到，小孩移民很容易融入當地社會，大人就很難做到。更細緻觀察者指出，大學如果去國外就讀，也比較容易融入當地的環境，但如果讀完研究所和博士再出去，融入當地的社會就變得很困難。這和生物意義上的預測基本上是吻合的，大學之後，性發育成熟，此時類群已經確定，演化也將形成社會關係的能力鎖定在這個年齡層。

那麼，我們是不是可以進一步推測，即便在同樣的文化環境

第五章　發　育

下，遷徙造成的類群難以重組的現象普遍存在呢？我覺得會。城市中的居民老死不相往來，很可能不僅是文化因素或者缺乏機緣，而是其中含有生物因素的成分。進而，我們懷疑很多心理疾病，如憂鬱症，是不是與這種廣義上的社會性剝奪有關？由於作為一個業餘研究者，缺乏資料和非常充分的資料是必然，只能作為假說放在這裡，等待有緣人進行深入的研究。

　　一個涉及社會交往行為的問題，是青少年的戀愛問題。正如本書多次強調，我們不討論倫理方面的對錯問題，只從生物的角度解析所有的事情。早戀到底有什麼危害或者益處，我並沒有找到很多強力的、客觀的資料。從生物本性上分析，如果在青春期硬性剝奪戀愛機會，也可以看做是一種社會性剝奪。青春期沒有談過戀愛的人，將在某種程度上喪失戀愛的本能，二三十歲的青年、尤其是沒有談過戀愛的二三十歲的青年都表現出某種程度的戀愛障礙，很明顯，他們喪失了處於本能和感性的戀愛能力，剩下的只是理性的戀愛；而另一方面，青春期過於放縱戀愛和慾望，也會導致一定程度的上癮現象，人類需要的是在本性和馴化之間找到恰當的平衡點。

　　很顯然，現代社會生存和競爭所需要的大部分知識，都不適合在轉型期之前灌輸，因為這不是演化為兒童時期設定的任務，強行讓他們學習一些適合日後學習的東西，事倍功半的同時，也無助於智力的發育。

　　例如，溝通是一種基本的生存技能，同時，稍大一點的兒童也會對同義詞和抽象的詞表現困惑，此時，大人所能做的最好的幫助，是以兒童能夠理解的方式講述這些詞彙和區別，在兒童的語言

中，慢慢地就會建立起自然的邏輯和因果關係。若讓學齡前的兒童背誦多少首唐詩則缺乏意義，因為幼童並不理解這些，也不具備最適合學習這些問題的能力，望子成龍只會讓兒童有所負擔。一個三歲的孩子學半年才會的東西，到八歲只用三天就可以學會，這種投資收益比是不划算的。

強制幼兒初級的 CPU 處理本該年齡大一點才學習的東西是沒有用的。統計表明，強制幼兒接受高強度的學習，確實可提高在同齡學童的表現水準。問題是，所謂贏在起跑線上是沒有用的，到了國中，在起跑線上早跑的孩子優勢會喪失殆盡。起跑線是一個簡單的比喻，但它並不恰當，會產生誤導。

智慧的高峰與衰退

當兒童長成一個少年，在生物意義上他脫離了母親的照料，越過了分界線，獨自走向群居生活，他要自己去獲取食物，處理與其他成員的關係，向成人學習各種生存本領，即便是在原始意義上，學習仍未結束。

甘特圖用於描述生產任務，有明確的任務開始和結束時間。而人生當然是連續的，它不像量子力學的躍遷，非此即彼，一個階段的產生和消失都是連續變化。但一生中有幾個明顯的階段也是一個事實，為了明晰和敘述方面，我們就硬性地將人劃分成幾個階段。

少年時期，身體尚未長成，他們還要延續幼兒時期的一些任務，運用了很多年語言之後，思維向更高階進展。語言理解和表達從具象到抽象，思維也伴隨著語言的進展，開始迅速建立抽象的推

第五章　發　育

理能力。文明社會的大多數知識都是建立在抽象思維能力的基礎上的，所以少年時期逐漸進入了學習人類文明的高峰期。

　　這個時期，身體迅速發育，運動能力也在迅速加強。大多數的競技體育從少兒時期打基礎，少年時期將這種能力推向一個更高的高度。

　　不管是智慧方面學習知識，還是運動方面將普通的運動發展到更高的經濟運動，這些都是原始環境下能力的進階，所以在學習時間上也會延後一些。自然環境下的馬不用拉車，也不會被當作坐騎，訓練這兩項能力都要趨於長成的那一刻開始。人類也是如此，原始環境下的技能是第一節火箭，即將熄滅之時，點燃第二節火箭，將人的潛能提高到一個新的高度。

　　進入青春期之後，基因開啟了分泌荷爾蒙的任務，開始準備繁衍後代。關於生理的知識，人類已經瞭解了很多，可是，我們忘記了心理發育也必然為生理衝動做一些相應的準備，天擇也會賦予這個階段的人獲取異性青睞的能力。合理的假設是，假如人為的壓制這種能力，那麼將錯過戀愛敏感期，日後很難彌補。

　　現代教育為這種發育準備了性教育課，原本人類裸露著身體，交配在不甚避諱的自然場景中進行，青少年也會自然而然地學會。而文明社會的場景已經發生了巨大的變遷，而且婚配在文明社會中首先是一種社會屬性，其次才是一種生物屬性。現代文明社會要求把人的生育年齡推後到性成熟期若干年之後，但這種變化產生了一系列的問題，有關性教育的方式、方法和時間仍然充滿巨大爭議。

　　青春期將人的體能推向了高峰，智慧高峰也同時出現。從解剖

學上看，大腦的發育與身體的發育並不完全同步。至少有這樣一些事實：從腦容量上看，大腦的發育先於身體的發育；從獲取營養的機制上看，發育期營養不良會影響最終的身高，卻不影響智商的發展；餓死的動物身體的器官和肌肉都會受損，腦部卻不受損。有人據此認為，腦的演化一定另有原因，法國哲學家亨利‧柏格森（Henri Bergson）據此，專門寫了一本基本上人人都看不懂的《創造演化論》（*Creative Evolution*），還因此獲得了一九二七年的諾貝爾文學獎。

發育上的高峰很容易看出，智慧的高峰則只有一些對人性洞察深入的人才能體會。

凱因斯說，所有重要的學習都應該在二十五歲之前，二十五歲之後很難再有重要建樹；愛因斯坦說，一個人如果三十歲之前沒有偉大的貢獻就永遠不會有了。羅素說：「三十歲時我們處於巔峰狀態；在三十歲時我們的記憶率和遺忘率相同，我們學多少就忘多少。三十以後，我們開始忘得比學的快。所以，如果確實需要權威的話，那麼就應該是由三十歲的人所組成的委員會。」

二十世紀最重要的科學進展 —— 量子物理學幾乎都是年輕人創立的。愛因斯坦一九〇五年提出光量子假說的時候，二十六歲；波耳一九一三年提出他的原子結構的時候，二十八歲；德布羅意一九二三年提出波粒二象性的時候，三十一歲。而一九二五年，當量子力學在海森堡的手裡得到突破的時候，後來在歷史上閃閃發光的那些主要人物，也幾乎都和海森堡一樣年輕：包立二十五歲，狄拉克二十三歲，烏侖貝克二十五歲，古德施密特二十三歲，約爾丹

二十三歲。和他們比起來，三十六歲的薛丁格和四十三歲的波恩簡直算是高齡科學家。

我注意到，創新活躍的科技產業，也總是呈現出年輕人戰勝中年的規律。年輕的比爾蓋茲奪取了 IBM 的一大塊市場，而年輕的 Google 很快將中年的比爾蓋茲拉下馬，更年輕的祖克伯則開創了一片新的市場。

ICT（Information Communicatin Technology）產業似乎創業者年齡越小越有優勢。Oracle 創始人艾利森曾在耶魯大學發表一場演講：

「說實話，今天我站在這裡，並沒有看到一千個畢業生的燦爛未來，我沒有看到一千個產業的一千名卓越領導者，我只看到了一千個失敗者。你們感到沮喪，這是可以理解的。

為什麼，我，艾利森，一個輟學生，竟然在美國最具聲望的學府裡這樣厚顏地散布異說？

我來告訴你原因。因為，我，艾利森，這個行星上第二富有的人，是個輟學生，而你不是；因為比爾蓋茲，這個行星上最富有的人——就目前而言——是個輟學生，而你不是；因為艾倫，這個行星上第三富有的人，也退學，而你沒有；再來一點證據吧，因為戴爾，這個行星上第九富有的人——他的排位還在不斷上升，也是個輟學生。而你，不是。」

艾利森忘了講他的好友賈伯斯也是一個輟學生，後來 Facebook 的祖克伯又替輟學生增加了一個著名的名額。

艾利森只是強調教育沒有用，但是他沒有意識到真正有用的年

輕人，上述列舉的人都在勝者通吃的產業中競爭，就像量子力學或者競技體育，只有頂尖選手才有機會，這樣就會把智力競賽推高到一個很高的水準。三十歲的桑普拉斯網球技戰術沒下降多少，但是他要與頂尖選手較量，基本上沒有拿冠軍的可能性了；五十歲的比爾蓋茲以及他手下以四十人為主組成的中層團隊當然還是最聰明的人，但人們沒有注意到這個年齡的人在創新能力上，已經無法和初出茅廬的二十歲年輕人爭鋒。

　　很多證據表明，儘管人一生都是可以學習的，但學習的最佳機會是短暫的，具體地說，學習力和創造力好像與性能力息息相關。因為在人類社會中，要取得真實的社會成就往往要比他真實的成就推後很多年，造成了一種錯誤的印象：高估了經驗和年齡和價值，低估了年輕人的本錢。在自古英雄出少年和大器晚成之間，我選擇前者。按照這個理論，少壯不努力，老大徒傷悲是很正確的。

　　智慧的高峰期伴隨著體能高峰期到來的自然密碼並未被合理地解釋，我猜想這可能與性有關。體能發育到頂峰的猴子也進入了爭奪領導權的鬥爭之中，人類的智慧也是鬥爭工具庫中的一種最重要的武器，從這個角度說，智慧的頂峰出現在這個時期是合理的。從另一個角度看，智慧的發育總有成長、高峰和衰退，那麼高峰出現在哪個時期更合理呢？出現在身體頂峰之前，比如說一個十五歲的少年如果有一生中最好的智力水準，是沒有多少演化意義的。自然狀況下，一切都要靠體能去執行，一個發達的大腦配上一個不成熟的身體顯然不能發揮優勢。那麼，智慧的高峰出現在身體的衰退期如何？這種情況稍微好一點，對在位的領導者是有好處的，但這些

人生育能力已經降低，天擇更願意保證生殖高峰的人有最多的生殖機會。用這種排除法，似乎也可以論證智慧的高峰和體能的高峰同步是合理的。

高峰期之後當然就是衰退期。有跡象表明，智慧的衰退就像羅素說的一樣，是從三十歲開始的。經歷一個平臺期，到了四十歲，腦力開始下降。每個四十歲以上的人都有這樣的體會，年輕時較容易記住別人的名字，看電視時也容易不知不覺地學會主題曲。不知不覺中，這種能力越來越弱。

四十歲以上的人還可以記住書上的很多內容，在一些學科仍然有非常豐富的想像力。然而這種能力是一種與背景知識相關的能力。而記住別人的名字或者歌曲的曲調是一種硬性記憶力，青少年時期都能達到很高的高度。

既然人類是習得性動物，硬性能力需要和背景知識或者經驗相疊加才是最終的綜合智慧，所以，就應用意義上的智慧而言，不同學科的綜合智慧高峰要在生理上的智慧高峰之後幾年出現。

高峰期之後還有兩個重要的分水嶺，一個是四十～四十五歲，這個年齡在原始環境下已經是老年期，對於現代人而言，也已經越過生命力最旺盛的時期，體力已經明顯下降，絕大多數消耗體力的競技運動項目都不可能超過這個年齡。按照生物本能，到了這個年齡的人不再能接受新知識，新事物，天生的好奇心已經明顯衰退。

重大發明創造需要頂尖的智力勞動，就像競技體育的紀錄一樣，必須頂尖選手在最好的狀態下創造。對這個由普通人組成的社會而言，這個規律仍然是十分重要的。想像公司或者整個社會的權

力及利益分配結構，整體來說是隨著年齡上升的，貢獻下降了，回報卻在增加，頭腦僵化了，權力卻在向上攀登。所以，在那些需要較高智力勞動的產業，總是年輕人組成的年輕公司的天下。羅曼‧羅蘭（Romain Rolland）說：大部分人在二三十歲上就死去了，因為過了這個年齡，他們只是自己的影子，此後的餘生則是在模仿自己中度過，日復一日，更機械，更裝腔作勢地重複他們在有生之年的所作所為、所思所想、所愛所恨。

四十歲的人一定努力掙脫生物因素對大腦的封閉，戰勝自己的生物本性，敞開胸懷接受新鮮資訊。假如你是一個不停動腦筋的人，思考和學習也會上癮，在一定程度上會超越本能，延長智慧高峰期的時間。

另外一個不太準確的資訊，表明六十五歲是另外一個衰退期，生物學會讓你隱約感覺到，年齡—心理的變化規律有明顯的生物基礎，並非文化和理性所為。中國歷史上幾個英明的長壽皇帝，晚年大多都藏匿自身，變得非常多疑、昏聵。劉徹、孫權、李隆基、玄燁等，在六十五歲之前都是創立輝煌的明君，晚年則成了昏君，這與心理世界的悄然變化絕對有很大關係。到現在，人類也只有少數組織規定了當權者的最高年齡，實在是對歷史規律、對人性的規律認識太少。

智慧的開發

從現實的「需求」來看，人們的確都不夠聰明，人類的聰明才智應付原始場景富足有餘。彼時不需要炒股票，也不需要讀書，社

第五章　發　育

會成員之間的鬥爭也比現代簡單得多。史前人類乃至工業革命之前，對記憶力的需求僅僅是能記住周邊的社會成員，獲得食物的有關技能等。雖然人們有遠高於其他動物的智力水準，創造了難以置信的科技和文化。但人們在應付自身所製造的場景時，仍然顯得很笨、很幼稚。

人們大量閱讀各種書籍，卻沒有過目不忘的記憶力；人們在非常複雜的社會組織下，要應對不斷變換的成員感到身心疲憊；總有許多人對某些學科一竅不通，痛苦不堪；在暴漲暴跌的股票和商品市場，大家顯得無所適從……

漫長的演化塑造了人類的智力，卻沒有塑造應付現代環境的智力。前工業社會時期，人的一生都生活在變化較小、線性的世界中。人們缺乏應對現代社會瞬息萬變的能力，就像《黑天鵝》（*The Black Swan*）這本書裡面的火雞，在前一千天主人每天精心餵養；第一千零一天，火雞認為和往常沒有什麼兩樣，不幸的是耶誕節來臨，第一千零一天世界不再是線性的，火雞擺上了人們的餐桌。

工業社會之前，沒有大規模的經濟活動和如此廣泛的資訊需要處理，為了應付如此複雜多變的世界，即使從最保守的意義上說，也必須突破人類的本能，盡量開發智慧的潛力。

複雜的語言是人類演化的原因，也是人類演化史上最大的成就，語言大大提高了個體之間的通訊效率，同時，它為抽象的想像提供了工具，這是人類演化史上最重大的飛躍。八千年前發明的文字則進一步保證了知識的可累積性，這又是文明史的一次重大飛躍，不必每一代人從頭開始，人類文明的大廈因此建得越來越高。

　　成年人學習主要靠語言，適應語言是一個漸進的過程，兒童和少年並不能完全理解成人的語言。幼兒的父母、幼稚園經常向小孩講一些道理，兒童其實並不理解：進入小學之後更加糟糕，應試教育完全扼殺了兒童的天性。就拿作文來說，一位四年級孩子的家長寄信給記者，講述自己的孩子是怎樣從「喜歡作文」慢慢變成「討厭作文、編造作文」。

　　他說，從一年級開始，孩子的老師就布置作文，但從來不規定題目，而是讓孩子想寫什麼就寫什麼，但必須真實。於是孩子每次都是寫自己親歷的事情，真實、可信、可愛，處處散發著童真。老師對於寫得好的文章，讚美的詞語從不吝嗇，孩子一次次受到鼓勵，作文越寫越好。到三年級快結束時，孩子居然獨自寫了一篇近六百字的議論文，被老師大加讚賞了一番。進入四年級，換了老師，對於作文的要求截然不同，不再任由想像，而是要求按照書上的範文來寫。孩子的思維一下子被限制在框框裡，交上去的作文一次次被老師退回來，要求進行修改。為此孩子很苦惱，覺得無所適從了。

　　華人的語文教育可能是所有學科中最差的，即使是名牌大學的畢業生，也常常缺乏閱讀理解能力，罪魁禍首就是應試教育。八股文是一個典型，過去科舉時為了公正、客觀的評分，就需要建立一個作文的標準，八股文就是比較完整的評判標準，文章好壞要裝在這個模子裡衡量。不幸的是整個社會都為兒童處處建立了模子，結果是童年要按成年人規定的方式生活，不但喪失了童年的樂趣，也把一些重要的、符合其天性的學習機會扼殺掉了。不僅在行為和心

理特點上，兒童與成人有巨大的差異，在學習方式上，兒童與成人的差異也相當明顯，整體來說，兒童更擅長用遠古時期演化而來的方式學習。

在複雜語言出現之前，人們是如何學習的？隨便觀察一下動物就清楚了：小老虎學習母虎如何捕獵靠模仿；小狐獴模仿大狐獴的樣子偵查敵情，識別危險；小猴模仿老猴處理成員之間的關係。

與語言相比，模仿的學習方式要古老的多。對於生物而言，越是遠古時期形成的技能越有持久的作用力，較晚演化出來的特徵，往往適合解決眼前的問題。本能是最早形成的特徵，在主導生物行動時，具有最基本最持久的力量。對於一個應徵某些工作的人，他的專業背景很重要，但是能否勝任，能否取得優異的成績，更多地取決於他天生的素養。

透過語言和文字學習和交流是人類獲得知識和技能最主要的方式，真正長久發揮作用的卻是模仿。號召行動時，主要是透過樹立榜樣的方式，而不是講一堆道理。對於兒童來說，身教更勝於言傳。由於語言的發達，人們在認識學習方式時，一直存在著巨大的偏差。對兒童教育總是希望語言成為唯一的主角，我們還經常以兒童不能理解的語言向他們灌輸各種知識。

兒童依賴的是父母，但是他的玩伴則是小朋友。幼兒總是喜歡跟在比他大一點的小朋友屁股後面，這是內在的動力在推動他成長，他希望模仿大一點的小朋友的行動。成年人也有此傾向，一方面我們都有這樣的天性，像恆河猴一樣，希望跟隨成功者的足跡。只是我們受到了文化的「汙染」，想得到實惠的成分比較多，人們

就忽略了我們骨子裡的傾向性。

學校對兒童的教育，很大程度上老師就是為了樹立權威，消滅兒童的創造力和個性。

兒童教育的最好方式是跟大一點的玩伴玩耍。問題是，大家都找大一點的玩伴，本身是一個就不能成立的命題。另外一方面，總是跟大的玩伴會養成跟隨者的習慣。過去每家都有幾個小孩，大小孩帶小小孩是一種通常的模式。民間認為老大和老么具有不同的性格特徵，我沒有找到相關的科學的統計資料，但從學習的過程來看，長幼次序影響性格取向的說法是有道理的。根據邏輯推理，長幼順序對領導力可能是最有影響的。

基於如今大部分都是獨生子的現實，兒童教育比較好的方式，可能是為小孩創造與其他小朋友玩耍的機會，包括幼稚園的小朋友、大一點的小朋友、小一點的小朋友、許多陌生的小朋友等，豐富溝通和交往能力是現代城市環境的需求，我們古老的基因並不能完全勝任這一點。我總覺得在幼年時期，多提供一點這方面的機會，使兒童在交往能力上得到強化的鍛鍊是有益的。

一個也許不是特別恰當的比喻：動物的感覺系統乃至智力系統，猶如身體的肌肉一樣，先天的部分當然非常重要，而後天鍛鍊得法，也會有明顯的進展，「弗林效應（Flynn Effect）」可能是這方面最重要的發現。

詹姆斯・弗林（James Flynn）是一名在紐西蘭工作的政治學家，在一九八〇年代，他注意到這樣一個現象：世界各國人們的智商都在成長，大約每十年成長三點，原因卻很難確定。也許原因與

第五章　發　育

身高的成長是一樣的：童年時期營養的提高。瓜地馬拉有兩個村莊在幾年裡一直得到由外界援助的大量蛋白質補劑，十年之後再測試，發現兒童的智商有了顯著提高，這是弗林效應在局部地區的表現。但在營養充分的西方國家裡，人們的智商仍然在迅速提高，學校跟這個現象也沒有什麼關係。中斷學校教育只會給人的智商帶來暫時影響，而且分數迅速上升的那些測試項目，恰好測的是學校裡不教的東西。而分數上升最快的，是那些測試抽象推理能力的項目。一位科學家，烏瑞克‧耐瑟（Ulric Neisser），當代美國認知心理學家，相信弗林效應的原因是如今社會日常生活中充斥著高強度的、複雜的視覺圖案。動畫、廣告、電影、海報、圖像和其他光學顯示，而這些是以書面語言的減少為代價的。兒童的視覺環境比以前豐富得多，這有助於培養他們解決視覺方面的智力測試題，而這正是智商測試裡最常見的題型。

　　但是，這個環境因素乍看起來很難跟研究孿生子所得出的智商高遺傳性的結論調和起來。就像弗林本人說的，五十年來人們的智商平均增加了十五點，要麼是因為一九五○年代很多傻子，要麼是因為現在很多天才。因為我們並沒有處在文化復興的時期，所以他認為，智商測試並沒有測到人的內在能力。但如果耐瑟是對的，那麼如今世界環境只不過是一個有利於人們發展智力中的一種 —— 對於視覺符號的嫻熟 —— 的環境。這對於「g」這個提法（智力是綜合能力）是個打擊，但並沒有否定不同種類的智力是有遺傳性的。在兩百萬年的人類文化之間，我們的祖先傳下來了透過學習才能掌握的各地不同的習俗，人腦也許已經透過天擇，學會了怎樣

發現和掌握在本地文化裡重要的技能，以及能夠掌握得比較好的技能。一個孩子所處的環境不僅與他的基因有關，也與外界因素有關，而一個孩子有能力找到、甚至創造出適合自己的環境。一個有動手能力的孩子，會學習需要動手的技能；一個書蟲會去找書。也許，基因創造的是一種慾望，而不是一種能力？不管怎麼說，近視的遺傳性不僅來自於眼球形狀的遺傳性，也來自讀書習慣的遺傳性。因此，智力的遺傳性也許不僅僅是先天能力的遺傳，也是後天因素的遺傳。對於由高爾頓發起的這一世紀以來關於智力遺傳性的爭論，這真是個內容充實又令人滿意的結局。

環境的變化從某種角度激發了人的潛在能力，就像為原始森林澆上化肥也會使植物長的更茂盛一樣。現代環境給發育時期的幼兒更多的刺激，這種刺激更深地挖掘了人潛在的智力。身高是基因決定的，如果營養好，身高的潛力更能發揮出來，智力也有類似的道理。只是身高和食物的營養相關，智力則與少兒期對智慧的刺激相關。

對弗林效應仔細分析發現，與圖形有關的智力部分成長的最為明顯，而測量 IQ 透過是和圖形有關，城市中的高樓大廈、複雜的建築，每天電視播放的各種畫面，顯然比遠古單調的環境更能刺激嬰兒對圖形識別和直覺方面的潛力。

人類，尤其是現代社會顯然大大開發了自身智慧的潛力。但是因為人類尚未理解智慧的發展規律，沒有達到科學開發的水準，所以人類的智慧仍然有很多潛力可挖。

我認為人類有兩種最為成功的活動：競技體育幾乎最大限度地

開發了人在身體方面的潛能；軍隊則在單一的目的下，最大限度地開發了組織效率。

競技體育非常出色地完成了這樣的任務。

科學選材。每種運動項目都總結出了選擇最具有潛力的運動員應有的特徵，伯樂可以根據馬的外形判斷牠是否為一匹千里馬，體育教練則知道怎樣挑選具有某種運動潛力的專才。科學訓練日程表。不管是足球籃球還是象棋，每一種競技運動都有最佳開始年齡。換句話說，教練的訓練已經與敏感期匹配度非常高了。

科學的訓練專案。足球選手是讓孩子們天天去踢足球嗎？不是！游泳選手是天天在池子中拚命游嗎？也不是。運動都有各種輔助科目，這些訓練專案的組合可以最大限度的開發運動潛力。

一百年前泰勒的科學管理方法，最大限度的開發了體力勞動的潛力，隨後又發明了流水線，生產效率極大提高。

智力開發，從選材、訓練日程表、培訓項目上都顯得非常原始和隨意，遠未達到「科學化」的水準。以至於我這種非專業人士都可以提出諸多新穎的見解。中世紀的騎士如果單槍匹馬能在現代軍隊中衝殺，就說明現代軍隊其實是不堪一擊的。

智慧與體能相比，它是無形的東西，這比對有形東西的認識困難很多。同時，還有一個非常重要的原因，競技體育、體力勞動、軍隊等都有非常明確而單一的目標，所以容易尋找到達到這個目標的最佳途徑，僅就世界範圍的競爭和優秀經驗的滲透，就可以很快搜尋到最佳方案。但沒有人能夠為智力勞動進行分類，大學雖然劃分了科系，可是這東西與真正智力勞動需要達到的目標是有巨大差

異的。大學裡有機械系，教授一些有關機械的基礎知識，但你要運用這些知識去創造則是另外一件事。智慧活動基本上沒有一項有競技體育那樣的選擇強度，智力勞動也很難合併同類項，用泰勒這種高屋建瓴的方法一舉拿下，每種智力活動都有特別的規律。

更有效的開發智慧，顯然是一個重要問題，儘管這個問題非常難解，基本的進展還是要有的。起碼我們不要再無意地扼殺兒童的運動本能、社交本能、異性交往本能等等。

黎巴嫩詩人紀伯倫曾總結了兒童教育的規律：

他們借你們而生，卻並非從你們而來。儘管他們與你們同在，卻並不屬於你們。你們可以把你們的愛給予他們，卻不能給予思想，因為他們有他們的思想。你們可以庇護他們的身體，但不是他們的靈魂。 因為他們的靈魂棲息於明日之屋，那是你們在夢中無法造訪的地方。你們可以努力地仿效他們，但是，不可企圖讓他們像你。因為生命無法倒流，也不會停滯於昨日。

第五章　發　育

第六章

人　性

第六章　人　性

　　人類智力演化的主要原因，並非製造和使用工具，而是個體之間的爭鬥。與自然界鬥爭用不了這麼多智慧，與同類鬥爭則像下棋，沒有止境。說謊和識破謊言、位置的爭奪、叛變與聯合、統禦與服從這些貌似文化的現象，事實上，這是人類演化中形成的本性。

　　古往今來，人性是人們關注度最高的領域，卻沒有將這門學科科學化。公允地說，現在對人性的認識已經超越了古希臘時期或者中國的春秋戰國時期。人類的由來不再是一個哲學問題，更不是宗教問題，而是一個確實的科學問題。人清楚了自己是一種動物，現代教育的普遍性以及基因學的進展讓人們瞭解了不同階級、不同種族之間的真實差異，遠比以前曾經認為的要小得多。這種認識已經改變了社會和各種組織的基本結構。

　　然而，即便是生物學家、哲學家、心理學家、教育學家等，都明顯缺乏對人是一種動物所包含的意義的深思。

自然環境塑造人體，群內環境塑造人性

　　心理學沒有努力將它的體系結構建立在動物這個基本線索之上；教育學沒有按著動物的學習規律研究人類的學習規律；而哲學這個領域被科學一個個取代之後，無所適從，成了一個日益式微、不斷消亡的學科；關注於人類的生物學家可能是由於膽怯、怕丟臉，缺乏真憑實據，不敢對人的行為大膽的想像；基因學作為一門純粹的、科技含量很高的學科，凌亂地發現了一些人類行為和基因的關係，例如酗酒、打鬥、離婚等，但他們的研究缺乏系統性。

　　研究人性的困難是多重的，而這困難源自於文化和社會規則的干擾。不同文化背景的人們表現出的人性，確實有一些可以感知到的差異，讓人們無法分清人性中的遺傳因素和文化因素。

　　因人而異。不管是出於何種原因，從表面觀察，人性的離散性是相當大的，有的人公而忘私、有的人極端自私；有的人富有同情心，有的人極端殘忍；有的人豪爽，有的人沉悶；有大器晚成的說法，也有自古英雄出少年的古訓；有知恩圖報也有恩將仇報。總之，所有描述人的詞在現實生活中都可以找到相應的對象，甚至現有的詞彙也不足以描述多樣化的個體。

　　因環境而異。古希臘斯巴達城邦不許有私有財產，女人生的孩子也在公共環境中養育，斯巴達為戰爭設計的社會形態類似於人們常說的共產主義社會，而且這個社會相當有競爭力，並且持續了三百年。柏拉圖寫的《理想國》很多的理念，來自於對斯巴達社會的研究。在這種環境下，人們認為改造人的私心是可能的，而事實並非如此。米爾格倫（Stanley Milgram）的心理學實驗證實，普通人在戰爭的特殊情境下也會成為殺人魔。不同情境下，會表現出不同的人性，這讓人性很難有一個簡潔的解釋。

　　沒有什麼比有關人性更廣泛的論述。《物種源始》誕生前一百多年，蘇格蘭哲學家大衛‧休謨（David Hume）寫了一本巨著《人性論》（*A Treatise of Human Nature*），聲稱可以一網打盡有關這方面問題的探討。休謨寫道：「在我們的哲學研究中，我們能夠希望藉此獲取成功的唯一路徑，就是拋棄掉我們一貫採用的那種令人厭煩的迂迴前進方法。不是在邊界上一下攻占一座城池，一下又去

第六章　人　性

占領一個村莊，而是要徑直奪取這些科學的首都或中心，亦即人性本身。一旦掌握了人性，我們在其他領域就有希望很容易地獲取勝利。從這裡，我們可以將征服延伸到那些與人的生活有著更為密切關係的所有科學，隨後我們就能夠悠閒地去更充分發現那些純粹是出於好奇心的對象。解決任何重要問題的關鍵，無不包括在關於人的科學中；在我們沒有熟悉這門科學之前，所有問題都不會得到任何確定的解決。因此，在試圖解釋人性原理的時候，實際上我們是在提出一個幾乎是在全新基礎上奠基的完整科學體系……」

像所有希望一網打盡的人一樣，休謨當然沒有一網打盡，甚至很多論述錯得離譜。要瞭解真實的人，必須剝離掉文化外衣和個體不同的觀察經驗，它必須建立在一個科學體系而不是個人的觀察之上。

比較接近的科學研究人性的科目是心理學，然而，這門學科支離破碎，受現代科學方法論的影響太深，尚未充分發育，就陷入了追求細枝末節的確實性，專業研究者力圖將這門學科建立在實驗和數學基礎上，將最重要的觀察和想像排擠出去，這種古老的研發方法結合演化論的邏輯，對於研究人性這樣科學化程度尚處於初級階段的學科又是特別重要的。

人性範圍如此漫無邊際，我們必須為這個研究劃定一個範圍。我認為包括兩個方面是比較合理的：第一，智慧，人類最突出的特徵在於較高的智慧，這一定是人性中最重要的一個方面。這部分我們在前面已經介紹，後面還將論及智慧的發育；第二，個體與他人的關係。按照演化論的邏輯，一切行為模式都必須解釋成對生存和

繁殖有利。人性的形成與我們這種具有複雜社會關係的群居行為有關，抓住了這一點便抓住了人性問題的綱要。這一章專門探討在群居中形成的人性。

一百五十年前，達爾文說人是猴子變的，遭到來自宗教以及各界的激烈反對；四十年前，威爾森在《社會生物學》(*Sociobiology*)中將人說成是一種社會性動物（群居動物），同樣招來了激烈的反對和抗議，抗議者並非全是對演化不甚知曉的民眾，也包括哈佛大學的生物教授。這說明，對人是一種社會性動物這個事實，人們所知甚少，研究尚淺。靈長類給人類足夠多的啟發，大猩猩、黑猩猩、紅毛猩猩這種大猿類不常見，

與我們親緣關係較遠的猴子，稍微用點心觀察，就會發現猴子的很多表現多麼像人！人類對自身和動物之間的聯繫缺乏常識性認識的原因有二：第一，高貴情結，根植於基礎人性的貶低他人（當然也包括動物）的習慣，這也是一種重要的人性；第二，真正對動物瞭解深入的都是動物園的飼養員或者農夫，而他們並不著書立說，影響有限。一個農民從他的養豬經驗中得出一個結論，說生育小豬比較少的老母豬通常比生育多的母豬要聰明；一位農民說雞比鵝聰明，驢、馬比乍看起來聰明許多，可以看懂人的心情；馬戲團的馴獸師知道怎樣挑選動物，用什麼樣的方法，在什麼年齡層馴化最有效。學者很少有這樣的經驗，有這樣經驗人基本上不可能總結成文章擴散和傳播。

在徹底揭開生命的奧祕之前，我們認識生物、認識自身的最佳方式，就是演化論所建立的可靠的邏輯，人的所有感覺、行為方式

必然曾經有利於生存和繁殖。

　　演化論的第一手證據是化石，從化石證據可以推測身體結構的演化軌跡，演化論談論的多是有形的東西，性格和生活方式這些重要東西無法留下化石，有關演化歷程很難進行科學論證，主要進行科普式推理，這是傳統演化論的重大不足，而將來有一天，也許可以透過基因和行為模式映射的方式對行為的演化進行科學論證。到那時，演化論就會像數學一般精確，生命的密碼將被完全解析。

　　爭奪猴王是猴子最高的智慧活動，就像人類爭權奪位通常也是最高的智力活動一樣。猴子的戰爭並不僅僅靠武力，老猴王經常防備手下造反，經常打壓那些可能威脅到他王位的猴子。從屬者在時機不成熟時，要裝出順從的樣子。為了保住王位，猴王會豢養一些打手，給牠們小恩小惠作為回報。但打手也不完全愚忠，關鍵時刻就見風使舵，在猴王大勢已去的情況下，再效忠於新猴王的手下混飯吃。

為何群居？

　　地球上，70% 的動物都是社會性動物。每種動物之所以形成群居的習性，都有獨特的原因，相互依存增加了每個成員的基因利益，勝過單打獨鬥，這裡簡單地介紹一下社會性動物的主要成因：

　　對捕食者的防禦：草原上體型較大的草食動物組成群體，顯然是出於防禦的需要，一隻動物四面八方都可能受到肉食動物的進攻從而腹背受敵，聚結成群之後最多只有一兩個方向可能受到進攻。另外，在群體中被捕食的機率大大降低，所以天擇就會保留群居

的習性。

提高覓食效率：老虎喜歡獨處，所謂「一山不容二虎」因為牠生活在森林裡，主要以伏擊的方式捕獵，群居的虎多肉少的方式不如獨處更有利。同為近親的獅子選擇了群居的方式，是因為草原上草食動物數量龐大，群居捕獵、分食獵物的方式投入產出比更好。統計表明，非洲草原上的獅子單獨捕獵效率只有分工合作的一半。

增加競爭力：拿破崙說過上帝站在兵力多的一方，在同類競爭中群體優於個體，大群優於小群，這種選擇壓力總是導致群體盡可能的擴大，印度北部的恆河猴群發生衝突時，通常總是大的群體取勝，小的群體撤退。

增加繁殖效率：群體動物的幼崽會受到更多的保護，更容易存活。

組成群體的正向選擇壓力也不是無限度的，五隻狼捕食具有最佳的投入產出比，二十隻狼則會出現狼多肉少的情況，這是對群體體積的客觀限制，科學家發現食物豐盛的區域、動物群體就比較大。

不同情境的群居會塑造不同的個性，有獅子一樣霸權主義的群體；有大多數草食動物成員比較平等的群體；也有狼一樣分工合作，階級森嚴的群體。

有很多確切的證據表明人類是一種群居動物。首先，人類嬰兒非常弱小，並且生長緩慢，在原始環境下僅憑母親很難單獨撫養成人，雖然熊類的幼崽體型更小，但是牠們成長卻非常迅速，像絕大多數動物一樣，可以由母親單獨撫養；其次，人類的很多行為表現

出原始的群居本能，人們喜歡熟人之間的聚會，人們喜歡參加很多現場活動，從古羅馬人們觀看鬥獸表演到現代電影院，演唱會，體育競技的觀眾本質上看的並不是內容本身，而是原始群居本能的表現形式。

對於人類本質上是群居動物這一點基本上沒有異議，人們不清楚的是人類群居模式塑造了哪些具有遺傳特徵的稟賦？即便是觀察最原始的人類，如喀拉哈里沙漠的桑人、南美叢林的土著或者早期南太平洋島嶼上石器時代的狩獵者，他們的社會也主要是由文化塑造的，而非遺傳的本能。

多布贊斯基（Theodosius Dobzhansky）總結得很好：「文化並不是透過基因傳承的，他是透過從其他人那裡學習得來的……從某種意義上說，人類基因失去了其在演化中的首要地位而成為一種全新的、非生物學或非器官的作用因素 —— 文化。然而不能忘記的是這種作用因素完全依賴於人的基因型。」

杜布贊斯基的表述似乎是前後矛盾的，就表現形式而言，不同文化塑造的社會可能有巨大的差異，然而，在本質上還是趨同的。羅賓・福克斯（Robin Fox）認為，一個全新的亞當和夏娃生育的後代，也一定會演化出與現代相似的社會。這個社會擁有關於財產的法律，關於亂倫和婚姻的規則，關於禁忌和避免的習俗，以及最小犧牲解決衝突的方法，社會體系以及表明社會地位的方式等等。他暗示了人性發展一定遵從某種必然的邏輯。

人類社會儘管在表現型上受到文化的支配，而在基礎層次上仍然是生物法則在發揮作用。我們有理由推測，人類原始群居的主要

特徵包括：

血緣關係不是唯一的類群紐帶：人類有相對固定的性伴侶，雄性也在一定程度上參與子代的撫養。男女體型的差異不支援一夫多妻霸權式的性模式，人類的類群是由好多個家庭組成的。由此可以斷言，人類類群不像狼一樣 —— 親緣關係是絕對主要的紐帶。

有很強階級觀念的動物：大多數的靈長類群居動物都有階級觀念，這樣在需要合作時更容易組織。肉食動物通常比草食動物有更明顯的階級，草食動物通常不需要緊密合作，交配則透過搏鬥方式一決高下。草食動物領地觀念不強，不同類群之間通常不存在奮不顧身的領地爭奪鬥爭；肉食動物的群居則不然，較為協調的分工合作才能提高撲食效率。撲食比逃跑需要更多的智慧，所以通常肉食動物的智力發育水準較草食動物更高。像猴子一樣，爭奪領地可能是遠古人類的一種日常活動，這種你死我活的戰爭通常需要高效的組織，階級則是實現這種組織的最直接的、最有效的手段，軍隊是現代社會人類組織中階級最為分明的就是這個道理。

群內角色、合作、鬥爭等有很多智力因素。後面我們將論述這個問題，成員之間的合作和鬥爭最有可能是促進人類智慧發達的主因。

相互依存，相互鬥爭

群居動物由個體組成，就脊椎動物而言，每個個體有一份獨特的基因和生殖能力，為了自身及後代的生存，每個動物都希望少做多得，占其他人的便宜，個體之間普遍存在鬥爭。相互依存，相互

鬥爭這對矛盾貫穿於整個生物演化史。

　　每種社會性動物組成群體都有自己的特點，通常智力越高，社會行為越複雜。羊群只是簡單地聚集在一起，便於防禦，各吃各的草，社會成員關係很簡單，只是在交配季節公羊會為爭奪交配權激烈的打鬥；猴群的行為就要複雜許多，牠們有階級觀念，有複雜的儀式等。

　　人是一種最高智商的靈長目，人們的社會行為和其他靈長類動物有相似之處，如成員之間的階級、儀式、計謀等等，猿人也應該有動物中最複雜的社會行為。

　　社會成員之間的行為方式與繁殖方式息息相關，基因可以完美地解釋這種現象。狼是階級觀念強，對群體忠誠度高的一種動物。因為狼群中的成員有親密的血緣關係，狼的團隊精神有利於牠們基因的傳承；大猩猩是典型的父系社會，因為只有為首的大猩猩具有交配權，這樣可以透過父系形成基因紐帶。

　　人類的性模式遠比其他靈長類更多樣化、更複雜，性模式讓人類的群體不是典型的父系社會，也不是典型的母系社會，成員之間有一定的血緣關係，但不像狼或者大猩猩一樣單純，這樣使社會成員的關係更加複雜、多樣，成員之間的行為模式更多地依賴智商，而不是基因決定的本能。

　　從群居的角度看，所謂人性就是能留下更多後代的品性，生物意義上的成功就是留下了更多後代。性格也像體貌特徵一樣，有強烈的遺傳傾向，有利於保留更多後代的個性，因市場占有率的提高被保留下來。可能策略包括獲取更多的生存資源、生殖資源，在生

殖和撫養之間形成最大化的繁殖利益等。

人性善惡的邏輯

人們語義中的善惡主要是行為、觀念、事件對他人有利還是有害。損人利己通常是惡，利他通常稱為善。

人類有這個星球上最緊密的合作，這種合作源自生物本能，主要靠文化來維繫。

從生物的角度上說，合作與繁殖策略有密切的關係。人類繁殖策略在「男性」一章再作論述，人類就像黑猩猩一樣，位高權重者留下了更多的後代，但是其他人也有繁殖權利。而狼則不是這樣，一群狼之中，只有為首的公狼和母狼才可以生殖。一群狼的血緣關係比一群黑猩猩要親近很多。自從理查‧道金斯《自私的基因》流行之後，人們明白了這樣一個道理：群中其他成員和自己的基因聯繫越多，利他行為越顯著，反之越少，因為利他行為若有利於群體成員的生存，自己也會獲得基因利益。

人不可能像狼一樣忠誠，因為人類的群體成員之間基因的相關性遠遠比不上狼群，狼群成員之間都有密切的血緣關係。人的本性是自私的一種動物，話又說回來，即便是狼較為無私、利他的行為模式也僅限於類群之內，狼群之間的爭奪和鬥爭有時是你死我活的。人類最沒有合作精神，但極端自私的人也可能在一個範圍內，比如家庭裡有很高的利他行為。

但是現代社會中，人類比蜜蜂之間的聯繫更緊密、更相互依賴。絕大多數專案都需要多個成員密切配合、分工合作。現代社會

第六章　人　性

所需要的群居的密切程度，還無法在如此短暫的時間中寫入我們的基因之中。人類發明的組織分工解決了複雜合作的協調，對動物本能的強化解決了統禦—服從問題。

原始人類社會演化出來的比較自私的本能，與文明社會需要更多合作的社會結構形成一對矛盾，這是人性和文明社會規則的主要衝突。

現代社會群體成員的數量，大大超過了人類本能支持的成員數量。由於食物法則的限制，據估計，古猿群體應該在二三十位成員左右，最多不會超過八十；而在工業社會一個組織，就輕鬆超過人類原始本能所支撐的成員數量。

羅賓・鄧巴（Robin Dunbar）是英國牛津大學的一名人類學家，他根據猿猴的智力與社交網路，推斷認為我們的智力將允許人類擁有穩定社交網路的人數是一百四十八人，四捨五入大約是一百五十人。很多大型組織的成員數量都超過了人類本能的負荷範圍，只能以各種制度、規範和分工來確認彼此的聯繫，而在這種組織中，人自然會變得比小型組織更自私。

每個人在工作中都有超過本能所限的聯絡，只好放棄工作以外的非必要聯絡，所以與鄰居也老死不相往來，人走茶就涼。人們將這種現象解釋成人心不古、現代社會造成了人與人之間關係的冷漠，實際上卻是工作中成員之間的聯繫已經耗盡了人們的生物能量。你們可以觀察一下鄉村、城市、學校、商業以及在各種細分團體中生活的人群，無論是哪個群體，每個人經常聯絡的人數量都差不多。

　　群體缺乏血緣關係，如果個體利他不利己，會降低自身的生存和繁殖機率，主張這種個性的基因也會日益喪失市場占有率，這是人性自身本性的生物邏輯。

　　由於多種選擇壓力把人聚集到一起，尤其是智力活動，成為一種重要的群居控制因素，明顯的損人利己行為會遭遇顯著的排擠，互惠利他行為會得到獎賞。有些動物有殺嬰行為，雄性殺死非親生的幼崽，以儘快獲得交配機會：北極熊生活環境食物匱乏，常有公熊殺死吃掉幼熊的習性；獅子作為一種多妻制動物，在獅王更替後，常常殺死母獅前夫的血脈，這樣母獅就可以很快發情，以儘快生下自己的後代。這種極端的損人利己行為不可能在人類身上發生。雌性獅子會盡力保護幼崽，但是當幼崽被雄獅殺死後，雌獅很快發情，忘記了殺兒之仇。思想、記憶力會轉化成仇恨，使殺嬰行為喪失演化優勢，所以我們的損人利己行為將會被抑制。

　　以善惡這種帶有價值判斷的詞彙，來替代利己利他這種比較純粹的描述詞彙，這樣，人類就會有某些假設，有人假設人性本善，有人認為人性本惡。自從哲學起源以來，這個問題就一直爭論不休，雙方都很容易找到有利於自己的證據，也明白自身觀點的缺陷。基於這個古老問題思索產生了顯著而普遍的社會後果。小到經濟組織，大至國家制度的設計，基本上都根植於對人性善惡的看法。

　　持性善觀念的人，會設計一個發揮主觀能動性的制度，他們認為只要對性惡的部分加以教化和改造，就可以糾正人類的本性，為了群體和他人的利益發揮人性善的一面。這種假說最成功的實踐很

第六章　人　性

可能是古希臘斯巴達人，這是一個沒有私產的社會，男性七歲之後就被送往公共學校撫養，目標就是成為職業軍人。斯巴達的女人和男人之間的家庭是比較鬆散的，性關係也非常隨意，生產生活資源則透過斯巴達人控制的他族奴隸完成。斯巴達人這種生活過了三百年，他們為戰爭這一單一目的設計的社會制度，在相當長的時間內很有競爭力。在個體經濟體上，也有人實踐人性本善的學說，從稻盛和夫的阿米巴管理到海底撈的實踐，都證實了發揮人的主觀能動性，讓勞動者個體為了總體的利益努力奮鬥是可能的。

　　按照人性本惡設計的制度也非常多見，從遙遠的法家到現代社會的制衡體系。秦朝的法家假定平民都是無賴，所以要嚴刑峻法；現代資本主義制度則主要假設當權者都可能是最自私的動物，故要設計一個制度來制衡他們的權力。如休謨所說：「在設計任何政府體制和確定該體制中的若干制約、監控機構時，必須把每個成員都設想為無賴之徒，並設想他的一切作為都是為了謀求私利，別無其他目標。我們必須利用這種個人利害來控制他，並使他與公益合作。」

　　粗略地說，人性善惡並不是人性中非常明顯，非常保守的性狀，它是易變的、依據情境而定的性狀，其中只有一部分是比較頑固的，就事廣義的自私和互惠利他。這種會給思辨者留下廣闊的空間，得出完全相反的結論，並採取完全不同的措施管理人性，而這個到現在仍然是人類社會尚未解決的一個重大問題。

　　根據各種類型的實踐和較為粗略的觀察，我認為針對人性之中的頑固性狀，最好是因勢利導，而不是霸王硬上弓。針對人性之中

的易變性狀則應該區別對待，不同的情境採取不同的方略。自從亞當斯密歸納出，市場交換可以將人類自身的本性巧妙地轉化成利他的結果之後，人類逐漸完善以市場為基礎的互惠利他制度。在個體經濟上，「科學管理」和流水線讓體力勞動者性善性惡的爭論失去了意義。在那些需要智力勞動或者主觀能動性的領域，尚無人發明一種通用方式，可以最大限度地發揮群體的效能，讓群體的福利最大化。不管是考核還是激勵，所有的方案都是在細枝末節上修修補補，並無大的原則性改進。福特說：「我只是雇傭你的四肢，你給我帶來了一個什麼都沒有的腦袋。」福特的管理方式都取得了成功，信任和嚴苛也都有若干失敗案例。通常意義上的善惡，只因不同的情境就會產生不同導向，沒有絕對壓倒性的傾向，才能使善惡爭論總是勢均力敵。

「統禦 —— 服從」是最基本的人際關係

我們到動物園經常能看見猴子互相「捉蝨子」，其實這個說法是不對的。猴子並不是捉蝨子，而是梳理毛髮，而通常都是地位低下的為地位高的梳理毛髮，這是一種確認和強化統禦—服從關係的行為。

肉食群居動物和靈長類群居動物，比草食動物的群居行為複雜得多，肉食動物捕食需求的合作，遠多於草食動物防禦需求的合作，為了完成這種複雜的合作，這些動物通常都有比較高的智慧，同時還要有比較好的「機制」設計。天擇造就的最普遍、最簡單的機制就是階級，或者叫做統禦—服從關係，這樣實現合作最簡單的

一種方式。

　　人類也繼承了靈長類動物階級社會的屬性，同時在人類演化中，從吃水果需要爭奪領地，到捕捉草原上大型動物需要更多的合作，這種生活方式增加了人類向緊密社會性演化的壓力。

　　統禦─服從關係是遠古人類社會的基本結構，為了建立這種關係，演化出來很多技巧和手段，這些便是基本的人性。實現階級社會通常的方式是透過激烈的形式排好座次，我小時候在農村餵雞時，看到有的雞看起來身形也不小，但總是被別的雞啄咬，也不敢抗爭，心想這個雞怎麼這麼弱呢？後來學了演化論我才領悟到，所有動物都不會為了爭搶食物與交配權，每次都大打出手，地位高的一出現，地位低的自然退縮到一旁，等待地位高的享用完，偷偷的上來吃幾口，或者看著頭號公雞不在，匆忙地和母雞交配，因為經常打鬥太耗費能量，對誰都沒好處；猴群只有在變換王旗時才會大打出手，平時頂多是一點小摩擦；狼在成長期透過打鬥、玩耍形成階級，一生都不怎麼變換座次；草食動物只有在交配季節才會拚命，平時則和平相處。

　　靈長類為了維持個體的座次階級，需要透過很多手段確認。猴子要整理毛髮，吃食物要有先後順序；人類即便是閒聊，話語權也掌握在位高者的手中。上司主導話題，下屬要隨著附和，一桌子菜，上司不動筷子，下屬也不會動筷子。人們一般認為這只是禮節和習俗，如果比較了猴子或者其他動物同樣的行為方式，文明社會很多的習俗和禮儀其實都是源自於深刻的生物本性，階級觀念是其中之一。

格里高利（Stanford W. Gregory）和韋伯斯特（Stephen Webster）兩位社會學家，分析了電視節目主持人和嘉賓的談話發現：地位低的一方在談話音調和步調上，總是隨著地位高的一方變。如果訪談對象是大亨或者總統，他的低頻音就會調到與來賓一樣的水準；反之，如果來賓的地位比較低，就會順著主持人的調子走。

格里高利說，我們在一旁聽某人講電話，只憑音調就可以猜出他是在對上司或是平輩朋友說話。不光格里高利，大多數都可以僅憑音調就可以判斷一個打電話的人與對方的尊卑關係。

即便沒有隸屬關係，人們也傾向於服從權威。比如，作者寫書會經常引用公認的大師說過什麼話，他們著述立傳，確有一些真知灼見，但也不盡然。同樣一句話，大師說的更可信，因為讀者都是這麼認為的。建立在生物本性的社會規則有它存在的道理，順勢而為才能取得更好的效果。

說實際上，統禦─服從關係是最基本的人際關係，儘管這個觀點不怎麼符合現代社會的主流價值觀，人類假惺惺地聲稱人人生而平等，卻在天天做著比猴子更不平等的事。

關於人類本身的研究，人們很容易把學術研究的事實和價值主張混為一談。達爾文的演化論講的是適應，卻被人們扣上主張弱肉強食的帽子。後面章節將揭示男性本來是好色、喜新厭舊的動物，但幾乎所有的教材都迴避這一點，遮遮掩掩。例如，性角色不同，造成男女事實上有生物意義上的不平等存在，而現實中所有的研究基本上都繞開了這一點。

第六章　人　性

　　迴避人類本性或許有它的道理，現代人類社會很多地方都必須按照違背本性的方式生活，因為一旦揭示了人的本性，做惡的人就有了合適的理由，解除了負罪感，就會使惡行愈演愈烈。

　　但我認為，對生物本性的認識越真實越好，即便除去科學研究需要客觀這樣理由，純粹從功利主義出發，只有清楚地認識人的本性，才有利於設計更好的制度、更好的倫理，採用更合適的方式馴化和約束人類自己。

　　統禦—服從關係是社會成員之間關係的核心內涵。仔細觀察就會發現，人類社會所有時刻、所有場景都表現出人類本性對統禦—服從關係的認同。開一個會大家意見相異，你會認同誰？當然是主管！說話的內容根本無關緊要，最關鍵要看是誰說的。這並非因為人們後天學會了拍馬屁，而是內心世界出自本能的服從。

　　「社會能夠讓那些被賦予較低社會地位的人接受並相信自己的地位，這是社會最大的成功 —— 同時也是社會最大的失敗。」

　　任何處於高位的人，都傾向於高估自己的能力；而處於低位的人，傾向於埋沒自身的潛力，這和動物是一樣的。因為圈子不僅僅靠明文規定和各種規章制度確立，自我評價和周邊評價的調整，是圈子得以形成和相對穩定的條件，否則一個圈子就處於不穩定的躍變狀態。如果雞每次進食之前都要一番較量決定優先順序，顯然是不利的。

　　羅奈爾得·漢弗萊（Humphrey）設計了一個模擬商業辦公室，以證實這一現象。以抽籤的方式決定其中一些人扮演經理，而另外一些人則扮演雇員。和真正的辦公室一樣，經理發布命令給雇

員，自己負責較高級的工作。結果雇員和經理認為同等能力的經理更有智慧、自信和樂於助人——就好像真的經理一樣，同樣扮演下屬角色，會產生降低自我感覺的效果。

布魯克斯（David Robert Brooks）在《BOBO族：新社會精英的崛起》（*Bobos in Paradise*）中寫道：「最大的危機，用冠冕堂皇的話來說吧，就是來自世俗的成功和內在價值的衝突。你怎麼能夠在生活中不斷地獲得成就，同時又不讓野心窒息你的靈魂呢？如果你不變成物質的奴隸，你又怎麼能夠積累物質資源去達到你的目標呢？如果你不日復一日地沉溺於那些無意義的循規蹈矩中，你又怎麼能夠為你的家庭帶來一個舒適和穩定的生活呢？如果你不成為一個令人無法忍受的勢利小人，你又怎麼能夠在社會上立足呢？」

所有的人類組織，不管是政治還是經濟領域，不管是軍隊還是社團，本質上都是靠統禦—服從關係來維繫。這不僅是規章制度、明文規定的約束，而是有原始本性的參與。如果人沒有統禦—服從的天性，很難想像人類社會會演變成現在這般模樣。

《槍炮，細菌和鋼鐵》這本書討論了馴化動物問題，可供馴化、超過一百磅的候選動物共有一百三十八種，實際上只馴化了其中的十四種，而被馴化新品種早在四千五百年前就停止了，暗示其餘的動物皆為不可馴化動物。大型動物馴化的一個條件，就是牠應該是一種有階級行為的群居動物，人馴化牠，牠就會將人當成「老大」，如果不具備這樣的特性，群內的秩序總是受到挑戰，馴化就很難實現。

想像一下人類自身，如果沒有階級觀念，分工合作就不容易實

現。我們可以推測遺傳意義上的階級觀念形成，有三個歷史階段：最久遠的歷史上，樹棲時代，水果不像青草一樣普遍，階級觀念有爭奪領地戰爭的需要；進入到狩獵時代，有捕捉形體較大的動物，以及分工合作捕捉體型中等動物的需求；在動物馴化之後，人口密度激增，階級制度是組織大型社會的一種簡潔途徑，沒有這樣的途徑，社會就無法發展，也不會刺激出個體間、群族間的競爭，從而社會也不太可能發展，文明社會就不可能出現。

透過儀式強化地位

現代社會級別的複雜程度超過了任何社會動物，社會分工造成的尊卑關係也遠超阿法南方古猿和位於最底層的猿的差別，更遠超個人之間的生物差別。人類文明一方面限制了原始本能，另一方面則放大了動物本能，只好強化儀式來維持過分複雜的階級關係。

古代常靠複雜的禮儀來維持層級之間的位差。跪、叩之禮是一種生物本能順其自然的發展，並沒有所謂起源的問題；靈長類，地位卑微的一方朝見地位高的一方時要盡量低頭、收縮著自己的身子，以顯示對位高者的順從、換取和平；「女」字在商代甲骨文中就是屈伸下跪的形象，封建社會長期透過類似於三從四德這樣的條文規範社會階級秩序，同時用禮儀的形式隨時隨地強化。

中國皇帝把自己和超自然的動物「龍」聯繫在一起，而開國皇帝總是偽造自己的出身，證明其是「龍種」，而非人類的後裔。其他民族則把他們的皇帝和太陽、某種野獸聯繫在一起。古時，老死不相往來的區域形成相似的文化特徵，有其必然性。假如有的國王

不裝神弄鬼，認為自己和其他人都差不多，就不利於建立超越生物性的崇拜和統禦—服從關係。加拿大人類學家傑羅姆・巴爾高（Jerome H. Barkow）說：「只要農民認為貴族是另一個物種、是別的動物，不能與之比較，他們就不會覺得自己比侯爵窮了。」

舊時皇家有專用的顏色，每一級官員的衣服都有專用的花紋和圖案，絕對不能亂用。而現在人們不再需要下跪叩頭，人們貌似從被強化的繁重儀式中解放出來，實際上這只是表象。無論在什麼公司都會有很多會議，而絕大多數會議並沒有什麼實質性的內容和作用。仔細觀察，你會發現會議的主要意義是象徵性的，會議只是人們反覆確認上司—下屬、統治—服從關係的工具。你如果是總裁祕書，可能時刻都可以體會到上司認為你絕對不是一個物種。

一個符合社會禮儀規範標準的人，通常更易被社會接納，任何人都可以觀察到無數這種情況。這種規範最簡單地說，就是對上級要奴顏屈膝、對下級則要頤指氣使；相反，如果一個人缺乏階級觀念，社會對他的接受程度就會降低。

在《富翁的物種源始》（*Tagged: A Natural History Of The Rich, Health, Rich People-History, Wealth-History*）中講述了這樣一個故事：黑長尾猴中有一隻名叫馬克仕的雌猴地位正在逐漸高升，其他猴子都預見她光明前途，於是為她提供超過現有地位的梳毛服務；同理，路易十四的廷臣們不但見了國王的情婦會起立恭迎，見了任何他們認為可能成為國王情婦的女子也一樣起立相迎。

人與人之間本真的差別，充其量只能勉強滿足原始社會很簡單的級別之用，不能滿足於維持組織級差，所以「打壓一方、抬高一

第六章　人　性

方」變成必要。我們常常看到下級寫的報告，上級通常都要修改，不然就覺得有所欠缺。

為人君者，是一個國家的頭領，其地位自然非同尋常，為了維持他的統治地位，所謂帝王之道最關鍵的一條就是「自神之術」，就是一定要把自己神祕化。在專制制度下，這似乎是一個必然規律，歷朝歷代的封建帝王幾乎都透過深居簡出、不動聲色、自神之術的權謀之術統以維護其統治。

在《韓非子》一書中，韓非對此論述甚詳：「人主之道，靜退以為寶」；「人主不掩其情，不匿其端，而使人臣有緣以侵其主」；「明君虛靜以待，令名自命也，令事自定也」；「明主其務在周密，是以喜見則德償，怒見則威分，故明主之言，隔塞而不通，周密而不見」。

主張君主不宜和臣下太過親密，而是要深入隱藏，保持神祕，持此論者，實則遠不止韓非一人。

「故政者，君之所以藏身也。」（孔子）

「聖人之制道，在隱與匿。」（鬼谷子）

概而言之，在專制制度下，君主不應親臣，而要遠臣。為君如為鬼，人所以畏鬼，以其不能見也，鬼如可見，則人不畏矣。唯其如此，方可靜如善刀而藏，動如矢來無向。

非獨東方，西人其實也諳此節。在莎士比亞的《亨利四世》中，亨利四世教導他那吊兒郎當、熱衷和下流人廝混的太子，同樣也是要求他脫離群眾，絕不能和他們打成一片，要讓他們見少而畏多。

從眾是最基礎的人性之一

心理學已經證實從眾是一種普遍的心理規律，最基礎的人性之一，可以把從眾看成是維持群體關係的一種基本手段。

動物透過預先編制好的程序，在遇到問題時立刻反應，我們把這種情況稱為本能。但自然界的情況有時是複雜多變的，生存情況變得比較複雜，光靠本能不足以應付，自然界就演化出可以處理複雜問題的大腦。大腦透過後天學習所做出的反應，可以看作是本能的延續，只是把硬體軟體化之後，處理方式更靈活而已。這樣大腦的某些理性決策，也會有本能的影子，「跟風」即是一個很好的例子。

「跟風」是一種動物的行為模式，它為千鈞一髮的生存鬥爭贏得了時間。在整個演化歷史中，跟風的勝率都比較高，這是社會性生物的典型特徵。

有一個老故事，說是有一隻羊，被人從船上丟到了海裡，於是其餘的羊也跟著跳下海去。「羊有一種天性，那就是牠們永遠要跟著前面一隻羊，不管走到哪裡。亞里斯多德據此認為羊是世界上最愚蠢、最可笑的動物。」但亞里斯多德不明白，所有的群居動物都遵從「羊群模式」，如果一隻羊具有特立獨行的天性，不願意跟風、四面受敵，很容易就會被狼吃掉，反之則比較安全，久而久之就保留了聚集成群的天性。

從眾具有多重意義，還兼具學習、認同等功能。動物學家已經觀察到靈長動物中，也有擅長發明創造的個體，他們找到的新食

第六章　人　性

物、新生產方法會在群內擴散。從眾是一種讓大家都學會某種技能的方式，還可能在類群成員之間建立較為密切的認同感。人類也是如此，遠古的人類透過從眾實現物以類聚、人以群分看來是合適的。

文明社會也在不斷地強化從眾心理。「上帝總是站在兵力多的一邊」，從眾意味著你有站到大多數隊伍的本能，也就是說無論是來自於基因的本能，還是來自於日常經驗，都給人們編制了一種跟風的行為模式。很多時候跟風就是第一直覺，也是動物本能。每個人不可能對任何事情都瞭解得一清二楚，對於那些不太瞭解、沒把握的事情，往往「跟風」。很少有人能夠在眾口一詞的情況下，還堅持自己的不同意見。壓力是另一個決定因素，在一個團體內，誰做出與眾不同的行為，往往招致「背叛」的嫌疑，會被孤立，甚至受到懲罰，因而團體內成員的行為往往高度一致。

越是資訊不對稱，人們對實際情況或者行為的實際後果缺乏預測依據時，越會表現出跟風的特點，來源於本能和生活的經驗都強化了這種反應的優勢。

人類跟風的行為方式，與群居方式有很大的關係。在一次部門的選拔中，比如說選出一個部門的頭，對於缺乏明確利益和觀點者來講，他們會給哪一派投票呢？一般而言，人們都會採取見風使舵的策略，看誰能選上，就投誰的票，因為這樣才有利，投給注定失敗的人顯然沒有好處。

選舉中常常採用的舉手方案，就是利用了人們跟風的行為方式。每個人是舉手還是反對，取決於大多數人的意見。當然在這種

情況下，長官一個人可能就相當於很多人，因為他掌握著權力。每個人在是否舉手的問題上不是表明對被選舉人的態度，而是在考慮採取哪種方案對自己更有利。

我們設想一個群體的猿開始派系鬥爭，正確的策略也應該把寶押在兵力較多的一方，這樣跟隨大多數的方式就形成了一種演化上的優勢。日久天長變成類本能的反應，同時這種行為策略使群體獲得了相對的穩定性。從演化論的角度看，群居動物的行為，乃至社會的合作，都會表現出相同的規律。

讀者不禁要問，如果大家都跟風，為何還會產生爭鬥呢？少數派根本就不會產生。這個問題很好，之所以產生少數派，皆是因為在一個大的群體中，收益下降的結果。在《史記·陳涉世家》中的陳勝（即陳涉）說：「今亡亦死，舉大計亦死，等死，死國可乎？」這個原理同樣適用於動物，在群體中的個體，由於某種原因使邊際收益下降，就會激勵人們採取另外一種冒險一點的策略。對於陳勝而言，已經不能如期完成任務，按律法會處死，他選擇了起義這種高風險的鬥爭方式，就是合乎邏輯的。在和平、非常富足的情況下，也會產生少數派。比如說美國矽谷也會有一些人從原來收入豐厚的公司辭職創業，他們的原因和陳勝是一樣的。在跟風面臨邊際效益下降時，就會有一些人準備另立山頭。

日常的決策，很多情況下都缺乏足夠的資訊分析，對「當下」應該做出何種決策時，總是會跟風。「從眾心理」是演化形成的類本能，在日常決策中時不時會表現出來。比如在當下，我們無從判斷股票或者房子的價格走向一樣，我們是否買房子或者股票，取決

於大家的熱情是不是高漲。

　　就長期賽局而言，跟隨大多數人的策略優於特立獨行者；而對於完全缺乏判斷資訊的短期賽局，理論上並不存在大多數一定正確的邏輯。但是基因和記憶都是擅長「總結」的，所以在這種情況下，採用大多數策略是一種必然的選擇，這是演化中形成的有利原則。

　　一個「好」的社會能夠改造一個「壞」的居民，使他變好；而一個「壞」的社會總是傾向於使好居民變壞。這就是所謂「近朱者赤，近墨者黑」的內在機理。很多的人性在表現出遺傳的傾向性同時，也是高度易變的，隨環境而變的人性更加難以琢磨。

　　商業的法則也是建立在「大多數是對的」邏輯基礎之上。比如在大多人都參加交易會或者展覽的情況下，你的公司也傾向於參加這種會。一年一度的電腦展或者資訊展，很多廠商都認為根本沒有用，但是他們為什麼還要去參加呢？原因在於他們不願意承擔「在一個大型展覽會上見不到你公司」這種風險。

　　很多奸商為了銷售產品，而買通假顧客，製造熱門的假象，利用的就是人在演化中形成的本性 —— 從眾心理。

　　股市上，莊家就是利用人們的從眾本能賺錢的，莊家選中一檔股票，悄悄潛入，要想大批買入時，首先兇狠地拋出，股票價格陡降，散戶擔心繼續深跌，倉惶出逃，莊家以低價吸收這些籌碼。如果出貨的時候則採取相反的操作策略。如果人是理性的，這種手法必賠無疑，莊家低價拋貨時，別人正好可以吃進，而實際莊家總是勝多負少，因為人們從眾的本性比理性更堅強。

從眾也是各種群體行動的心理基礎，過後人們談論著其中的荒唐，彰顯著自己的理性和智力優勢，行動中大家都一樣隨波逐流。亞里斯多德沒有意識到從眾也是人類的天性，他認為只有羊才是愚蠢的。實際上人也一樣，只有政治家才是瞭解和利用這一點的高手。

從眾心理有很多衍生品和表現方式，流行便是其中的一種。從服飾、髮型到社會風尚都可能成為流行物。有些東西流行時間很短，網路上的一句俏皮話，很快風靡網路後，很快又消失得無影無窮。

勇攀高位的本能

人類成員相互鬥爭，就像爭奪猴王地位的猴子一樣，爬上高位最關鍵的好處就是留下更多的後代，後代也遺傳向上爬的內在特徵。

人類最本質的慾望和大多數有性動物一樣，只有兩種 —— 生存和繁殖，或者說食物與交配，其他的慾望都是這兩種慾望的衍生品，或者說是為這兩種利益服務的策略。對於群居動物而言，獲取交配利益是通常是第一法則，它是群居動物行為方式的出發點，因為通常情況下，一群動物都會活著，然而卻只有少數個體能留下後代。

所有的野外觀察和實驗室研究，都證明了哺乳類動物的優勢雄性具有更多的後代。科學家建立了二十二個老鼠類群，每組放三隻雌鼠和三隻雄鼠。經過一兩天的打鬥，雄鼠建立了嚴格的階級系

第六章　人　性

統，然後交配。科學家發現有十八個類群的後代的父親都是優勢雄性。具體的統計是 92% 的小鼠是優勢雄鼠的後代。

對於有一定的家庭規則同時又亂交型的人類而言（男性一章探討人類本真的性模式），在群體中排名靠前的雄性也有更多的繁殖利益，這是毋庸置疑的。東非狒狒（*Papio anubis*）在發情期的初始，性皮膚剛剛腫脹，就與年輕的從屬狒狒交配；但這只是一個熱身活動，在性皮膚腫脹最厲害的五到十天裡，即排卵時，牠們只與地位最高的雄性狒狒交配。

所有證據都表明，原始人類部族首領都有更多的妻妾，同時還經常給部族的其他人戴綠帽。有紀錄以來的歷史更明確地昭示了優勢地位和繁殖後代的關係。古印加帝國，性是嚴密管制的產業。太陽王 Atahualpa 在帝國境內廣設「太陽貞女宮」，每宮擁有一千五百位女人。而為了保證所選都是處女，通常在少女八歲以前挑選。國王之下根據階層，各自擁有法定數目的妻妾，有些貴族的妻妾數目超過七百人；領主三十人妻妾；封地人口一萬的諸侯二十位妻妾；人口一千者，十五位……若男人不幸是一介平民，很多只能保持單身。

中國歷代的皇帝都妻妾成群，野史中皇帝的妃子經常紅杏出牆，偷偷「綠化」皇帝，但這只不過是人們阿Q精神的一種心理補償而已。而實際情況可能恰恰相反，更多的情況則是皇帝雖然妻妾成群，還經常賜一些綠帽給臣民戴著，上司給下屬戴綠帽子的可能性，遠大於下屬和上司的太太偷情的可能性。

《水滸傳》裡，高俅之子高衙內不喜歡黃花大閨女，卻愛上了

一個有夫之婦 —— 八十萬禁軍教頭林沖的嬌妻，此舉讓高俅及衙內的隨從感到不可思議。其實，高衙內是想透過強占別人的妻子，來顯示自己擁有絕對霸權的心理。

大多數的演化讀物都會大講特講男人攀上高位對繁殖的好處，而解釋另一半 —— 女人攀升高位有什麼好處，卻不那麼容易，所以這一點被很多書有意地迴避了。

外行人會不假思索地類比為「爬上高位的女人，也是為了得到更多的性交」。而且也可以為這種情況找出很多案例，也有人對女貪官搞性賄賂，女人用性賄賂的方式攀升高位是一種策略，男人用爬上高位獲得性，在性上女人是出售者而不是購買者。

社會性較強的哺乳動物，如狼、恆河猴、日本獼猴等，其雌性並非都有平等的繁殖機會，狼和猴不但有王，還有王后。在有些種類的動物中，王后是唯一的生育者，大多數靈長類位次高的雌性有較高的繁殖優先權。日本獼猴位居高位的母猴還可以把地位傳給子代，就像封建社會的世襲制一樣。雌性獲得地位有助益提升後代的地位、繁殖成功率，她的基因利益並非透過不斷的性交獲得。

優勢地位在生存上的好處，是獲得食物的優先權。農村老太太餵雞時，你會發現並非所有的雞都平等進食，優勢地位的雞霸占最好的地形，同時不斷地啄咬地位較低的雞，位次低的雞趁老大不注意時，迅速地啄幾口或者等位次高的吃完再吃。獅群中通常是雌獅狩獵，雄獅坐享其成，而且有吃獵物的優先權。

以能量高的種子、肉類等為食物的社會性動物通常都有進食優先順序，排位靠前者吃得最好、最飽。豬崽在生下來的一個小時內

拼力搶奪、用牙齒彼此亂咬，目的就是搶占靠前面的乳頭，乳頭位置一旦固定，一直到斷奶都吃這個乳頭。科學家分析，前四對乳頭比後四對乳頭平均多吃奶 15.3%。

在戴上文明的枷鎖之後，頭領的原始本能受到了很大的限制，儘管在各種文化背景下的各種組織中，頭領和女下屬有一腿都不是稀有事件，可是首席雄性已經沒有了動物世界中理所當然的交配權。物質的豐富，讓平民百姓和首席頭領有差不多的食品，頭領原始意義上的好處已經大大削弱。

替代物應運而生，比如實現權力慾、控制慾、成就感等，也就是廣泛流傳的馬斯洛需求金字塔。從較為深刻的意義上說，馬斯洛是錯誤的，人與其他動物一樣，本質的慾望只有進食和性交，其他並非根本利益，而是為了實現生存和繁殖利益形成的手段。在這一點上，孔子在《禮記》裡講「飲食男女，人之大欲存焉」說到點上了。

女性攀上高位也有生物利益，猴群中不僅有猴王，也有幾個王妃，有最多的生育權。但不容否認的邏輯是，女人向上攀爬的生物動力應該比男性弱很多。

現在社會，高級地位的性利益，只是以潛規則的方式偷偷摸摸的存在，而食物利益已經不復存在，人們的本能卻不會很快消失。從理性角度上，人們找到了比性和食物可擴充能力更強的替代物──金錢，人們透過「多賺錢」找到一個向上攀爬的實實在在的理由。在美國 CEO 的收入超過普通員工的四十倍，大公司的 CEO 收入更是超過普通員工的數百倍，換句話說，在上面做一年相當

於在下面做幾十年、上百年。攀上高位之後，「身外之物」的回報遠超過動物時期的回報，無論對男人還是女人都有同樣的理性攀爬激勵。

從這個意義上說，現代社會和原始社會正好相反，越是原始的社會形態，交配所受的約束就越少，物質財富受的約束越多。原始社會沒有冰箱，無法儲存獵物，也沒有銀行，無法把多餘的財富儲存下來，地位高意味著交配的權利，而現代社會地位高則轉換成了獲得金錢的權利。

人們很容易認為向上爬只是理性激勵，演化論的信徒必須時刻警惕這種純粹的理性假說。我們說古猿或者猴子「為了」獲得盡量多的交配權和進食優先權向上爬，這裡的為了要加上引號，並不是日常語義所理解的為了。人們沒有為演化論發明幾個新詞，只要沿用原有的詞彙，故往往言不達意。猴子在爭奪猴王時主要是一種生物本能，牠的頭腦中無須建立這樣的因果關係 —— 我要和很多母猴嘿咻，所以我要去爭奪猴王。爭奪猴王是一種本能，一種慾望，一種近因，交配則是藏在近因之後真正的意義。我們可以設想這樣一種場景：人為地剝奪了猴王的隨意交配權，猴王還是願意當猴王，其他猴子還是會覬覦牠的位置。人類便是這種情況。貌似為了爭奪金錢，背後的生物動力則是爭奪交配權。

人類找到了金錢這種性交和食物的替代物品，可以說是喜憂參半。好的一方面是它提供人們向上攀爬的附著物，大家都競相向上爬，社會變得富足，這便是資本主義思想的一個基礎假設。壞處則是激勵過度，它放大了人性，凸顯了社會的不公和殘酷。

第六章　人　性

自負的天性

　　心理學透過實驗和調查，證實過度自信是一種普遍的心理特徵。在美國，大約只有四百五十名籃球隊員打 NBA，卻有兩萬人練習籃球，準備進入 NBA，其中 65% 的人確信自己可以進入 NBA；在澳洲一次調查表明，86% 的人認為自己的工作業績高於平均水準，只有 1% 的人認為自己的工作業績低於平均水準；在荷蘭，大部分高中生認為自己比普通高中生更誠實、更有恆心、更有獨創性、更友善且更可靠。

　　從演化的邏輯上看，自負或者自大之心是實現向上攀爬、爭奪高位的一種手段，一種心理驅動力，也就是說自大是向上爬的近前動力。

　　自負是一種行為動力，在階級森嚴、智力較高、自我意識豐富的智人社會，對自己高估的個體會更勇敢地投入位次的爭奪之中，他們在群體中的排名也因此靠前，留下後代，所以自負並非一個貶義詞，即便在現代社會，自負也經常帶來實際利益。恰如其分的評估自己當然好，問題是這並不容易做到，過比不及要強。

　　擅長觀察、對人性有深刻認識的亞當斯密，也注意到人們普遍有過度自信的傾向。其在《國富論》中寫道：「大多數人對於自己的才能總是過於自負。這是歷代哲學家和道德家所說的一種由來已久的人類通病。但世人對於自己幸運的不合理猜測，卻不太為識者所注意。要是可以這樣說的話，對自己幸運妄加猜測，比對自己才能過於自負，恐怕還更普遍一點。身體精神相當健旺的人，對自己

的幸運，總不免抱有幾分自信。每一個人對得利的機會，都或多或少地作了過高的評價；而大多數人對損失的機會，作了過低的評價。身體精神相當健旺的人，對於損失的機會，很少作過高的評價。」

馬謖因為過度自信失了街亭，更多的人則因為過度自信造成經濟損失。例如在股票市場，投資者通常將偶然的成功歸因於自己操作的技巧，將失敗的投資操作歸於外界無法控制因素，從而產生了過度自信的心理現象。投資者趨向於認為別人的投資決策都是非理性的，而自己的決定是理性的，但事實並非如此。過度自信使人們不斷地投資、不斷地損失。馬路上很少有商店能賺錢，店面像走馬燈一樣換來換去，今天賣蔬菜、明天賣兒童用品。很顯然當初開店時，每個人都認為自己定位準確，有獨特的經營方法、獨特的價值，雖然其他人賠錢了，自己卻能賺錢。古時候上演「冒死進諫」，前面的人被殺掉，後面的人還會再諫，很重要的原因後面的人總認為比前面被殺的人更高明。

任何人身邊都不缺少事後諸葛，「這件事我早就知道了，一年前我就預測……」我覺得這並非完全是說謊。在事情發生之前，人們往往有多種模稜兩可的預測，如股票是漲還是跌，日後無論漲還是跌，都會感覺到自己過去好像預測到了一樣。一件事情成功之後，每個人都傾向於高估自己的貢獻，一旦失敗則總歸於客觀原因。義大利貴族齊亞諾伯爵（Galeazzo Ciano）說：勝利總是有上百個老爸。而失敗總是孤身一人。

過度自信是日常生活和工作衝突的主要原因之一，試想：90%

的人都認為自己比平均水準高，而報酬是正態分布的，那麼一定有將近一半的人認為自己的收入被壓低，又如果隱藏個人的實際收入，猜測就會更偏離實際，通用電氣公司據此公布每個員工的實際收入，在一個收入頗高的企業，不管收入多麼高，只有很少的人對自己的收入滿意，從企業高管到基層員工，每個人都認為自己的貢獻遠大於所得，沒有幾個人認為自己只是運氣好而已。待不滿情緒積累到一定程度，就會造成組織的分裂，個體之間的衝突也常常來自於成員的過度自信。對於經常走向分裂的小公司而言，分配不均往往只是第二位的原因，大家既然能在一起開公司，通常對所得的分配都有一定的寬容度，但觀點的衝突卻非常常見，每個人都很難克服過度自信的傾向。有時越是能力不足，越容易過度自信，這方面的格言、警句十分多，湯瑪斯・傑佛遜說：「智者十分瞭解自己的弱點，因此絕不會保證永不出錯，那些懂得最多的人，也最清楚自己知之甚少。」

慣性思維

人們買房子的時候，通常都會看很多房地產，看很多戶型，由於各有優缺點，總是猶豫不決。當房子買到手之後，心理就發生了奇妙的變化，越想覺得自己做出的決定越正確，這個心理過程幾乎涉及生活、工作的方方面，一旦做出某種決策，就會不斷為這種決策找理由支撐。

一個人做出決定後，總是想法設法找理由，維護自己的判斷，買了一個房子後悔肯定不如不後悔，反正是很難退的。很多情況

下，這種特性很容易被他人利用，可能會越來越錯誤，直至釀成難以挽回的後果。

《伊索寓言》中石頭湯的故事廣泛流傳，在很多國家都有類似的版本，利用的就是人們死不改悔的心理：

一個暴風雨的日子，有一個窮人到富人家討飯。

「滾開！」僕人說，「不要來打擾我們。」窮人說，「只要讓我進去，在你們的火爐上烤乾衣服就行了。」僕人以為這不需要花費什麼，就讓他進去了。這個可憐人，這時請求廚娘給他一個小鍋，以便他「煮石頭湯喝」。

「石頭湯？」廚娘說，「我想看看你怎樣用石頭做成湯。」於是她就答應了。窮人於是到路上揀了塊石頭洗淨後放在鍋裡煮。「可是，總得放點鹽吧。」窮人說，廚娘給他一些鹽，後來又給了豌豆、薄荷、香菜。最後，又把能收拾到的碎肉末都放在湯裡。

當然，這個可憐人後來把石頭撈出來丟回路上，滿足地喝了。

如果這個窮人對僕人說：「行行好吧！請給我一鍋肉湯。」會有什麼結果呢？

所有成功的推銷員，都是追女人的高手，能嫻熟的運用人們的這種心理特性。推銷員上來就說：「還是把專案給我吧，你看我們是最有優勢的。」這種單刀直入的方式很少能夠成功，從別人最容易接受的小建議入手，就像煮石頭湯一樣，更容易成功。作為防禦者，最成功的防禦就是不給進攻者任何機會。女人不想和某個男子糾纏，就千萬不要答應他吃飯、看電影等等。網路上騙財、騙色的交友，從來都是先從對方比較容易答應的小事入手，開始藉口急

用、借一點小錢，然後編織越來越大、越來越不可靠的謊言騙取越來越多的錢。

街頭會賣西瓜的人，通常會主動、熱情地讓路人嘗一嘗，很多人嘗過之後，只要不差都會買，因為嘗就是做出了買的最初承諾，而消費者通常會維護這種決策；美國總統候選人，選舉前要募集資金，為了防止候選人被金錢收買，規定了每個人或者組織捐款的最高的限額，也就是說募集更多的錢的唯一方法，是捐款的人多。而募集最多錢的人通常都是最後的贏家，原因並不僅僅在於錢多可以做更多的廣告，從心理上講，人們一旦為某人捐款，很自然的就會為這種決策尋求支撐，投票給這個人。

日常生活中，我們經常看到聰明人做出愚蠢的決策，比如談一樁不適當的生意、做一件漏洞百出的發明、談一場不般配的情緣等等。

「當局者迷，旁觀者清」，原因就是一旦做出初步的決定，就會維護這個決定。起初僅僅有一點點傾向性，最終會轉換成堅定的信念，任何相左的意見都很難聽得進去，直到最後鑄成大錯。

死不改悔是一個非常普遍的心理，小到個人購買一件商品，大到國家決策，概莫能外。例如，美國發動的第二次伊拉克戰爭，理由是大規模殺傷性武器，也許這只是一個藉口，實際的目的是為了石油。事實上，隨著戰爭的進行，實質性的證據顯示，大規模殺傷性武器的理由或者藉口並不成立，美國透過戰爭謀求石油利益也不是一個划算的買賣，但戰爭卻不會因此終止，很多人認為原因錯綜複雜。實際上原因並不複雜，只是像我們日常生活中隨處可見的死

不改悔心理一樣。

自我強化好的方面，則是可以持之以恆地完成一件事情。如此普遍的心理傾向性必定來源於古老的演化，在遠古生活模式下，人與人之間雖然也有鬥爭，但策略性和複雜性卻遠比今天簡單得多。所以不難理解，遠古時期，「一根筋」的思維模式是利大於弊的。因為即便不是最佳方案，只要堅持也比反覆強，現代社會中仍然是那些具有堅持能力的人更能達到目標。堅持是一種優勢行為，導致這種行為的心理基礎是自我強化，因此我們可以說天擇青睞自我強化的心理模式。

自我強化也像自負一樣，是一種鬥爭策略，然而程度上比自負弱很多，它並非一種占有重要地位的心理特徵。在實際生活場景中，我們知道很多決策沒有絕對的對和錯，堅持一種策略往往要勝過左右搖擺。在理性沒有參與到決策之前的勝負規律也是這樣，持之以恆自然就成為一種優勢的心理特徵。

戰時心理

一九六三年，耶魯大學心理學教授米爾格倫做了一個著名的心理學實驗。這個實驗的目的，是測試當面對權威者下達違背良心的命令時，人性所能發揮的拒絕力量到底有多少。這樣的實驗可以解釋為什麼在戰爭情況下，很多正常人會變成殺人不眨眼的劊子手。

實驗中命令一部分人電擊另外一部分人，並逐漸提高電壓；隨著電壓的提高，被電擊者發出慘叫，繼續發出電擊的命令，看看他們是受自己良心譴責停止電擊，還是接受命令，無視被電擊者的慘

叫。實驗證明，60% 以上的人會屈從命令成為「殺人魔」（被電擊者是播放的錄音，但這個資訊只有少數實驗觀察人員知曉）

在一九七九年的一個電視訪談節目，米爾格倫說：「在觀察了成千上萬人之後，我可以這樣說，如果在美國建立像納粹那樣的死亡集中營體系，我們會發現，在美國任何一個中等規模的城鎮，都能找到足夠的納粹黨員。」

一九七一年，著名心理學教授菲力浦·津巴多（Philip George Zimbardo）進行了另一項類似的實驗：他挑選了二十四名普通人，讓其中的九名扮演獄警，九名扮演罪犯，另外六名作為後備成員。原定實驗兩週，觀察不同角色扮演帶來的行為變化；結果實驗只進行了六天，就因為扮演獄警的人過於殘酷而終止。不到一週的時間，這個實驗便讓九名身心健康、遵紀守法、毫無犯罪前科，具有大學知識水準的年輕人，變成了冷酷無情的看守員警。這個現象稱為「路西法效應（The Lucifer Effect）」，路西法原為上帝身邊最美麗的權勢者，因不滿上帝要求其下跪於神之子而叛變，最終墮落為魔王，成為地獄主宰之一。

兩個實驗並非完全一樣，米爾格倫的實驗證明在權威命令下，普通人可以變成惡魔；津巴多的實驗則證明如果給普通人以絕對的權力，並且開始將人預設成好人和壞人，那麼普通人也可以變成魔鬼。

自從達爾文起，生物演化的動力就被分成天擇和性選擇兩種方式。我認為，對人類而言，需要加上第三種選擇方式 —— 戰爭選擇。

　　所謂戰爭選擇，就是在戰爭時期的一種特別心理和行為模式，就像性選擇一樣，只有發情季節才表現出的一種行為模式。綿羊是一種性情非常溫順的動物，但在交配季節，長著大犄角的公羊為了獲得交配權鬥爭非常激烈，兩隻公羊各自後退十幾公尺到幾十公尺，然後全力奔跑，猛烈撞擊對手的頭部。我親眼看過很多犄角被撞掉的情形，有時甚至為了爭奪交配權搭上性命。交配在一生的時間比重不大，但這是決定基因市場占有率的關鍵時刻，所以選擇壓力非常大，形成特有的行為模式並不奇怪。戰爭也是如此，關乎生死，選擇壓力非常大，保留那些有助於取勝的心理和行為模式相當有價值。

　　就有紀錄的歷史而言，戰爭在人類活動的歷史中相當頻繁。索羅金（Sorokin）分析了歐洲十一個國家從西元二七五年到一〇二五年間的歷史，發現每個國家進行軍事活動的時間平均為47%。這個範圍從德國的 28% 到西班牙的 67%。歐洲和中東地區早期的王國很快就被顛覆了，並且很多征服本質上是滅族性的。

　　實際上，從靈長類的行為模式中，我們有理由推測，戰爭絕不是文明社會的產物。在久遠的洪荒時代，靠自然吃飯，那個時候沒有農業，也沒有馴化動物，按自然資源和人口密度的比較，遠古人類的生存競爭，要大於現在的非洲黑猩猩或者日本獼猴，這是人類很早以前就開始向全球各地遷徙的自然壓力所致。所以，戰爭選擇即有很長的時間跨度，在戰爭發生時有相當大的選擇強度。不利於戰爭的心理在這種激烈的較量中會被消滅，其他基因也隨之泯滅，不能傳承。

# 第六章　人　性

　　達爾文和後來的威爾森，都注意到戰爭在選擇中可能有很突出的作用。然而，戰爭和心理以及行為模式的關係卻沒有系統的深究，他們無意之中錯過了在這個重要方向深入挖掘的良機。而米爾格倫的實驗和路西法效應，則明顯沒有聯想到戰爭導致的演化選擇。

　　有了戰爭選擇這個說法，從生物學的角度解釋服從實驗的成因就很符合邏輯。很久以前，人就是階級複雜的社會性動物，他們的生活包括兩種狀態，99% 以上的時間處於和平時期，1% 的時間是戰爭時期。這 1% 的戰爭時間會因為死亡或者生存形成強烈的天擇，就像性雖然只是瞬間的事卻形成強烈的選擇一樣。

　　從靈長類的行為模式，可以大體推測遠古人類的戰爭模式。這種戰爭早在成為肉食動物之前就在叢林中展開，戰爭往往在同類或者靈長動物之間展開。這種戰爭並不僅僅是恐嚇，而是要消滅對手。從南非發現的百萬年的化石證據，到英國一萬五千年的人類頭蓋骨，都證實人類祖先曾經是一種同類相食的動物，在哺乳動物中只有黑猩猩、北極熊等少數種類同類相食。這樣殘酷的戰爭，種群成員必須奮不顧身地投入戰爭，活下來的可能性才更大。紀錄片中一群黑猩猩攻擊獼猴，大體上呈現了這種戰爭的場面，當頭領決定去侵占領土時，透過敲擊樹木發出命令，然後互相傳遞，群情激奮，整裝出發，攻擊時作戰各個成員都相當投入，再吃掉被捉住和打死的獼猴。

　　由此，我們可以想像，在戰時人的心理必須形成高度的服從，當心理模式從平時轉為戰時，各個成員都變成了殺人魔，這樣的種

群在競爭中生還的可能性才更大。如果針對非專業人士，用群體遺傳學說解釋至此，基本上已經完美。然而，近代遺傳學要求必須解釋到基因的層次。我們假定在一場殘酷的戰爭中，勝利的種群中躲在後面的膽小鬼才是生存希望最大的，這樣他的基因將得到最大限度的傳播。於是，一場比誰膽子更小的競賽將在群內展開，隨著遺傳規律發揮作用，戰爭的激烈程度也將逐漸降低。綿延百萬年的演化史沒有讓這種情況發生，因為這樣的群體會被另外的群體消滅。同時，人類的智商排除了躲在後面的膽小鬼。因此，人類的戰爭時期特別的本性沒有向著和平方向演進，而是向著絕對服從和殘酷的方向演進。

戰爭或者重大危機時特殊的心理機制就這樣形成了，這種極端的服從實驗不同於和平時期的上下級的輕度順從，而是一種在平常人看來不可思議的喪失理性的順從。

根據日常生活的經驗，戰爭中殺人不眨眼的劊子手，是不可以思議的邪惡人類分子，是惡魔，但心理學研究推翻了這個日常直覺。一九五一年，在阿根廷抓獲了一名納粹戰犯艾希曼（Otto Adolf Eichmann），他殺人如麻；但對他的審判和觀察表明，艾希曼並非我們想像中殘忍的惡魔。

在《平凡的邪惡：艾希曼耶路撒冷大審紀實》（*Eichmann in Jerusalem: A Report on the Banality of Evil*）中，作者漢娜·鄂蘭（Hannah Arendt）寫道：「艾希曼並不恨猶太人，這使事情更糟，因為沒有感覺。為了使他成為一個惡人，就讓他不那麼危險。如果你殺死了一個惡魔，你就可以高枕無憂了，因為沒有了那麼多的惡

第六章　人　性

魔；但是如果艾希曼是個普通人，那麼這似乎就非常危險。」

　　戰爭之中的奮勇殺敵，不可避免地包含著危險和自我犧牲，平時的理性根本無法解釋戰爭時期的極端心理和行為模式。為了取得戰爭的勝利，必須啟動人們奮不顧身的勇敢本能。在極端的爭奪狀態下，不怕死反而意味著較高的生存機率。作為群體戰爭中的每個成員，需要高度統一和服從命令，這樣才更利於戰爭的勝利。所以戰時心理一旦被激發，人們就表現出高度的服從性、統一性，呈現群情激奮、頭腦簡單的狀態。

　　人的心理大部分是在常態、和平狀態下演化出來，像這種極端服從、殘忍是戰爭模式下演化出來的心理，一旦外部條件形成遠古時期的戰爭情景，人類潛藏的戰時心理便會顯現出來。

　　戰時心理深埋於人性之中，但這種心理並非只在戰爭發生時才顯露崢嶸。在日常行為模式中，只要群體被動員、被傳染均會表現出戰爭心理狀態。盲從、亢奮、輕信、極端化、情緒化、非理性行為便會蜂擁而出。一場激烈的足球比賽、一場明星的演唱會、一場煽情的演講，甚至一場產品發布會，都可以啟動人們的戰爭心理特徵。我認為戰爭心理是團體心理學最堅實的基礎，它明顯包含演化的邏輯。

　　典型群體行為，團體心理均是戰爭心理的衍生品。

　　首先，宗教是戰爭心理的產物，它具有群體性、盲從、亢奮等典型特徵。宗教的歷史久遠、影響面甚廣。考古證據顯示，宗教至少可以上溯到六萬年前，甚至靈長類的另一個分支、消失的尼安德塔人的遺跡中也有明顯的宗教痕跡。古往今來，研究人類的思想家

機會都會涉及對宗教問題的研究，但其中絕大多數人對演化論理解不深入、或者對心理學並不瞭解的人，會認為宗教只是蒙昧階段的產物。

馬克思說：「宗教乃人民對實際困苦之抗議，不啻為人民之鴉片。」其認為較低級的宗教，純粹是出於世俗的誘惑而尋求自然的護佑，這些誘惑如長命、土地肥沃和食物充裕、避免天災人禍等。初看起來，他們說的可謂直至本質。但在科技發達的今天，即使人們已經意識到尋求長命等訴求是宗教所不能給予的，宗教卻並沒有像此前預計的一樣消亡，衰退也並不明顯。

所以，要想理解宗教，前人的論述尚不能挖掘種種宗教現象的本質。

大多數的生物演化學者和心理學家，並沒有足夠的聯想試圖解釋宗教問題，也有少數人認識到宗教很可能包含深刻的生物因素。生物學家威爾森認為：「宗教信仰的先天傾向性，是人類精神中最複雜最強大的力量，並且很可能是人性中固有的一部分。」

作為群體生物學家，威爾森意識到了，宗教很可能有根植於原始人類本性的根基，遺憾的是他沒有聯想到這種人性之所能形成的情境，那麼他便不能很深入解釋這種人性的演化邏輯。宗教表面上是透過承諾給信仰者，以可靠的實惠吸引信徒，再透過恐嚇、儀式等方式規範信徒的行為和心理，如輪迴、懺悔之說，似乎從理性的角度很容易理解宗教現象；但這解釋不了宗教無法兌現它的承諾之時，人們仍然深信不疑。以一場小求雨儀式為例，過去乾旱之時，人們就會到廟裡面燒香拜佛，祈求龍王下雨。若真下雨了，人們就

第六章　人　性

認為龍王顯靈了；若沒有下雨，人們就自責，認為龍王憤怒了。那種認為只有愚昧的人才信仰宗教的看法，顯然是對宗教毫無知曉，事實上，宗教信徒之中從來就不缺聰明的人，也不缺偉大的人物。

宗教借助儀式傳播鞏固信條，其方法恰似黑猩猩的戰前動員大會。現代宗教信徒總是想方設法強調宗教中智慧的一面，流傳甚廣、影響深遠的宗教當然有智慧的一面，可是世界上的智慧很多，而且很多關於人文的智慧並非唯一。A 是一種智慧，而 A 的反面也是一種智慧，為什麼教徒只相信他所信仰的宗教的智慧？所以從智慧的角度解釋不了宗教。

最早論述團體心理的古斯塔夫・勒龐（Gustave Le Bon）敏感地觀察到，當人們一旦聚集起來、被某個事件或者意見引導時，人們的心理徹底和平時不同，對群體而言，理智蕩然無存，完全被情感所控制。「聚集成群的人，他們的感情和思想全都轉到同一方向，他們自覺的個性消失了，形成了一種集體心理。」群體總是顯得愚蠢、莽撞，智商變得非常低級。「群體不擅長推理，卻急於採取行動。」這完全是一副戰前動員情景。

宗教是戰爭心理的衍生物，它本身又演化出多種表現形式。勒龐說：「一切政治、神學或社會信條要想在群眾中扎根，都必須採取宗教的形式 —— 能夠把危險的討論排除在外的形式。即便有可能使群眾接受無神論，這種信念也會表現出宗教情感中所有的偏執狂，它很快就會表現為一種崇拜。」因為戰爭心理如此深植人心，

群體中的眾人總是像吃了迷幻藥一樣癲狂、不可思議，而即便是完全和平時期，沒有任何戰鬥和衝突的目標，被動員起來的群眾

也會明顯地表現出一種戰爭時期的亢奮。當賈伯斯發布新產品之時，旗艦店前會有數百人通宵達旦地排隊購買，雖然每個排隊者都知道產品供應非常充足，不排隊也就是稍晚一點得到產品；當英國退役球星貝克漢出現在大學球場上時，粉絲幾近瘋狂，甚至發生了踩踏事故，多人受傷，活動不得不取消。人們總是想方設法找到崇拜的偶像，不是上帝，就是活生生的人，這相當於戰爭時期人們總需要首領一樣。

所有具有崇拜偶像、信條以及儀式等關鍵要素的群體活動，都可視為一種宗教的雛形，進而它都具備戰時心理的典型特徵。

諳熟人們心理的社會活動家、政治家，甚至不入流的培訓師都模模糊糊地知道一個基本的規律：你沒有辦法說服一個人，卻能輕易地說服一群人。我認為團體心理學中的「從眾」是顯著的心理現象，而論及「說服」時卻顯得蒼白無力。在生活中，我們只要想一想就會知道，即便是口才再好的人也很難說服他人，分析和論證絕不像我們認為的那麼有效，即使暫時被說服的個體，很快就會漂移到自己固有的觀念和行為模式之中；但面對一群人之時，只需要粗俗和簡單的口號，便可讓眾人臣服，如醉如癡。最明顯的證據是被稱為現場力的一種神祕情緒，當你看影片時，內容雖然和現場完全一樣，但從來就沒有現場一樣的氣氛和感染力；每遇重大賽事，即便人們無法到達現場，也願意聚集在酒吧去看電視直播，這是典型的群體才具備的心理。

第六章　人　性

羨慕、嫉妒、恨

　　具有階級制度的群體動物，需要有一種確認階級的方法。狼小時候透過玩耍、打鬥練習動作，同時也確認日後的階級，雞則透過啄咬確定次序。靈長動物則有更複雜的確認次序的方式，從毛髮梳理、走路的姿勢，休息時的座位等都是尊卑有別。

　　包括靈長類在內，體力都是決定階級的最核心因素。體能相對智慧是一個近因，很顯然，搏鬥才是真正重要的，這讓動物學家或者人類學家對智慧的起源問題相當頭痛。但是，靈長類確立次序明顯地加入了更多的智力因素。

　　評估、確立秩序是人類比較之心的根源，動物通常都透過自身所具備的要素評估各自的實力，也有少量動物假於外物，孔雀和天堂鳥靠自己的羽毛結合姿態贏取異性的青睞，花亭鳥則比較各自建設的巢穴以及其中裝飾物以顯示自身的實力。

　　人類的比較心廣泛存在，從生物角度看，有雙重目的，其一，是性炫耀，為了獲取異性青睞；其二，則是確立地位和階級，有時透過評估發起革命以求改變身分。比較是階級制群居動物固定的天性，它已經深入地根植於我們的基因之中，或者說，它已經構成了人類的一種生物本能。像很多特性一樣，比較心是人們能夠意識到的一種心理，它似乎不像性慾和食慾那麼原始和明顯，總是被人們解釋成文化屬性，認為它是後天的產物。

　　人類比較之心固然是一種本能，而表現形式則是易變和多樣化的。現在人們最主要的比較物是錢。復活節島上的居民曾經比誰樹

的石像更高大，緬甸南部有個民族，女人以長脖為美，當女孩子只有四到五歲時，母親們就會為她們戴上第一組重達一公斤的銅項圈；八歲時，再向她的脖子上套上第二組同樣重量的銅項圈；十二歲時套上第三組；如果女孩的脖子足夠強壯，那麼十五歲時，她的脖子上將會套上最後一組重達兩公斤的銅項圈。據悉，一旦戴上，這些銅項圈將陪伴著她們終身，永遠不被取下來 —— 沐浴時戴著，睡覺時戴著，一直戴到死。如果我們覺得這種摧殘身體的比較不可理解，想想古代中國女人都裹腳，就知道人類出於比較之心不惜自殘不是個別現象，而是很普遍的現象。

文明社會中人類的比較之心，顯然比遠古時代強度和廣度都大得多，有本性打底，透過文化進行加強和刺激。雖然我們難以精確地統計人類哪些天性在文明社會中被強化了，哪些天性則被抑制了。但文明社會較遠古社會放大了更多人性，現代社會較古代社會更充分地挖掘了人類的潛力。從價值判斷上而言，比較之心是一個中性的詞彙，可能有好有壞。歷史上、現實中很多人有不同的評述，有極盡奢華的享樂主義，也有適可而止的斯多噶學派（古希臘的一個哲學流派，他們定義最後的家庭就是沒有一件奢侈品，也不缺少一件必需品），甚至也有苦修主義。

不適應變化的大腦

在人類演化的數百萬年之中，絕大部分的時間都缺少變化，生活日復一日。別說原始場景下，即使是工業革命之前的文明社會都缺少變化，今天一個發明，明天一個創造，只是最近一兩百年的事

第六章　人　性

情。從演化的角度看，人類的大腦是為了應付缺少變化的平坦世界所設計，而現代社會由於發明和生產力的推動，節奏加快、變化多端是不可逆轉的現實，在這樣的世界面前，自詡為理性的人的弱點就暴露無遺。

非洲鬣狗像很多肉食性動物一樣，小時候彼此打鬥，一方面可以練習捕食技能，另外一方面透過打鬥確立在群體中的地位，直到成年，彼此之間的地位很少轉換。人類的世襲制度顯然是文化約束的產物，是不是也有生物基礎呢？日本獼猴的地位就可以透過母親傳承。雖有「士別三日，當刮目相看」的箴言，實際人們很難做到這一點，出身、歷史背景等是判斷他人的主要依據，平坦的大腦使人們很少能夠與現實同步地正視他人和自己。

在迅速變化的世界上，迫於競爭的壓力，「變化、創新」之類的理念很容易兜售，這是因為人們本性討厭變化，為了適應現實，推出的一個矯正方案。古語：「利不百，不變法；功不十，不易器。」這才是真實的心理。

在遠古的場景下，人的一生缺少變化，需要做出選擇的時刻很少，每天都按部就班、聽天由命地生活。漫長的舊石器和新石器時代也不過就是發明了幾塊不同形狀的石頭。平坦的大腦足以應付遠古的場景，卻很不適應多變的世界。卡內基梅隆大學的心理學教授說：現在的人們可以平穩地過完一生，但卻很難對未來做出預測，避免可能的錯誤；狂野的古人正好相反，安穩地過一生並不容易，需要做出預測和決策的時候則很少見。所以演化沒有賦予人類遠見和應對變化的能力，我們經常可能面臨工作選擇，是跳槽還是向上

爬？股票是賣出還是買入？新的產品設計、新的主意，對未來的暢想等，諸多我們很不擅長的問題，為此產生了大量的苦惱和無用功。所以，納西姆・塔雷伯（Nassim Nicholas Taleb）說：「在預測上，非常聰明和掌握了大量資訊的人，並不比計程車司機更具有優勢。」

　　有人認為人類演化出了如此複雜的大腦，足以應對變換的環境，實際上與我們想像的相去甚遠，人類根本沒有辦法達到理性主義的哲學目標。小雞出殼後，六小時之內把首先看到的移動物體當作雞媽媽，這種銘印模式是一種簡化的應對變化的模式。人類也有很多類似的簡化的思維方式，人類缺乏適應現代場景的推理和預判能力，面對大量的資訊，只有憑藉平庸的記憶，按照原始的辦法處理各種資訊。

　　人性的核心問題在於慾望，智力和社會環境又強化了原始的慾望，叔本華說得很好：

　　人生就是一團慾望

　　慾望得不到滿足就痛苦

　　得到滿足就無聊

　　人生在痛苦和無聊間搖擺

第六章　人　性

第七章

男 性

第七章　男　性

　　子代是父母雙方合資的產物，各占 50% 的基因股份。然而付出卻完全不同，男性只需要春風一度，女人卻要十月懷胎，而且還要哺乳。生殖方式的差異，是男性和女性不同之處的基礎，男性比女性更好鬥、更好色，更喜新厭舊，有數百萬年演化的邏輯原因。

　　如果你不理解演化論，很難理解人的本性；而如果你明白了生物的邏輯，很多問題就豁然開朗。

　　例如，很多哲學家和普通人都願意問一個問題：人為什麼活著？有的人說為理想和希望而活，有人說是為愛而活，還有人像繞口令一樣的說吃飯是為了活著，活著不是為了吃飯，哲學家永遠回答不了這種問題。但換一個角度，從生物的邏輯看，人活著和其他動物活著根本沒有什麼兩樣，都是近前動力在發揮作用。為了存續生命、繁殖，動物在面臨生死問題時，都有怕死的近前動力保障生存。人之所以活著的原因，像其他動物一樣也是怕死，這是近前動力，是一種最簡單、保證動物及時做出趨利避害反應的方案。從生物的角度，可以將人們經常遇到、卻不明白的事用邏輯演繹出來。

　　走遍世界，絕大多數的性服務場所，女人都是賣方，男人是顧客，這到底是為什麼？演化論很容易給你信服的答案。達爾文演化論不是精確的公式，對演化論的理解也有很多謬誤。很多書上講述男女的差異時，都不加分析地選擇了採集—狩獵觀點，這一觀點認為，人類遠古時期就按性別進行勞動分工，男人狩獵，女人採集，因此形成了不同的性格特徵。這一觀點被寫進了教科書，包括著名的愛德華·威爾森在《社會生物學》中，也未加推敲地承認了這個觀點。

　　洪荒時代哪有這麼回事！有勞動分工的動物是少數，人類靈長類的親戚都沒有勞動分工，人類為什麼就有明確的勞動分工？男女的差異，主要是性資源的不同和性模式塑造的，這也是人們最關心的、很實際的問題，性塑造了人類，是組成家庭和社會的紐帶，它是諸多矛盾和煩惱的起源。

　　古羅馬帝國時期的思想家奧古斯丁（Aurelius Augustine）認為，人是唯一把性作為娛樂的物種，其他物種則是為了繁殖。古人注意到動物都有發情期，交配和繁殖聯繫在一起非常自然；唯獨人沒有發情期，進而推斷人被不該有的性慾支配。於是，把這一點歸咎於亞當和夏娃吃了那個不該吃的蘋果，有的宗教禁慾大概與這個邏輯有關；但稍微深入地想想，就知道這個說法大錯特錯。

　　就性的目的而言，所有具有神經系統的動物的性活動，大概都是為了「娛樂」，性的真正目的是為了繁殖，快樂則是實現性交的策略。因為除了人類，沒有另外一種動物會意識到性和生殖的關係，即便人類認識到性和生殖的關係，其時間也非常短暫。還是那句話，行為大多是由近前動力驅使的，性的近前動力就是爽，而不是考慮後代的降生。

　　「近前動力」是生物演化的必然途徑，如果讓動物去「想」活著以及生育後代的意義才去覓食或者交配，猴年馬月都難以演化成功。

　　遠古人類像其他動物一樣，並沒有意識到性與生殖的關係，但他們的性體驗也是非常「爽」。而為了這一刻的爽，其智力和行為不可避免地參與其中，久而久之，圍繞著性也會形成一些特別的人

第七章　男　性

性被寫進基因之中。

好色的西門

　　為了敘述人類的故事，我們請出一位叫做西門的主人公，他是普通的一位男性，與大街上看到的普通男人一樣，只是他幾乎沒有任何文化。我們所說的沒有文化，並不是說他沒有上過學、不識字，而是說他生活的那個時代，人類還過著原始生活，住在山洞中。有語言，雖沒有現代人的語言這麼複雜，應付那個時代的生活場景已經足夠。在那個時代，基本上按照人的動物本性生活，沒有什麼倫理、道德禁忌，更談不上繁文縟節。西門的智力已經和現代人相似，只因缺乏文字，一代人一代人的傳承生活的基本經驗，積累相當有限，所以在數萬年的歷史中變化不大。

　　從生物意義上說，西門的生活就兩件事，一件事是獲取食物，一件事是留下後代。西門並不懂這些東西，每當飢餓了，他就會去搜尋食物，種類很雜，可以是肉類食物，也有種子、水果類食物。由於人類的體型較大，過於小的動物如老鼠，填不飽肚子，靈長類的四肢適合在喬木從中竄蹦跳躍、在草原上奔跑，明顯比不上四肢奔跑的動物，人類捕捉體型較大的動物，就需要很多成員一起合作。即便是強壯如獅子，捕捉大型動物仍需要合作，何況人的體型遠不及獅子。經年日久，這種合作形成的秉性，也注入到了人類基因之中，人的合作本能在森林到草原過渡時期被加強。

　　從長遠利益看，對於西門而言，留下後代比獲取食物更重要。雖然西門完全不懂這些，但誰不具備這樣的品性，誰留下後代的可

能性就小，隨著後代的消失，不注重留下後代的品性也消失了。讓西門留下更多後代的方式，就是西門體內分泌某種激素，這種激素引導西門與異性交配，激素效果越強烈，西門就越發有高昂的交配慾望，性慾就是留下後代的引導性原因即近前動力。

然而，生存鬥爭貫穿於生活的每個環節。就如同打獵一樣，西門在性慾的引導下希望交配，東門何嘗不想？還有南門、北門很多男人，他們都希望得到交配的機會。雖然，世上有與男人等量的女人，但那個時候，沒有什麼特別的一夫一妻制度性安排，基本上如大多數動物一樣，是一個群居、群交的時代。

對於哺乳動物而言，通常雄性處於性模式主動的一方。達爾文就發現了這一點，他發現無論是家畜還是野生動物，雄性通常性慾比雌性更旺盛，但一向思維縝密的達爾文卻並沒有進一步想這到底是為什麼。後來人們提出了答案，因為雄性的生殖代價小，通常情況下交配得越多，留下的後代就越多，雄性若有較強的性慾就會尋求較多的交配，這種「品格」是一種優勢品格，性選擇會賦予雄性較強的性慾。有農村生活經歷的人，看過家養動物的交配，驢、馬、牛、羊等在發情期，雄性為了爭奪交配權，經常大打出手，如果不是人工制止，有時牛羊會把角撞掉，馬則會把對方的腿踢斷，性的吸引力之大可見一斑。

西門首先要有較強的性慾，這是一個根本問題，然後還要有各式各樣的策略。想留下更多基因的目標雖然簡單，實現的手段可謂豐富多彩，就像銷售產品這個目標很簡單，銷售方式則複雜多變。性交雖然是很簡單的運動，但是和銷售一樣，因為競爭的存在，產

生了複雜多變的形式。各種動物不同的習性和體貌特徵，有很大的一部分就是性策略競爭的優勝者選擇的結果。

西門的策略

　　西門到底要什麼樣的策略，才更有利於留下更多後代呢？我再次提醒一下讀者，這裡的策略和平時我們所說的策略有所不同。我們平時語義中的策略是「想」出來的，生物學的策略更側重於一種邏輯結果。在交配競爭中，身強力壯是必要的手段之一，否則怎麼才能打敗競爭對手呢？當然，非群居動物對雄性強壯程度的要求就沒有那麼高。虎和獅子是近親，只因虎生活在森林，以中等體型的獵物為主食，不需要眾虎圍獵，所以虎是一種獨居動物；而獅子生活在草原上，主要撲食大型動物，靠集體合作，所以群居是牠們的生活策略。這個策略的一個副產品，就是虎和獅子不同的交配模式，群居的獅子混在一起，雄獅要經過爭鬥方可得到交配權，塊頭越大越有利，每一代獅子都是相對高大的雄性的後代，於是雄獅體型相對雌獅要威猛許多；雌虎雖然也比不上雄虎大，差異卻沒有獅子那麼明顯。

　　科學家將這個邏輯反推回去，得出的結論是雄性比雌性威猛程度越甚，交配的權力就越集中在少數雄性動物身上。這個邏輯用於靈長類身上，和從野外觀察到的結果非常吻合。

　　一群大猩猩通常有十五隻到三十隻，由一隻在競爭中獲勝的大猩猩統領，不用說，牠是這個群體中唯一具有交配資格的雄性。大猩猩是雌雄之間體型差異最大的靈長類，雄性的體重是雌性的兩

倍。因為性交集中度高，意味著雄性個體之間的競爭激烈，身體小的雄性無法得到交配機會，性對雄性體重的選擇壓力更大。

科普作家經常引用的例子是海象，雌性的重量約五百公斤，在發情季節到來之前，雄性海象拚命吃以增加自己的噸位，雄性海象的體重會達到兩噸，是雌性海象的四倍。交配期一旦開始，雄海象之間首先開始激烈的搏殺，打得皮開肉綻，獲勝的雄性將獲得絕大多數的交配權。據統計，4% 的海象獲得了 88% 的交配機會。在整整三個月的交配期內，雄海象不吃不喝，完全靠身體中儲存的能量，一心一意地交配；而交配季節過後，牠的體重減少將近一半。

愛鑽牛角尖的人會提出這樣的問題：體型大小是相對於競爭對手的，而不是相對異性的。西門體型大，東門體型也大，所以體型大也不能保證勝者通吃。演化的邏輯不是這樣的，演化不是物理學的因果關係，而是互為因果的關係，體型大即是勝者通吃的結果，也是勝者通吃的原因，經過無數世代的累積才能有這種顯著的表現。

我們設想在遠古時期，某個大猩猩群中，有一個叫泰山的雄性大猩猩，生得高大魁偉，遠勝於其他競爭對手。於是在每次性資源競爭中都完勝對手，形成了勝者通吃的結果。因為泰山占有了更多的生殖資源，牠會有很多雄性和雌性的後代，這些後代相對其他大猩猩後代而言，生得高大一點，泰山的後代勢必也要進行卓絕的武鬥，最後又是那些身形高大、具有雄心的留下了更多的後代。泰山的女兒雖然也遺傳了父親的基因，身形較其他同類要高大一些，但她們之中身材偏小的和身材高大的有同樣的機率生下後代。這種模

第七章　男　性

式對雌性身體大小的選擇壓力小於對雄性的選擇壓力，代代積累，就形成了雌雄顯著的體型差別。

　　科普作家把大猩猩和獅子這種一群之中，只有一隻雄性具有交配權的模式叫一夫多妻制模式。雄性比雌性越魁梧，交配權越集中。反之，雄雌體型差異越小，雄性的交配競爭壓力也越小，通常都有固定的性伴侶，即一夫一妻制。長臂猿的雌雄之間的體型差異很小，用生物術語說，長臂猿是不具備兩性異形。長臂猿的生存環境容易獲取食物，在密林中也不容易收到攻擊，長臂猿沒有形成群居的習性。他們幾乎都是雌雄成雙的模範夫妻，雙方沒有因為性的原因受到不同的演化選擇壓力，所以雌雄體型很相似。

　　人類男女體型差異則介於大猩猩和長臂猿之間，男人的體重通常比女人重 20% ～ 30%，在靈長類動物中性別體重差距不大。從這個角度來說，人類的祖先的性模式並不像大猩猩，勝者通吃，敗者一無所有。暴力在爭奪交配權中有一定的效果，但絕不是全部，人類性模式是一種最複雜策略的組合，這對智力的演化可能也是很重要的。

　　西門不像泰山擁有絕對的體格優勢，讓其他的競爭對手望而生畏，東門也經常和西門的那些女人偷情。西門有一個小小的祕密，就像一些下流的黃色笑話講的一樣，就是他的「鳥」比其他門要略勝一籌，同時他的睪丸也比較大。西門和東門雖然都擁有同樣的女人，因為西門的彈藥更多、火力更猛，所以西門留下後代的機率總比東門多一些，睪丸和陽具的大小也是性競爭的策略之一。

　　反觀泰山則沒有這個問題，因為牠已經透過武力將競爭者逐出

了性交的圈子，無論牠的鳥大還是小、射精多還是少，雌性大猩猩生下的都是牠的後代。換句話說，泰山的體格受到強大的性選擇壓力，而牠的睪丸和陰莖則沒什麼壓力，久而久之，泰山的後人就有高大的身材和平庸的「傢伙」。

科學家當然也不會放過研究「傢伙」大小和性模式的關係。他們測量的結果是：大猩猩睪丸的平均重量是 1.25 盎司，占體重的 0.018%；人類睪丸的重量約為 1.5 盎司（一盎司大約為 31 克），占體重的 0.079%。而陰莖的長度上，人類更遜一籌，黃色笑話總是誇大各個民族傢伙大小的差異，而科學家的測量資料表明，全球男性勃起時平均長度約為十三到十四分，這與大多數家畜相比，確實算是迷你型的；但在靈長類動物中，體型第二大的人類，卻有最宏偉的傢伙，大猩猩陰莖的長度只有人類的三分之一。考慮到二者體重有差不多三倍的差距，這意味著人類在性的競爭中，睪丸和陰莖顯然受到了更多的選擇壓力。這個事實的背後暗示一個道理，就是人類本真的性模式，不是完全霸權主義的中央集權模式，也不是天生的一夫一妻制，而是保持著一定程度的亂交體制，人類在性策略上是一種多對多的關係。結合體型上的差異，說明人類的性關係是群居動物最常見的一種性關係，雄性即依靠暴力妻妾成群，同時「妻妾」也不是那麼本分，經常出去偷腥。

作為一個佐證，我們去考察一下與人類親緣關係最近的黑猩猩的性模式。英國動物學家珍‧古德堪稱這方面的首席科學家，從一九六〇年開始，古德觀察野外的黑猩猩長達幾十年，可以說她是一個比猴子更懂猴子的人。黑猩猩的交配模式很民主，古德發現，

第七章　男　性

七隻雄性黑猩猩騎在同一隻雌性身上，一個接一個交配，前五次交配每次都不超過二分鐘。基本上雌性黑猩猩對雄性，是有求必應、不加選擇的，雄性的首領也不像猴子那麼霸道，牠的交配機會略多，卻不是霸權主義的、沒有性壟斷。

多數討論只局限在於我們親緣關係比較近的靈長類，比較一下其他動物，可以更明顯地發現睾丸大小與性模式的關係。在家畜中，羊的體重比人略輕，根據目測，綿羊那兩顆碩大無朋的睾丸起碼有五百克，甚至有一千克。別看人的睾丸在靈長類中很大，實際上只有五十克，才相當於一顆雞蛋大小！羊為什麼會長這麼大的睾丸呢？這種兒童時期的問題，現在也沒有找到標準答案，怎麼也沒有找到一本書或者一篇文章，討論羊的睾丸問題。我估計最大的可能性也是精子競爭的結果。與靈長類相比，群居的草食動物群體更大，因為草食動物不存在食物分配問題，群體的大小就不受約束。受到食物和氣候的影響，草食動物都有季節性的發情期，交配時間相當集中。在這種情況下，顯然更需要一個高產的精子工廠，別看一年就用一次，反而增加了精子競爭的強度，雄性透過「精海戰術」增加獲得後代的機率是最有效的方案。

上述推測找到一個完美的案例，英國一位名叫 Ryan Thompson 的農民說：「說來好笑，本來在繁殖季節之前的幾個月，我們就把羊按性別分開飼養了，但是一到發情期，母羊就會分泌『香水』，讓公羊慾火焚身，把持不住。」另一位農民則說，這頭淫羊臉上掛著傻笑。他們所說的這頭叫做蘭迪的淫羊，在某一個晚上跳入了集體發情的母羊圈，在二十四小時內，使其中的三分之

一、共三十三隻母羊懷孕。集中發情，群體交配演化出來的碩大無比的睾丸，保證了短時間高頻率的交配，並且能射出足量的彈藥。

在這裡我不想對性事過度渲染。很多數十萬字的書整本都講述性事吸引讀者，讀者若感興趣，可以看一些專門的書籍，例如《自亞當和夏娃以來 —— 人類性行為的進化》（*Ever Since Adam and Eve*）、《紅色皇后》（*The Red Queen: Sex and the Evolution of Human Nature*）等等。西門的繁殖策略不止依靠蠻力和精海戰術兩條，根據我的總結，人類的性策略高達七條之多，除了上面講的武力奪取、精海戰術意外，其他的如：

1. 延長性交時間，這樣可以讓精子獲得更多的與卵子結合的可能性。作為樹棲靈長類動物，並不適合長時間性交，人類平均每次性交時間約為四分半鐘，幾乎是靈長類動物最長的。

2. 增加交配頻率，和延長交配時間、增大睾丸重量，也是一種子宮內的競爭。就像獅子一樣，雖然每次性交時間不長，可是在發情期不停地交配。據動物學家記錄，獅子一晝夜可以交配一百五十次；而在靈長類動物中，頻繁交配的冠軍，由剛果的倭黑猩猩（*Pan paniscus*）奪得。倭黑猩猩和黑猩猩、人類對性的態度有些相似，即便不在排卵期也頻繁交配，倭黑猩猩已經將性交作為一種像整理毛髮一樣的禮儀活動了。倭黑猩猩在一個生育週期中，有高達三千次的性交活動，大約每天平均兩次。倭黑猩猩是母系社會，即群落中雌性為首領，倭黑

猩猩雌性之間經常相互摩擦生殖器以增加親密性。

3. 增加交配籌碼，男人為了獲得女人的芳心，贈送一些禮物作為交配信物。雄性希望更多的交配，性慾更強，所以經常要取悅雌性。在農村養雞經常看到雄雞為了獲得一次交配機會，會抓一隻蟲子或者一粒種子之類的，放在地上，發出咕咕的叫聲，吸引母雞前來啄食，雄雞趁此機會進行一次交配。在大型動物中，很少看到這種交配補償方式。人類是一種例外，結婚戒指被鑽石的壟斷者南非戴比爾斯公司的一句經典廣告語「鑽石恆久遠，一顆永流傳」，賦予了恆久、百年和好的象徵意義。但是不要忽略這樣一個細節，為何鑽戒都是男人送給女人？如果我們說這其實是為了換取交配的一種補償，讀者可能會大罵作者是泛性主義，玷汙了他們愛情的純潔。武斷地說男人送女人禮物本質上是希望得到交配權，似乎有點太赤裸裸。這正是人類虛偽之處，虛偽蒙蔽了人的眼睛，就更不容易看清自己的本來面目。從實質意義上，我沒有看出來一顆鑽戒和人類的祖先用一隻野兔換取春風一度有什麼不同。

4. 投放性廣告，雞形目飛行能力不強，但雄性有漂亮的羽毛，雄雞、雄孔雀都有美得多餘的羽毛，這是一種增加性吸引力的廣告。鳥類與哺乳動物相比，前者爭奪交配的方式更靠廣告，而後者更傾向於依靠力氣。這很可能是羽毛比毛髮更容易實現多樣性，從圖案、色彩和形狀

上說毛髮都要比羽毛單調許多。人類女性從幼童到成人都有愛美的天性，她們比男性對服飾更在意，如果你看過一些這方面的科普書，他們會說人與動物相比這是一個反常的現象，動物「愛打扮」的一方都是雄性。這顯然是一個小小的邏輯錯誤，雄性動物漂亮的外表並不是牠自己「想」長成這樣，套用尼采的句型就是，對雄孔雀而言，漂亮的羽毛不是「我要」，而是「她要」。雄性的羽毛為了增加對雌性的吸引力，其實喜歡這些漂亮外表的仍然是雌性，只是動物的羽毛或者外形是身體的一部分，不能被雌性擁有。人類的服裝只是身外之物，喜歡就可以自己穿上。從最基本的意義上說，女性喜歡漂亮的服飾並非出於性廣告的目的，而是發自內心的喜歡。由於身外之物的出現，使得男性在討女性歡心時多了一個手段，他可以進獻女性喜歡的東西以換取交配機會，自古至今，這一習俗從未改變，就像織布鳥（*Ploceidae*）貢獻愛巢吸引對方一樣。

5. 戴上貞操帶。如果雄性在性交後能夠阻止雌性與其他雄性交配，則是一個很好的繁殖策略。澳洲的紅背蜘蛛（*Latrodectus hasselti*）有劇毒，這種蜘蛛最著名的特點，是在交配後雌性會把雄性吃掉。由於雌性蜘蛛的體重超過雄性的一百到兩百倍，在交配後吃掉雄性蜘蛛只不過是一點點小甜點，還算不上是大餐。作為交換條件，雄性紅背蜘蛛也有詭計，在交配後，雄性的觸鬚會斷掉，

堵住雌性的生殖器，以防止雌性蜘蛛留下其他雄性的骨肉。人類進入文明社會之後，也發明了這種貞操帶，有人說始於十字軍東征，有人說始於義大利文藝復興時期，這樣男人在外出時，就可以防止女人和他人偷情。

人類每項性策略都不是最極端的，所以人類的性模式由多種策略組成，在組合方式上則是所有動物中最複雜的。

西門為了交配，可謂機關算盡。生物競爭的法則是盡量留下後代，留下後代多的總是淘汰後代數量少的。對於哺乳動物而言，雄性留下後代的方式就是讓雌雄盡量多懷上自己的後代，交配越多，交配方式越有效，留下後代的數量就越多。雌性留下後代的方式是生育，不但生育，還要養育，這是一項繁重的工作，雌性並不能透過過量的交配獲得生育上的好處，她們必須謀求其他策略。所以，演化心理學總結了一句話概括男女雙方的性策略，即男性重視配偶的數量，而女性重視配偶的品質。

西門的坦白

時光越過了幾萬年，從第一代西門算起，也許是一千代或者幾萬代，總之已經到了現在。西門留下了很多後人，其中一個後人還叫西門。根據雙套分裂組合法則，子代各有父親和母親二分之一的基因，別說一千代，就算是一百代，古西門的基因在任何一個個體後代身上已經稀釋的接近於零。

但是，西門的男性後代，不管是多少代，他的 Y 染色體還是源自西門的遺傳。雖然在不斷的複製過程中也會有基因漂變

(genetic drift)，但自然生物的基因漂變率很低，所以男性可以透過 Y 染色體追溯他久遠的祖先；而女性不存在只來自於一方的染色體，所以若干代之後無法上溯其父系祖先。無論男女，細胞質均來自母親的卵子，借助細胞質中的粒線體基因都可以追溯其遙遠的母系祖先。

當代西門和他先祖的基因紐帶，並非 1/2100 次方分之一那麼少，從染色體的數量看，現代西門有古代西門 1/46 的染色體，從基因數量看，則有大約 5‰的基因來自古代西門。

這些數量並不重要，即便沒有特定的 Y 染色體紐帶，古代西門在現代西門身上的基因占有率極低也沒有關係。每一代人大體上都有與古代西門有差不多的生殖策略才能留下較多的後代，在千百萬的歷史中，西門也有過一些不採取這種策略的後代，比方說有不好色的男性後裔，但因為他留下後人的頻率降低，所以就消失在茫茫的歷史長河之中了。換句話說，現代西門還保持著與古代西門相似的品性。

小西門明白這一點，他的邏輯能力很強。看了演化論講述他祖先的故事，心情激蕩，久久不能平靜。他將現實生活中一幕一幕的場景和祖先的故事聯繫在一起，宛若奧雷連諾 · 布恩蒂亞破解了梅爾加德斯的天書（《百年孤寂》中的故事）。

首先，他找到了男人頻頻出軌的線索。曾有人說：男人再忠誠，骨子裡也是出軌；女人再放蕩，骨子裡也是忠誠，可謂深得人性之本質。男人生育一個後代也不過僅僅需要春風一度，而女人卻要懷孕十月。現實中，臺東縣關山鎮一位六十八歲的婦人潘秀桃，

第七章　男　性

十四歲結婚，三十四年內生了二十四個孩子，是女性生育紀錄的保持者；男性的紀錄則是摩洛哥的嗜血王穆萊‧伊斯梅爾（Moulay Ismail），共有五百多位妻子，生育了八百六十八個後代。

所有人皆有一個好色的男性祖先，所以絕大多數男人必然好色。與盡量多的女人交配，是達到生育盡量多子孫的策略。現代避孕措施已經切斷了交配和生育數量的聯繫，現代避孕藥具發明還不到兩百年，普及還不到一百年，期間只有幾代人，不可能改變古老的生物本性。

話又說回來，假如性交和生育之間的相關性被切斷以後，無論性慾強弱，無論交配多寡都有同樣的遺傳機率，若干代也許是幾十代之後，男性性慾就會變得較弱，並且變得更忠誠於伴侶，生殖器也會變得短小。因為代謝保守原理也是本書的講述故事的基礎原理之一，關於這一點，人們的研究還太少，趨勢是清楚的，但量化是困難的。

小西門看到了絕大部分的男女情事，都源自於演化中形成的動物本性，而不是所謂的文化引導。文化壓抑了本性，如一夫一妻制的婚配制度，就會想方設法去釋放；而文化適應本性，就會找一種較為優雅的方式表達。世界各種文化背景下，男女戀愛大多是男追女，女追男相對較少。這只是我們平時觀察到的動物行為的修飾，因為發情期的動物都是雄性追逐雌性，雄性會為此大打出手。小西門總結了一句自己很得意的話：「男人用心是為了獲得性。」

古西門的策略幾乎可以解釋一切男人與性有關的現象，例如男人通常喜新厭舊。道理很明顯，始終與一個女人交配留下的後代

多，還是與不同的女人交配留下的後代多？假如你是上帝，你怎麼設計男人的近前動力，如何讓男人跟更多數量的女人交配？答案越簡單越好，否則就不是近前動力了，它就是喜新厭舊！

雖然男人自己花心，但他卻要求女人要專心。怕戴綠帽是男人的天性，這樣有利於自己的基因傳承。在性問題上，男人是只許州官放火，不許百姓點燈的霸權主義。

小西門浮想聯翩，翻看任何一本文學、社會學方面的書籍，都或多或少論及兩性問題，每個人身邊也都有許多案例和經歷。因為對祖先西門故事的瞭解，開始能夠辨別真偽、解釋諸多問題，按著這個線索講述下去幾乎不會完結。

其實，小西門思路是對的，演化策略是一種鬥爭策略，就像銷售或者戰爭中的策略一樣，你有策略，別人也有，而且每種策略都要依賴於環境條件。譬如，說男人好色，也不會無窮無盡的好色，因為這樣消耗能量，且容易受到攻擊。雄性希望盡量交配，但還是有長臂猿這種一夫一妻的靈長類。演化論很難用非常簡單的方法描述，原因也在於此，它有多種邏輯與因果關係，卻不是唯一確定的因果關係。這讓人們理解演化原理時會產生一些困惑，並且有人會質疑它廣泛的解釋能力。

我們敘述的故事就是考慮到這些約束條件，演化不是單向的因果關係，諸多特性相互影響，男人的性策略會和女人的性策略交織在一起，又會受制於幼兒的撫養策略。演化上沒有一以貫之的主線索，這為敘述演化和讀者理解演化史帶來了很大的困難，這是一百五十年後的達爾文尚未進入一些他本該進入領域的原因。

第七章　男　性

　　沒有人說寫情愛小說一定要讀演化論，甚至也沒有幾個心理學家真正懂演化論。大名鼎鼎的佛洛伊德理論誕生於《物種源始》四十年後，其理論主線有顯著的錯誤，這一點迄今在學術界都無人指出，可見演化論的實際影響是微弱的。

　　哲人、詩人、藝術家通常並不懂演化論，但他們敏銳的心總是能夠捕捉到像幽靈一般變幻莫測的某些人性。

第八章

女 性

第八章　女　性

　　女性受制於自己生育能力的限制，好色也不能留下更多的後代，並無演化優勢，於是轉而對配偶精挑細選。所有文化背景都顯示，女人更中意身材高大、有錢的男人。有時女人對男人出軌怒不可遏，從本性上，她們更在乎男性精神出軌而不是身體出軌，女人的性是為了換取男人忠誠的心。

露西的困境

　　生育後代需要男女雙方配合，雄孔雀的漂亮羽毛，也得雌孔雀覺得好看才行，否則沒用。男人有很強的性慾，但若霸王硬上弓，還是很難交配成功。男女作為盟軍，很多策略是相互配合。草原上有兩個男人為了女人爭鬥，獲勝的一方得到春風一度的機會，女人會喜歡失敗者、被迫委身於勝利者嗎？通常不會。女人喜歡角鬥中勝利的一方好處多多，起碼她生下的兒子含有勝利者的基因，而這種基因伴隨著遺傳，也會提高她兒子的繁殖成功率；同時，因為生育方式和能力不對等，男女雙方的性策略也會相互鬥爭。男性是主動、索求、進攻的一方，女人則是被動、挑選、防守的一方。男女所有的不同，追根究柢是性資源不同的衍生品。

　　與敘述男人的故事一樣，我們的女主角名叫露西，她也是洪荒時代的一位女性，具有現代女性的典型特徵，只是生存能力比現在的人強很多，不像現代人這麼嬌氣。

　　女人生育是一件非常困難的事，科學家測算過從懷孕到生產，女人需要付出的能量相當於三百個漢堡，也就是說為了給胎兒供應營養，每天要多吃一個漢堡；如果換算成跑步，這些能量可能讓

一個人跑上一千公里。在嬰兒身上，男女各占 50% 的基因。男人對這個合資公司的實際投資只是幾分鐘的激情，據測算，相當於一個人跑上四百公尺。男女在這個合資公司的實際投入比例為 1：2500，從生育這件事看，雄性哺乳動物是徹頭徹尾的剝削者。好在行為是不會算帳、不計後果的，因為都是被近前動力所驅動。

露西的難處不僅是懷孕，她最大的困境是撫養下一代，而人類的嬰兒幾乎是動物中最難養育的。有一些動物幼崽出生時比人類的嬰兒小很多，熊貓比人略重，幼崽出生時體重還不到人類嬰兒的二十分之一，重量小、但是長得快，一年半到兩年就可以獨立生存了；而人類嬰兒要兩歲才能走穩，幼兒體重大、需要的奶水多，有些哺乳期長達四年多，六歲之後才能勉強獨立生存。遠古時期的嬰兒估計比現代人要強壯一些，但相對動物的幼崽，仍然很難撫養。

人類生多胎的情況不多，生育間隔又長，所以更要保證存活率，對嬰兒的照料就要更周密，故照料好嬰兒是露西最大的演化壓力。

露西擇偶策略

露西並不是第一個突然遇到育兒困難的女人，祖祖輩輩都是差不多，只是在總體趨勢上嬰兒越來越難養。這樣，女人就越來越需要借助外力育嬰，而這個外力當然是求助於男人。

那個時候人類還茹毛飲血，更談不上什麼規則、道德、習俗，語言也非常簡單，並不像現在的人整天說話。在這種情況下，露西找上男人，說明撫養嬰兒的唯一方式就是找到「好男人」。

第八章 女 性

　　首先，露西需要考察男人的忠誠度。這是一件非常麻煩的事，直到現在也沒有演化出一個可靠的方案，沒有辦法找到一種簡單的近前策略。女人希望男人忠誠，但不忠誠的男人往往會騙女人，且留下後代的數量可能更多。

　　最原始的方法現在還在使用，就是露西不會一見鍾情。男人追求很長一段時間，女方才會繳槍納械，因為女人需要很長時間考察對方是否靠得住。男性基本上會直奔主題，很容易一見鍾情。有些統計表明，陌生男女相親，有四分之一的男性會一見鍾情，而女人只有五分之一，甚至到第四次約會才會對對方有好感。

　　露西對熱烈追求自己多次的男人才比較放心，在露西看來，這樣的男人似乎更靠得住。當然，露西的這種方法也只能做到相對可靠，這種策略都只是一點小優勢而已，不存在一招制勝的策略。

　　露西考察是全方位的，比如，她會觀察男人對幼兒是否有愛心。心理學家 Peggy La Cerra 的研究表明，女性對男性魅力的評分和男性對待孩子的態度是相關的。如果男人對孩子表現出喜愛，則性魅力增加；如果他們對孩子漠不關心，則性魅力下降。

　　人們會說「把妹」，但好像很少聽到「把」某個男人，原因就是男人容易從性上考慮問題，太容易被俘獲，不存在「把」的問題。在擇偶的問題上，直白地說男人是用下半身思考，而女人是用頭腦思考。女人一旦和男人性交，就傾向忠誠這個男人，因為她「希望」後代得到男人的撫養。作家通常都有一顆敏感的心，張愛玲在小說中寫道：通往男人的心路是胃，通往女人的心路是陰道。意思是女人一旦發生了性行為，就會死心塌地的愛上對方。

　　露西的擇偶條件中，也比較在意在競爭中能勝出的男性。過去不像現在，沒有什麼道德約束，男人為了得到女人也經常會大打出手；而現在，街頭混混也會為了女人打架鬥毆，但不是常態。男人在爭奪中，勝利的一方通常也不是霸王硬上弓，因為通常都會得到女人的青睞，這體現了男女策略相互配合的一方面。女人如果樂意與勝利者交配，將來她的兒子成為勝利者的可能性還是比較高，這是遺傳規律，有助於提高自己基因的永續性；男人威猛雖然是為戰勝對手而生，但同時也成為了吸引女人的籌碼。

　　在動物世界與對對家畜的觀察中，我們經常能夠看見雄性為了爭奪交配權進行激烈的搏鬥，雌性似乎只是被動的接受勝者的交配。這只是一半的事實，另一半的事實是雌性也樂意與勝者交配，因為這對雌性一半的基因延續也有好處。

　　華人女人物色對象通常很在乎身高，人們認為這只是一種習慣。後來，心理學書籍都說各種文化背景下女人，都普遍喜歡高個子男人，因為雄性身材高大有助於在性競爭中打鬥，獲勝者就獲得了交配機會、留下後代。

　　露西對身高的偏好稍微延伸一下，我們就知道女人對男人性格的偏好。常聽道人說「男人不壞，女人不愛」，人們常常能看到街頭的混混有一個漂亮女友，這並非偶然。從生物學看，男性的暴力是性魅力的一個部分，而稍許的「暴力傾向」兼有爭奪交配權和地位的好處。

　　現代社會減少了肢體衝突，像詩人普希金（Aleksandr Sergeyevich Pushkin）、美國總統安德魯· 傑克森（Andrew

Jackson）為女人決鬥的事情不多，但女人的基因逐漸記住了容易取勝的男人的特徵，比如身形高大、在街頭鬥毆中更具統治力的男性等。

另外，露西喜歡細心的男人，而不是粗魯的男人。這看起來和上面一點似乎有矛盾，實則不然。這裡面的細心主要指對女人的體貼，也可以看作是女人考察男人忠誠度的一個招法。男人為了獲得露西的芳心，也會送一些禮物，如野兔、魚之類的獵物，換取春風一度。這種禮物很可能還包含一種象徵意義，是不是可以認為這樣的男人持家能力更強，將來更有實力養育子女呢？

我們並沒有把露西想得太複雜，因為人的頭腦本來就比其他動物更發達。

居住在以色列的伯勞鳥，每當繁殖季節到來前，雄性就開始囤積像蝸牛一類的食物和羽毛、布料一類的物品，從九十件到一百二十件不等。牠們會把這些物品掛在自己領地內的荊棘或其他突出物上面，當雌鳥環顧所有候選雄鳥的領地時，就會選擇擁有最多物資的雄鳥配對。實驗人員試著拿走某些雄鳥的部分物品，並增加給其他雄鳥時，雌鳥就會選擇當下擁有更多物資的雄鳥，最後一無所有的雄鳥就只能落得孤家寡人的下場。無論何時何地，雄鳥擁有資源的多少，都是雌性擇偶偏好的一個重要指標。

遠古時期的一條魚、一隻野雞，現在已經演變成了名車豪宅或者一堆財務資料。「找金龜婿」已經不是羞於談論的潛規則了，女性更注重男方的財富是很自然的事。每個時代都有流行的傳統觀念，現在女人物色對象肯定比三十年前要更注重男人的金錢。現代

社會則演化出更多的花樣，包括一次性的金錢交易，以及各種定情禮品、首飾、車、房等物品。這並非一種文化或者習俗傳統，而是被深刻的生物基礎所決定。

除了錢財，女人對男人較高的社會地位也有明顯偏好。作為群居靈長類的一個分支，女人對男人地位的偏好甚至超過對財富的偏好。這是有緊密關係群居動物的一個特徵，因為首領擁有更多的交配權，並非完全仰仗單方面的暴力，可以說找金龜婿的行為也有基因在後面作祟。

統計顯示，各種文化背景、各個時期女人在擇偶問題上都在乎男人是否有錢，只是在意程度有所波動而已。禮物和錢財在過去代表了男人是否更在意女人，是否更具備忠誠的品性，也代表了一個男人持家的能力。

而為了組成一個相對穩定的夥伴關係，露西可謂精挑細選，她的主要籌碼就是性資源相對稀缺 —— 但世界上沒有絕對的買方和賣方市場，雖說男人來者不拒。

可是世界上好男人也不多，露西也要面對同性的競爭，也有很多性選擇的壓力。

露西的改變

露西要求這麼多，儘管她是握有主動權的甲方，但她要想找到理想的配偶也不容易。

在人類配偶模式中，男人的重點是性交，因為如何更廣傳播自己的基因，才是男人性策略演化的主要動力；女人的重點則放在對

第八章　女　性

幼兒的撫養上，受到自身生殖特點的約束，提高後代的存活率才是上策。像男人複雜的、無所不用的性模式一樣，為了提高後代的撫養條件，女人也演化出來複雜的策略，從擇偶開始，為後代提供更好的撫養條件貫穿於女人配偶策略始終。

女人做出的第一個妥協，就是把自己的發情期隱藏，性刺激由化學氣味轉化成視覺刺激，這樣就把性交從生育中解放出來。男人既然喜歡性事，投其所好則拴住男人的一個良策，就是用性來賄賂男人。女人沒有發情期是反制男人偷腥的一種演化，這樣可以隨時隨地地滿足男人的性需求，換取男人的忠誠，參與對嬰兒的撫養。

靈長類動物學家 Barbara Smuts 在非洲莽原上和狒狒一起生活了一段時間，此間研究了牠們的擇偶模式。她發現雌狒狒會週期性地與雄狒狒形成「特殊友誼」，雄狒狒會為牠們及其子女提供庇護；而作為回報，雌狒狒在發情期會特別地為「朋友」提供性服務。本質上，雌狒狒是用性來換取保護。

尼采說：「男人的幸福是 —— 我要；女人的幸福是 —— 他要。」從性的角度上理解這是對的，像大多數動物一樣，男人在性活動中處於主動的地位。

撫養與性交相比是一個長期的過程，所以女人為了讓男人參與幼兒的撫養可謂費盡心機。男人從性的角度出發，他們的目的就是欺騙；而女人從撫養後代和可靠性的角度看問題，她們的本能就是考驗和識破欺騙。

人類擇偶的外貌偏好，與其他動物是截然相反的，其他動物的雌性更注重外貌，而人類更注重外貌的一方顯然是男性。為什麼會

產生這種奇怪的現象呢？演化心理學以及有關人性演化的科普讀物認為，豐乳、肥臀、細腰是女性吸引力的三個要點，在生物意義上分別代表對嬰兒的養育能力、生育能力以及尚未懷孕。豐乳、肥臀是為了嬰兒的需求演化出來的特徵，人類的嬰兒雖然體弱，體重相當於成人體重的二十分之一，還有一個大腦袋。生育這麼大的嬰兒需要一個寬闊的盆骨，為這麼大的嬰兒餵奶也需要一對產奶能力很強的乳房。這種演化本來是為了嬰兒，結果也順便成了吸引男人的性徵。就像男人身材高大本來是為了打鬥，也順便成了吸引女性的特徵一樣。細腰和尚未懷孕這種聯繫並不牽強，但是僅僅是為了讓男人看起來更好就能演化的腰越來越細，有點令人懷疑，演化要想解釋所有的細枝末節很困難。

男女雙方都透過視覺系統激發性慾，而其他哺乳動物則是透過化學訊號實現。這使得男女雙方都會重視對方的體貌特徵，只是關注的焦點不同。人類依靠視覺而不是化學訊號的刺激隨時隨地可以性交，對人類組成相對緊密的一夫一妻制很重要。女人用性吸引男人共同承擔撫養孱弱的嬰兒，相對固定的性關係，也提高了男人撫養自己骨肉的機率，父愛由此形成。

可能一名前幾段戀愛都以失敗而告終的女子，會憤怒地總結說男人找女友不過是為了上床。婚姻對於男人主要意味著性交，而對於女人則是伴侶。男人的性慾得到滿足之後，經常會厭倦，而女人卻越來越離不開男人，把性伴侶看作終身伴侶。人類學家唐納德（Donald Brown）指出：「在世界各地，性都被理解成女性擁有的、男性想得到的東西。」魯迅在〈狗‧貓‧鼠〉中寫道：「在路上遇

見人類的迎娶儀仗，也不過當作性交的廣告看，不甚留心。」這確實是男人內心世界的真實情況。

由於撫養嬰兒，即使從純粹的生物本性上，人類也不是完全不固定的性關係動物。從動物世界中，我們知道只有很少有雄性哺乳動物會參與撫養後代，因為假如沒有固定的性伴侶關係，雄性根本無從知曉哪個幼崽含有自身的基因，而撫養沒有自己基因的後代，從遺傳邏輯上說是一個吃力不討好的買賣；反之，凡是雄性會參與撫養後代的物種，基本上都有比較確定的性關係，如大多數鳥類。

正是這一點，我理解人類「本真」的性關係，並不完全像大部分心理學所描寫的那樣，是一種多妻、亂交的模式。人類在保持類似於黑猩猩亂交模式的同時，相對固定的夫妻制度，看來早在農業文明之前很久就已經基本上確立了。

性與生活

在雄性注重交配數量、雌性注重配偶品質的總原則基礎上，各種動物又演化出不同的方式實現這一目的，性模式因此呈現出多樣化的特點。

大多數情況下，無限的生殖資源，導致雄性在性行為模式上積極主動，尋求出路。每個雄性都想盡量兜售自己過剩的生殖能力，就像過分充足的商品一樣，可謂費力心機；而女人作為資源緊缺的一方，總是希望用性換回更多的實惠。

佛洛伊德的泛性主義是不對的，他的環境決定論其實也已經破產，但廣義的性充斥於生活的各個角落。看到可口可樂的瓶子，你

不會想到性，可能會覺得這個瓶子造型比較好看，但實際上可口可樂瓶子的形狀就是女人身體的變形。車展為什麼要用穿著清涼的模特吸引觀眾？這也是人性。

溫莎公爵愛德華八世寧可放棄王儲，也要和心愛的美人在一起；柯林頓能夠攀升美國總統高位，意志力不可謂不強，但就管不住自己的「鳥」；吳三桂為了女人，寧可放敵人入關。羅列這樣的橋段，隨便就可以寫一本書。

誰參悟了性，誰就讀懂了一大半人性。

女人對男人花心的容忍程度，遠高於男人對綠帽的容忍度。因為男人花心時，女人損失的是對後代撫養利益；但女人紅杏出牆時，男人損害的則是基因利益。

從生物本性上看，男人顯然比女人有更多的婚外性。有一本關於 ZARA 的書叫《性感的公司》（*The Sensual Company*），書中有這樣一段對話：

「為什麼本來與商品毫不相關的色情，要如此頻繁地用於廣告中呢？」

「關於廣告裡植入性的問題，就如同問『你喜歡錢嗎？』。在公開場合的場合都回答『不』，但實際上心裡想要得不得了。」

蓋洛普和羅賓遜廣告研究公司（Gallup and Robinson）在對廣告的有效性分析報告中寫道：「色情作為與市場交流的技巧，其有效性遠遠超過普通廣告。」這是對廣告監測了五十年所得出的報告。

如果人不是一種熱衷於性的動物，會不會有現在這樣的大腦

第八章　女　性

呢？換句話說，性是否促進智力演化？將性和智力聯繫在一起有一個明顯的困難，性是一種即時的策略，在誰能獲得交配權的問題上，蠻力明顯比智力更重要；另外一個問題則是，如果智力也是西門交配策略的一個組成部分，經歷若干代的演化，男性應該明顯比女性更聰明，事實卻不是如此。聰明的男性更能吸引女人嗎？沒有這樣的證據。從國中到大學，班上最漂亮的女生，都被成績最好的男生追到手了嗎？除非他有其他氣質，比如長得帥、風流倜儻等。男女雙方憑藉直覺也不具備鑒別對方智力的能力，這些蛛絲馬跡說明性和智力的演化關係不大。

在面對面的鬥爭中，不管多麼學富五車，關鍵時刻還是武力更能解決問題。所以，想透過智力提高競爭優勢是比較困難的途徑。但是在文學、藝術等領域和性的相關性可相當大，甚至可以說文學、藝術就是性的衍生品。

人類文明史是進入農耕之後的歷史，農耕相對於原始社會的採集 —— 狩獵模式或者游牧更辛苦，只是更有保障，單位土地面積上可以養活更多的人。農耕相當勞累，男人由於體力好，撫養後代所用的精力少，在整個勞動創收中的占有率較大。誰貢獻多誰說了算，所以無論東方西方的古文明，大都走進了男權社會，蔓延幾千年。

在男權社會中女人一直是附屬地位，關注人類問題的哲學家從直觀現實出發，大多數對女人都有偏見。孔子說，唯女子與小人難養也；亞里斯多德認為女人是發育不全的男人；莎士比亞則說：女人啊，妳的名字叫弱者。

只有馬克思的原理接近真實的答案，他認為經濟基礎決定上層建築（Superstructure），但他沒有聯想到男女地位的問題。隨著後工業時代的來臨，體力的重要性再次下降，女人的地位必將直線上升，上升到統禦男人的地步。這裡的上層建築不僅指公共事務，也包括家庭事務。

生物本性決定了女人是家庭的核心，即便女人的經濟地位不如男人，她們的控制慾還是會讓其成為家庭的中心，男人的本性是一次性征服、女人則擅長長期控制。

忠誠的女人

從動物本性上講，男人更缺乏忠誠、熱衷於權謀是有道理的。人類各種文化背景都有類似的亂倫禁忌，近親亂倫會使隱性致病基因同位，成為顯性基因，容易產下殘疾後代。

動物也演化出這樣的本性，狼從來不與一同長大的夥伴交配，而對人類的婚姻統計則表明，與青梅竹馬婚配會出現性慾下降、容易離婚等問題。黑猩猩等類人猿也演化出了不亂倫的本性，在具體實現方法上就是年幼者長大後要遷出，另行找配偶。雌性黑猩猩一直到成年都和母親在一起，對應上人類的組織，就是女性更為忠誠。人類祖先的男性很可能更易離群索居，而在母系社會的情況下，女性較男性更忠誠是合乎邏輯的。

儘管從血緣關係上，猴子離我們比較遠，但在群體行為上，人與恆河猴的相似度比與黑猩猩相似度更高，每隔幾年的猴王爭霸是一場大戲。平時，首領和二當家之間各自採取什麼樣的策略呢？就

第八章　女　性

是順從─背叛模式。艾德華・威爾森（Edward O. Wilson）說：社會生物學可以更客觀更精確地描述人性，而這種精確性是自我理解的關鍵。

依靠直覺把握的人性一直是創造藝術的素材。社會生物學最終會成為社會科學的基礎，並將一些神祕現象納入自然科學要就的範疇，客觀把握、從科學的深度探索人性。

生物的行為模式有外延性，男性因爭奪交配權演化出來的打鬥天性，會延伸到相關領域，即便不是為了爭奪女人，男人也有好鬥的性格；女人為了養育後代固化性關係形成的控制力，也同樣會延伸到類似的領域。一旦有機會，天性就會發揮作用，所以女人不限於統治家庭，也會在公共領域的上層建築大展拳腳。

敏感的人已經察覺到女人將掌握世界的趨勢。美國方言學會曾舉行過一次有趣的「世紀之字」評選活動，獲得提名的世紀之字有：自由、正義、科學、政府、自然、 OK、書、她……而進入決賽的只有「科學」和「她」。最後「她」以 三十五對二十七的選票戰勝了「科學」，成為「二十一世紀最重要的字」。

第九章

家　庭

第九章　家　庭

　　細心的觀察者發現，女兒似乎比兒子要孝順一點；婆媳之間的關係要比入贅難處理很多；兒女對父母的愛遠不像父母對子女的愛那樣發自內心、出於本能。這些都是真的嗎？親緣關係並不是完全靠文化和習俗的紐帶連接在一起，而是生物本能和文化的結合點。

　　家庭不是人類特有的現象，猴子有家庭，草原狼有家庭，大多數動物都是社會性動物，都有廣義上的家庭。人類的家庭既有靈長類動物天生的家庭紐帶，也有人類文化形成的習俗、禮儀、秩序約束，而這兩種約束條件並不一致，是發生衝突的根源。

　　血緣關係是家庭的基礎，動物通常也由具有血緣關係的成員組成群體，血緣關係保證了相互幫助、相互協調的成員有共同的基因利益。獅群以雄獅為首領，由妻妾和子女組成一個狩獵群體，一旦雄獅被取代，新的霸主往往首先殺死小獅子，然後和母獅交配生下小獅子，組成新基因家庭。

　　形成血緣紐帶的方式比較複雜多變，最典型的兩種方式就是母系和父系。一個母親所生的幼崽，不管父親是誰，他們之間都有血緣關係。在獨占式的霸權主義交配方式中，為首的雄性享有所有的交配權，所有雌性後代因雄性構成了血緣紐帶。

母系社會的本源

　　人們研究遠古家庭組成方式方面資料相當欠缺，這個至關重要的研究存在三方面的困難。

　　第一，人不像大猩猩或者獅子，具有明顯的雌雄兩性異形，兩性異形是判斷家庭模式的一種主要依據；第二，很多人類學家為了

研究人類本真的社會模式，觀察澳洲、美洲或者非洲的土著，但我覺得這種方式極不可靠。即便是一百五十年前的達爾文時代，較為原始的民族也曾受到人類文化的侵襲，根本不是生物意義上的自然狀態；第三，現實男女差距不明顯，去掉文化、習俗等因素後，沒有顯著的統禦—服從關係。

大多數著作不甚重視原始人類到底是母系還是父系社會這一問題，流行的演化科普作家更熱衷於對性模式的描寫。威爾森的《社會生物學》對人類遠古社會的家庭模式探討也很少，但他認為遠古場景下雄性統治雌性是可能性較大的模式，要比男人打獵、女人採集這種說法更可靠。

觀察一下人類的近親如何呢？幼黑猩猩一般留在母親身邊，直到六歲，此後與母親分離的時間越來越長。雄性幼黑猩猩很快加入成年的圈子，雌性則往往同母親保持較密切的關係。

幼小動物成熟之後的都會離開親代，生物學叫做遷出，這樣做的好處有兩個：一是可以擴大生存空間，儘管所有的群體擴大可能是零和賽局，但敵人霸權，你不霸權就輸，從古代國家爭地盤到現在公司提高市場占有率，道理是相同的；二是可以避免近親交配，引起退化。讀者不要誤以為我把動物想像得太過神奇、太過聰明。這裡的「想」只是一種描述方法，實際牠們即使什麼都沒有想效果也是一樣的，客觀的邏輯或者規律制約著個體取得了優勢地位，淘汰了另外一些行為方式，這就像牠們「想」的一樣。

大多數哺乳動物遷出時，都是青少年的雄性出走，雌性留下，這是符合生殖利益的一種行為方式。因為雌性是一種緊缺的生殖資

第九章　家　庭

源，雄性是一種富餘的生殖資源，可以使這個種群有效地壯大。雄性出走透過兩個機制實現，一種方式是注入在雄性身體中的「叛逆基因」會使牠有出走的傾向，另外出於對交配權利的爭奪，壯年的雄性也會趕走潛在的競爭者。獅群是明顯的雄性統禦，同樣是即將成熟的雄性會離開群體，到草原上流浪，如果牠幸運成長為威武的雄獅，就可以透過侵略等手段組建自己的王國，但多數情況是要一生孤苦伶仃、漂泊流浪。這樣，雄性過剩的生殖資源消弭在很多單身雄性的流浪之中。

遠古人類遷出的女性還是男性？這個問題涉及，現在婚姻模式是娶老婆還是娶女婿更符合人類的天性問題。但是回答這個可不容易，根據威爾森社會生物學上的描述，黑猩猩類群之間通常會交換一些雌性，也就是採用女兒出嫁的方式維持基因交換。而與人類親緣關係最近的兩種動物黑猩猩和倭黑猩猩，兩種的社會模式不同，前者由雄性領導，後者則有雌性領導，但領導地位不是特別明顯。

由於男女體型差異不明顯，在生物的生存鬥爭中，體格是第一位，性格是第二位，性格要服從於體格。化石證據顯示，人類在整個演化史上，男女之間的體型差異一直在縮小，這意味著在交配模式上，人類從大猩猩的霸權主義模式向亂交模式，進而向一夫一妻制轉化。在權力分配模式上，女性的權力也在相應擴大。

父系社會要想形成血緣紐帶，通常要一夫多妻的性模式，就像獅子和大猩猩一樣。要形成這種模式，雄性之間的性競爭就會充滿更多的暴力，在強大的演化壓力作用下，雄性體型變得龐大，雄雌之間通常都會形成很大的體型差別，但人類的男女之間不具備這種

體型差；另外一個證據是，一夫多妻的性霸權模式或者是以父系組成血緣紐帶，女性沒有必要演化出隱藏排卵期，隨時可以性交的模式。

所以，那種認為人類祖先的家庭是父系統馭的模式，缺乏體型差異和性格差異的支撐，而人類社會相對亂交的模式，在不清楚嬰兒的父親是誰的情況下，依賴母系建立類群則更可靠。不知道人類學家為何沒有想到這一點？從性模式上看，女性要想統治群體，吸引男性參與對羸弱嬰兒的撫養，將性作為禮物出讓看來是合適的。人類社會的原始模式應該是以女性為基礎，組成類群，女性的統治地位並不是十分明顯，家庭以女性為中心，女性透過性吸引男人較長期的維持家庭關係，雖然這種關係不像結伴動物一樣穩固，但也不像黑猩猩或者剛果倭黑猩猩一樣隨意。

我猜想人類應該是另外一番情形，在母系社會情況下，交換部分雄性更加合理。都說媳婦和婆婆是天敵，但沒有說丈母娘和女婿是天敵的。從某種程度上看，這顯示了人類的本性。入贅相當於成年雄性遷出，而在久遠的歷史中，絕大部分時間是流浪的男人偶爾入贅到女性家族中組成新的家庭。

從人類家庭的組成方式上看，母系社會是人類的本源，父權社會很可能出現的歷史並不長，而是進入農業社會、逐漸形成階級之後的產物。相對於採集—狩獵時期，男人在繁重的農業勞動中更能彰顯體力上的優勢，勞動果實和剩餘的勞動產品逐漸演化成吸引嫁女的籌碼。

由於男女在生物意義上本真的差異不明顯，誰創造的價值大，

第九章　家　庭

誰就更有發言權，這種現象在現代社會也可以觀察到。舊時農村基本上都是男人說了算，女人處於從屬地位。而當體力勞動創造價值的優勢喪失之後，婦女的地位穩步提升，即便女人的收入的絕對數量仍比男人少一些，通常也能獲得相當大的領導權，這很可能是人類本性母系社會的回歸。

夫妻

　　核心家庭是現代社會最典型的家庭，由夫妻和未婚子女兩代人組成，它更符合人類的本質屬性 —— 父母養育子女的模式。

　　鳥類孵卵是一個漫長、不能間斷的過程，而在這個枯燥的過程中，孵卵的一方若無法得到食品補給，就無法長久孵卵，卵就很難被孵化了。而透過複雜的演化，大多數鳥類都由雄雌組成較為穩固的家庭，比如鷹在孵蛋時，採取雙方輪換孵化的方式，雛鷹則由雙方餵養。

　　哺乳動物通常缺乏像鳥一樣的孵卵壓力，所以哺乳動物成雙入對的情況較鳥類稀少。一夫一妻制的哺乳動物只有 4%，而鳥類這一比例高達 90%。但也不能斷言所有的哺乳動物都是薄情寡義的露水夫妻，每種動物生存環境巨大的差異，也造就了習性的巨大差異。

　　科學家統計表明，有 86% 的體內受精物種，由雌性承擔大量的撫養工作（Gross & Shine，1981），這是哺乳動物雌性演化出乳房的原因，也是結果。相比之下，對於魚類和兩棲類等體外受精的物種來說，只有 30% 雌性比雄性提供更多的親代投資 ，餘下的

236

70% 雄性比雌性對親代投資更多。

從動物學的意義上看，人類本真上的夫妻關係不像大多數哺乳動物一樣——只有交配，沒有夫妻。也不像大多數成雙成對的鳥一樣，天性就是遵從一夫一妻的祖制。而是介於兩者之間的一種模式，即有比較固定的性伴侶組成家庭，又偶爾婚外偷腥。

男女組成較為固定家庭的壓力來自於幼兒撫養，人類的幼兒生長期長，幼時則過分脆弱，人類的嬰兒是早產的，沒有另外一方的支援，光靠母親不容易將孩子養大。需要父母雙方配合策略和行為模式才能使香火傳下去，其中一種方式就是父母雙方組成相對固定的家庭，雙親共同撫養後代。幼兒體質的退步伴隨著人類智力的演化，智力演化不斷鎖緊男女雙方的關係，在演化史上形成了幼兒逐漸難以撫養——夫妻雙方的家庭逐漸穩固的模式。

夫妻關係有七年之癢的說法，從生物的本性解釋這種現象也不牽強附會。幼小的黑猩猩六歲離家，再加上懷孕期，正好七年！這也許不是一種巧合，而是人類背後的生物學法則在發揮作用。

試想，如果一個家庭的幼崽撫養成熟了，家庭還存在有意義嗎？沒有！有人說可以生第二個啊，不錯！但是，雙方為何不換一個性伴侶呢？換一個性伴侶除了能夠達到同樣的生育效果，還增加了基因多樣性的優勢，比「把雞蛋裝在一個籃子裡」的策略要優越，從動物性上看，夫妻雙方維持大約七年或者更短的固定關係，而不是終身的固定關係更合理！

夫妻之間日久天長，唯有透過文化維繫，生物性的紐帶則逐漸被切斷。

第九章　家　庭

有人說，很多鳥類為什麼會保持終生的固定夫妻，而不是養育完一代小鳥後，再重結連理？這確實沒有辦法被嚴格解釋。演化的答案不是唯一的，而且因素多種多樣，也許人類向著終身固定夫妻的方向演化，而鳥類向著臨時夫妻的方向前進，誰都說不準。

母親不僅餵奶，而且更愛子代

對於哺乳動物而言，全部都是母親餵奶，母親撫養幼崽。雖然父母雙方各有一半基因注入到後代之中，收益雖然相等，母親的付出比父親多很多。

許多生物演化著作和科普書把雌性撫養後代歸因於初始投資的不同，有一種形象的說法是，人類的卵子體積是精子的八萬五千倍，大家既然投資不同，對投資收益的關注程度也不同。

父母雙方精子、卵子體積的差異，絕非導致對後代撫養策略差異的原因，這個被廣泛宣傳的觀點只是一個形象的比喻，卻無內在的邏輯。大多數動物為父的一方不撫養後代，是因為他無法知道後代是否含有自身的基因，和精子體積大小沒有關係；而對於母親而言，她自己生育的孩子一定含有自身的基因。

從演化上看，兒童天生都依戀母親，對父親則相對疏遠。在其他哺乳動物身上，任何人都可以看到這種現象。為什麼我們看到的動物都是母親餵養呢？詩人說母性更有愛心，很多人調侃說因為母親長了乳房，所以她承擔了養育後代的責任。

我們設想一下遠古時代假如父母雙方都有撫養後代的傾向，也都有不撫養後代的傾向，結果會如何呢？母親一方撫養後代、提高

了後代的生存率，同時也提高了自身基因的市場占有率。父親的撫養儘管也會同樣提高後代的存活率，但是這種存活率不一定會帶來他自身基因市場占有率的提升，他的這種行為特徵就無法透過基因的高市場占有率傳承下去，用演化的術語說，母親一方養兒是優勢行為，父親一方養兒頂多是中性行為。實際情況是，撫養總是要付出一些代價，如果這個代價不能轉換基因市場占有率的提升，撫養後代的父親就會被不撫養後代者淘汰。

由此看來，從最基本的生物意義上的男女平等，注定就是不可能，為父一方總是處於寄生蟲或者剝削者的地位（這完全不代表我認同男尊女卑）。在基因識別難題之下，母親不但會演化出可分泌乳汁的乳房，同時也會演化出親子的行為模式。

對人類而言，這個原理要修正一下。在對後代的撫養方面，人和絕大多數哺乳動物是有區別的，為父的一方有點類似銀背大猩猩，雖然親自參與後代撫養較少，卻保護整群的幼崽，為整個家庭貢獻良多。

很多當媽媽的會抱怨爸爸對子女關心太少，人類不加分析地認為父母給子女的愛同樣多，這極度謬誤。一個群體中的大猩猩，只有為首的雄性具有繁殖權，牠們雖然不撫養後代，卻有保護群體的本能。因為大猩猩是多妻制的，一群大猩猩只有首席雄性有交配權，大猩猩頭領保護群體實際上是保護了自己的基因，而不像母親只偏愛自己生下的後代，兩者的行為方式從天擇的角度來說都是合情合理的。

日常的觀察也支持這種看法，儘管人類的父親不像母親一樣那

第九章　家　庭

麼出自本能地疼愛孩子，但是你要是說一點這方面的本能也沒有，是不切合實際的。人類並不像任何一種動物那樣，父方對子代是「毫無感情的」。父親在相當的程度上還是有育兒、愛兒的天性，這是人類一夫一妻制由來已久的證據。

在農村，羊生下第一隻小羊時，有的母羊不讓牠吃奶，而養羊的人知道初犢都不親，認為這是因為生育第一隻小羊的母羊還沒有經驗。其實初犢不親，不是因為母親沒有經驗，而是因為母羊還年輕，後面還有很多生育機會。親與不親主要與母親的年齡有關，與幼崽的長幼順序關係不大。假設做一個實驗，讓羊進入性成熟期之後的幾年再生初犢，估計就沒有不親的問題了，這是一個對人類自身有某種借鑑意義的實驗。

接下來，我想討論一下幾歲的小孩更可愛的問題。據我的觀察，一歲到三四歲的小孩最可愛，六歲之上的小孩就不太可愛了，而對比一下動物，你就全明白了。小動物長到一定的年齡，和母親不再親近，母親和牠也不親近，人的本性也是這樣，只是人類的習俗和文化掩蓋了本能而已。從投資收益上看，最小的孩子，比如一歲之內，是比較容易夭折的，如果付出太多的代價，不如在一個相對更保險的孩子身上投資；幼童到了三四歲活下來的保險係數已經提高，在其身上的投資收益比當然更好。雖然現代醫學的發明使幼兒的存活率相當高，但這段歷史還不到百年。據說古希臘斯巴達人為了嬰兒是健康的、強壯的，要把新生的嬰兒用酒精浸洗，只有挺過來的才會被撫養；北極熊生活在冰天雪地，生下小熊後，並不精心呵護，而是放在一邊考驗牠的體質，熊媽媽撫養過一段時間後才

會認真撫養凍不死的小熊。

　　而對於人類來說，一歲之後的兒童就變得相對安全了，父母就會在其身上投入更多愛意。黑猩猩六歲之後，就脫離了母親獨立生活了，因為母親要把精力投入到養育下一個兒女身上，這個年齡層的小黑猩猩性格上也表現出了疏遠母親的特點，於是雙方之間的親情就迅速消失了。在原始意義上，人類由於發育緩慢，離開父母可能要稍晚幾年，但也分布在六歲之後不久的階段，比如十歲之前，一部分乳牙換成恆牙應該是一個恰當的時機。

　　細心的人還觀察到：越晚生孩子，就會越寵愛孩子。這也符合演化的預測，年輕意味著還有很多生育機會，隨著年齡的成長，生育機會減少，在撫養上花費更多的投資就成為優勢策略。在資源有限的情況下，追求投資收益的最大化原則體現在方方面面，利於基因傳播的行為特徵會被保留下來。

　　著名的社會生物學家愛德華・威爾森在他的曠世名著《社會生物學》中，也注意到了人是靈長類動物中，雄性參與顧後代的程度最高的動物，但他沒有提出解釋和推測。我認為父親參與撫養，表明人類以家庭為紐帶的歷史已經非常久遠，雄性參與後代的撫養行為具有優勢的基礎，是較為穩定的性關係，這樣才能確定被撫養者含有自己的基因，否則會因為後代中缺乏雄性的基因，使雄性參與撫養的美德成為一種徒勞。

　　人類文化不僅改變了「不養老」的天性，同時也強化了對幼兒的照料，問題出在這種照料卻弄巧成拙。兒童的智力發育尚在初期，語言也相當簡陋，成人只是靠自己主觀想像兒童的需求，這和

實際情況往往相去甚遠。更令人憤慨的是，兒童心理學這門學說過分落後，每個父母都看過很多育兒經，但這些瑣碎的敘述從來不得要領，沒有抓住兒童成長的關鍵脈絡，無法達到綱舉目張的效果。

愛兒是本能，敬老是文化

所有體型較大的動物都養育幼崽，卻沒有一種動物照顧親生母親。養育子嗣是一種具有生存優勢的行為模式，養老則沒有多少意義。只是，人們並不願意接受這樣的事實，因為「人」不是動物，但事實上人就是一種動物，他的行為模式也遵從生物演化規律。

在遙遠的數十萬年前，沒有倫理道德，主要按照本性生存，人類的親緣關係和現在的靈長動物差不多。

子代養老的歷史很短暫，達爾文在非洲考察時，曾發現一個會遺棄老人的部落。那個接待過達爾文的原始部落，還跟北京山頂洞人一樣住在山洞裡或者樹窩裡，而且不穿任何衣服。據說七萬年前就有人已經開始穿衣服了，可能是非洲炎熱的氣候讓他們始終沒有發明衣服。達爾文最為驚訝的是，這個部落總是把年老的婦女放逐到森林裡讓她們餓死。達爾文請教他們為什麼這樣做，酋長回答說，婦女是生孩子的，年長的婦女既然不會生孩子，還留著做什麼呢？這個回答儘管赤裸裸，但是真實而又簡明。在生存資源極為缺乏的環境中，人類奉行的生存策略就是如此殘酷，有限的食品與其養活老人，不如養大孩子。從生物層面上說，人類像其他哺乳動物一樣有養育後代的天性；從他們的文化傳統說，孩子長大了就成了生產力，可以生產更多的食品，二者是統一的。

尊老敬老還是遺棄老人，經常被看作是文化傳統，實質上，這是一種生物本性和文化的鬥爭。形成尊老、敬老的習俗和導向有複雜的演化過程，在這個演化過程中，有兩個因素有決定性的作用：其一，被敬重的往往是控制著資源和財富的老人，農耕文明有了糧食儲存，生存壓力減小；其二，現代醫學發明之前，真正老到不能做事的老人非常少，大多數人在有生之年都是可以勞動，這也是他們不被遺棄的原因。考慮到上述兩種是大多數情況，敬老的風氣也比較容易形成。

封建社會透過三綱五常的社會價值觀來束縛人們的不孝之心，現代社會則透過更複雜、多樣的方式實現這一點。

生男還是生女

劍橋大學的科學家曾經對拉姆島上的歐洲馬鹿（*Cervus elaphus*）做過一段時間的研究，發現母鹿為雄性後代餵奶的時間，要比給雌性後代餵奶的時間長，次數也更頻繁。總之，同樣的現象無論是在馬鹿還是在人類身上，都能表現出來。按作者的解釋，雄性後代一旦哺育得更茁壯，就會占有交配的支配地位，更利於基因占有率的提高。

從人類的角度來說，很多文化背景都表現出重男輕女的傾向。首先，我很懷疑所謂對馬鹿的觀察，我認為演化選擇到不了這麼精確的程度，給雄性餵更多的奶，完全可能是雄性需要的奶更多。

人類重男輕女的真正原因有兩個：

第一，聰明反被聰明誤（人類很多現象都是這樣，例如迷信

等），動物從來沒有想過交配的意義，只是在「爽」的慾望驅使下完成的生育行動。人發現了其中的聯繫，他們最容易產生的想像，是男人像種田一樣把一粒種子種在了女人這塊地上，後代都是男人的種，女人只不過是種子發育的土壤而已。封建社會，不生男孩叫做絕後或者斷子絕孫，人們認為只有男人才能傳宗接代，才具有遺傳意義。直到現在人們清楚後代是精子和卵子結合的產物，但在觀念上還是認為男性才能傳宗接代。

第二，男權社會的選擇，生男自然比生女划算，因為預期男孩比女孩更有權勢地位。男人雖然認為生孩子是自己種子生根發芽的結果，但如果老婆沒有生男孩，責任還在女方。

透過國中課本，我們都知道血友病、色盲等是性聯遺傳疾病，男性得這種病的機率要大於女性。這個規律可以推而廣之，幾乎所有的性聯遺傳性疾病都顯示男性比女人患病機率更高。男人的第 23 對染色體由 X 和 Y 組成，而女性則是 X 和 X，意即女人的染色體有備份機制，疾病基因通常是隱性，只要兩條染色體的等位基因有一個沒有攜帶疾病，就不會表現；而男性無論和 X 還是 Y 都沒有備份，所以遺傳性疾病容易表現出來。

從實用主義出發，到底生男還是生女更划算呢？很多人可能接受不了我這種提法，它顯得過於實用、過於世俗，但我還是要勸讀者冷靜一下，因為這對於絕大多數人來講的確是一個現實問題。

女兒通常比兒子對老人要孝敬一點，生物學上的依據表明，人類遠古本真的家庭模式是母系氏族，雄性後代大了會遷出，女兒始終留守在家裡，換句話說，女性之間的生物紐帶還是更強。

兄弟姐妹

　　人們表示親密關係時，常說親如兄弟、手足之情，但相反意義的詞則更多，如兄弟鬩牆、同室操戈、禍起蕭牆、親兄弟如世仇等等。

　　兄弟姐妹之間的關係，是最典型相互依存、相互鬥爭的關係。在基因上，兄弟姐妹之間的基因相同程度機率為四分之一，相互幫助、共同禦敵有助於整體基因的保持和延續，這是兄弟姐妹之間親近的演化基礎；另外一方面，又由於生存資源重合度非常高，兄弟姐妹之間常常要為自己的基因爭奪生存資源，又常常成為競爭對手。《詩經‧小雅‧常棣》上所說「兄弟鬩於牆，外禦其侮」是非常精闢的見解！在日常生活中經常能觀察到這種現象，從我們的文化視角也很容易解釋，實際上這種關係也有內在的生物基礎——為了基因利益演化出的行為模式。心理學對兄弟姐妹的關係進行了較為精細的研究，發現：手足關係不同於父母與子女間的關係，這中間經常摻雜著喜歡、敵意與競爭（Boeretal，1997）。他們相互排擠時最常說的話是「媽媽總偏心你」，但父母卻不願承認這種偏心。而實際上，當母親到了六七十歲，再被問到這一問題時，她們會承認孩子當中，的確至少會有一人更讓他們喜歡。

　　兄弟姐妹分享看法、互相支持，克服困難，都會增進彼此的感情（Floyd，1986），但即使童年相處十分融洽的兄弟姐妹，在青少年及青年時期，關係也會趨於平淡（Rosenthal，1992）。然而當他們人到中年時，大多數會再次建立親密關係。有時，一個姊妹

兄弟會扮演父母的角色，然而還有一些中年人的手足之情很親密，或僅僅只因為一種家族責任感而保持聯繫（Stewart，Verbrugge & Beilfuss，1998）。隨年齡漸長，大多數年老的兄弟姐妹會更加依賴彼此，因此一人逝世會對另一個人造成很大的打擊（Van Volkom，2000）。但還有另一個極端，大約 20% 的成年兄弟姐妹之間關係並不親密 —— 這其中有一半關係簡直是冷淡，而另一半則對對方有明顯的厭惡（Folwellet al，1997）。

　　少年時期，由於爭奪的生存資源如此接近，兄弟姐妹之間經常產生短暫的直接衝突；青年之後，他們都到了獨立生活的年齡，不再去競爭父母的關愛，關係趨於平淡；中年以後，個體生物的競爭能力處於衰退期，再次建立的親密關係則有助於禦敵。

婆媳衝突

　　從生物屬性上看，婆媳之間、翁婿之間都是一樣的 —— 沒有血緣關係，純粹靠社會體制約束在一起。按理說，這些缺乏血緣關係的社會結合在生物屬性都是形同陌路的，然而現實生活並非如此。從基因上說，婆媳、公公與媳婦、岳父與女婿、岳母與女婿之間是否能和諧相處應該有相同的機率，這與事實卻是不符的。

　　在四種關係組合中，婆媳之間融洽的情況較為少見，矛盾重重的情況倒是相當普遍。人們常說婆媳之間是天敵，而自古就有婆媳難處的說法，婆媳關係很緊張的情況隨處可見。前面，我們探討了男人與女人由於性資源的不同演化出不同的性格特徵，而解釋婆媳關係的特殊性也要從這個角度著手。

很多研究人類「原始」行為，往往要觀察黑猩猩和其他靈長類，因為找不到原始人，只能找他的近親。「對已經成熟的雌猩猩來說，她（年輕的雌性黑猩猩）無疑是一個潛在的競爭對手。因此，這些青春不再的雌猩猩會對她的到來格外警惕。在人類社會任何群體中，年長的婦女也是採取這種態度對待含苞待放、日益成熟的少女。」

很多證據表明，婆媳之間不和的內在原因正是生殖競爭導致的。

心理學證實，女人隨著年齡增加，控制慾望會變的強烈；男人隨著年齡增加，控制慾望則會減弱，這是人類母系社會的一個間接的證據。母系社會的婚配形式，是男人入贅而不是女人出嫁，家庭由年老的女性掌管，年老的爺爺越來越成為一個無關緊要的配角，古老無數世代的適應，消弭了岳父和女婿的衝突。農業社會之後，女兒出嫁代替了兒子入贅，衝突不斷，於是需要文化、習俗調節，用三綱五常建立秩序，壓制媳婦的基本人性。到了現代社會，有了更多的房屋、更好的居住條件，三代人不再因為經濟的原因居住在一起，傳統家庭解體為核心家庭和空巢家庭。

我們不討論岳母與女婿，以及兒媳與公公的關係，因為他們在性別上不相斥。岳父與女婿和婆媳之間的關係是等價的，那為什麼岳父與女婿之間沒有這麼強烈的衝突呢？原因就在於，人類的天性已經適應了女婿入贅的母系社會。

當然，最佳模式並不是三代同堂，而是核心家庭加上老人獨居模式。在已開發國家，空巢家庭出現較早，現在十分普遍，老

第九章　家　庭

年人與子女同住的只占 10% ～ 30%，而開發中國家達到 60% ～ 70%。美國在第二次世界大戰前，52% 的老年人與子女同住，而到了 1980 年代，只有百分之十幾，獨居老年人的比例較高。

馬克思說經濟基礎決定上層建築，這句話非常精闢，而且可以狗尾續貂 —— 經濟基礎不僅決定上層建築，它還決定婚配方式，決定家庭結構。遠古時期的母系家庭到農業社會的父系家庭，再到現代社會傳統家庭解體，背後都是經濟狀況在發揮作用。

自古那些擁有超凡智慧、勤於動腦的先哲或者政客，都會思考有關人性、家庭、社會的問題，從蘇格拉底到孔子，從秦始皇到尤里烏斯・凱撒，太多的人物都有自己的見解。他們的影響力都形成了家庭和社會規範的尺規，人們在政治、經濟、習俗、人性等多種力量約束下生活。問題是，即便到了科技非常發達的現代社會，在設計所有規範時，仍然缺乏對人性這個至關重要特性的確切瞭解，與太多規範、制度做出了不必要的妥協，限制了基礎人性的發育。威爾森那句話說的多好 —— 道德規範應建立在堅實客觀的人性知識基礎之上。

就像黑猩猩一樣，由血緣關係構成的家庭，只是一個大群體下面的小群，一個較龐大的群體由多個家庭組成，所以我們自然會探索人類的群體。即便人類是傳說中的父系社會，由母系組成的家庭仍然是聯繫最緊密的單位，因為母系和父系在歷史上不太分明，從來沒有像兩性異形明顯的動物權力結構那樣失衡，只要哪一方加上一點砝碼，天平就像那邊傾斜。

演化科普作家馬特・里德利（Matthew White Ridley）「人

是自我馴化的動物」；而英國詩人亞歷山大‧波普（Alexander Pope）的詩說的很好：

> 飛禽走獸也照顧後嗣
>
> 母親哺育孩子，父親保護幼崽
>
> 後代稍稍長成，便獨自漂泊天地之間
>
> 牠們不再隨心所欲，牠們失去了照顧
>
> 人類給無助的幼兒更多關懷
>
> 長期的照料延展了人們之間的紐帶

第九章　家　庭

第十章

個　性

第十章 個 性

在共同慾望的基礎上千人千面，而哪些個性傾向於天生，哪些方面後天更重要？如何判斷一個人的個性？又如何形成你期望的個性？

人與人之間的相似與差異

截止到現在，我們所描述的都是人的共性，主要偏向生物屬性。個性與共性、先天與後天、基因與環境、文化與本性，這些是永遠都離不開的話題。我用了許多篇幅寫共性、先天、本性，接下來則要看看個性、後天、文化等，而其中最重要的是個性。

熟悉一點心理學知識的人知道，心理學認為，共性一般與先天的關係緊密，個性則主要是後天影響所致。這是我們對兒童教育、乃至所有塑造性格教育的基礎定理。但實際上這種說法有所疏漏，如果你是一位騎士，你就會知道每一匹馬都有不同的個性；如果你養狗，你也會知道即使是同種的狗，每隻也都有獨特的個性；你是農夫，你會觀察到每隻動物的個性、聰明程度是有差異的。幾乎每種智力高的動物都有個性，而智力越高，個性的離散性越大，爬蟲類的動物個性遠低於哺乳類，狗的個性似乎比貓豐富一點。人們大體上用絕對值衡量個性差異，而不是相對值，這就像牛的體重差異比人大一樣。個性是一個很難定義、但人人都明白的概念。個性被系統研究的主要有兩個指標：於己而言，是智力方面，公認的指標是智商；與他人的關係，公認的指標是情商。

智商和情商是兩個飽受非議的指標，因為它並不能全面反應人的智力水準，也不能完全反應處理情境能力的水準。有些人有很強

的分析、推理能力,卻缺乏想像力;有些人數學能力很差,但語言能力很強;有些人言語遲鈍,但是思維反應敏捷。智商測試以及當代其他學習能力測試所測量的,只是數學、推理和語彙能力,這最多只能說是智力的一小部分。多元智慧論(Theory of multiple intelligences)的創立者霍華德‧加德納(Howard Gardner)說的對,即使把智慧分成三百種,也不能被世所公認。

從演化的角度看,越是至關重要的特性,天擇壓力越大,越傾向於趨同。例如,前文根據人類的性模式推測,男人務必好色才能留下後代,那麼不好色的男人就會少之又少;一匹狼肯定有撲食的衝動,有較強的級別意識和團隊意識,因為這是牠生活中必備的性格。很多現代社會很需要的能力,在遠古時期根本無關緊要,在這些方面天擇的壓力很小,個體的差異就會比較大。人們語言表達能力的差異遠小於數理能力的差異,因為前者在近若干萬年的生存是很有用的,語言不佳的基因在天擇的壓力下淘汰了,數理不佳的基因則被保留下來。同理,如前面所說,創造力的差異遠大於學習能力的差異。

從演化壓力的角度說,現代人普遍缺乏的理想性格是合作,因為遠古時期需要的合作與工業時代相比非常簡陋。但由於人比其他動物有更多對歷史的記憶以及對未來的預判,所以我們得承認人類的很多行為並不全部是由近前動力所驅動,發達的大腦就是為了考慮長遠的利益,合作在這方面的表現尤其突出。它是一門集統禦與服從、控制與退讓、利己與利他這些矛盾的特性於一身的複雜藝術。有沒有感覺到人們在這方面差異巨大?這種差異部分來源於基

因，也可能有相當的部分來自於後天的訓練。

有些性格本質上非常相似，在表現形式上可能產生巨大的差異，例如，暴力傾向和勇敢，可能是一種內在特質不同的表現形式；霸道和領導力可能有某種內在的聯繫。站在不同立場上，對同一性格特質、智力特徵會有不同評價，敵方的智謀通常被說是狡猾或者陰險；而在某些年代，個性率直被說成是狂妄；又在另外一些年代，謙虛又可能被說成虛偽內向。

相似是相異的基礎，另外，相似和相異本身與關注程度有很大的關係，越是關注，相異的成分就越多。好比用放大鏡來觀察，同卵雙胞胎長得非常像，但如果你看他們的指紋則有很大的區別。

遠古時期大多靠體格吃飯，個體之間智力的差異就不大引人注意；而我們說現在人越來越有個性了，實際上是因為原本無關緊要、不被重視的差異突然被放大了。

先天還是後天

「性相近、習相遠」這句話和現代心理學的觀點差不多，實際上是有缺失的。

根本無須推理，稍微認真觀察兒童的人都知道，即使人後天的環境差異很小，兒童性格、能力、偏好方面的差異也很大。後天的塑造有增加個體差異的傾向，但也有趨同可能。教育分化出很多專業，讓人們從事不同種類的工作，同時也在泯滅個性，讓大家有差不多的道德規範，按著類似的準則行事，建立長幼尊卑的秩序感。

先天還是後天塑造了一個人？這是古今中外一直爭論不休的問

題。古代先哲主要靠自己的觀察和經驗總結。現代統計方法更全面一點，有觀察同樣環境下成長、但基因不相關的人，也有調查在不同環境下長大的同卵雙胞胎。

不同環境下成長的雙胞胎，是研究先天後天最佳樣本，達爾文的堂弟高爾頓（Francis Galton）是這方面的先驅和權威。《物種源始》發表十年之後，一八六九年，高爾頓出版了《遺傳的天才》（*Hereditary Genius*）全面闡述了他的遺傳決定論。

高爾頓從 Sir Thomas Phillips 寫的人物傳記中，發現從一四五三到一八五三年出現的六百零五位在科學、文學或藝術領域有突出成就的人物之間，有一百零二位有家族關係，也就是說每六～七個人中就至少有兩個人有直接血緣關係；在 Mr.C.Hone 編寫的一本名人錄中，一四五三年之前提到以 M 開頭的名字，這一千一百四十一位的傑出人物之間，有一百零三位有家族關係（1/11）。而對當前的傑出人物進行統計，在 *Men of the Time* 中提到的英國、歐洲大陸和美國的八十五名傑出人物中，有二十五人有家族關係，其中十二人有兄弟關係、十一人有父子關係；在 Bryan 寫的藝術名人錄裡，共三百九十一人中，有六十五人是有直系血親關係；而在 Fétis 寫的音樂家名人錄裡，字母 S 開頭的五百一十五位名人中，五十位有直系血親關係。

一個比較老套的、中庸的說法是：先天後天都有作用。先天？後天？對這個問題的關注早在達爾文之前。一五八二年出版、理查‧莫爾卡斯特所著的《論小學》中說：「先天為他們定向，後天則使他沿此向前。」一九八〇年代，明尼蘇達大學研究了八千多

第十章　個　性

對同卵和異卵雙胞胎，其中有一百三十多對在不同環境下生長。小組研究了孿生子在生理、智力、性格等方面的異同，但這裡我們只關心性格的情況。現代心理學一般用五種量度綜合評價一個人的性格：

友好程度　（「討人喜歡、和藹、友好」對「愛爭論、有攻擊性、不友好」）

嚴謹程度　（「有條理、負責任、可信賴」對「粗心、易衝動、不可信賴」）

外向程度　（「果斷、外向、活潑」對「畏縮、內向、冷淡」）

神經質程度　（「不焦急、穩定、自信」對「焦急、不穩定、不自信」）

開明程度　（「有想像力、喜歡新奇、有創造性」對「目光短淺、避免風險、愛模仿」）心理學家透過問卷和詢問研究對象及其親屬，而按這五種量度對研究對象的性格加以評判。

研究結果，如所預料的，同卵孿生子的性格相似程度大於異卵孿生子。一起長大的同卵孿生子的五種性格量度的相關性平均為0.46；分開長大的同卵孿生子為0.45，這說明同卵孿生子的性格相關程度，與他們是否在相同的環境長大無關。分開長大的異卵孿生子的性格相關程度平均為0.26，大約是同卵孿生子的一半，這與他們的遺傳相似程度是同卵孿生子的一半相符。從同卵孿生子和異卵孿生子得到的相關性，可以用於計算遺傳差異與性格差異的相關性。平均來說，大約50%的性格差異是由於遺傳差異所導致的，或者說，遺傳因素對性格的影響大約占了一半。

　　我覺得應該對上述結論進行了一個修正，一起長大的同卵雙胞胎基因相同，環境也非常相似，但他們的相關度只有 0.46，應該修正為 1，因為分開長大的性格相關係數就是 0.98，也就是說環境的影響微乎其微，而在其他資料上得到的數字，證實了上述說法。在權威教材理查‧格里格和菲力浦‧津巴多所著《心理學與生活》（*Psychology and Life*）討論了這個問題，他們的結論是同卵共同撫養的智力相關係數超過 0.85，分開撫養時的相關係數超過 0.75。

　　一個比較生動的案例，是一九七九年上 *The Tonight Show* 的一對雙胞胎，吉姆‧施普林格（Jim Springer）和吉姆‧路易斯（Jim Lewis）出生幾週就被不同的家庭撫養。這一年，他們四十歲再次相聚。心理學家湯瑪斯‧保查德（Thomas Bouchard）對此深感興趣，對雙胞胎兄弟進行考察，結果兩個人的相似性非常令人吃驚：

　　首先，是大家能夠預期的，他們的體貌特徵非常相似，包括長相和聲音非常接近；有幾乎完全相同的疾病史：高血壓、偏頭痛、弱視、極大的菸癮；在同樣的年紀體重增加。其次，兩個人的心智、愛好也表現出極大的相似性，都關心賽車，不喜歡棒球；兩個人都有木工工作室；兩個人都在花園的樹幹邊上建了一個白色的座位；他們去度假的是佛羅里達的同一海灘，還有一些可能純屬巧合的花邊新聞。兩人都有一條叫做托伊的狗；兩個人妻子都叫貝蒂；兩個人都有一個叫琳達的前妻；兩個人的一個兒子名字也非常類似，一個叫 James Alan，一個叫 James Allen。

　　隨著基因研究的深入，越來越多的外在表現形式找到了基因上

第十章 個 性

的原因。像抽菸、酗酒等以前認為純粹是後天的習慣所致，一個人從未接觸菸酒就不會有菸酒嗜好。但如果觀察得仔細一點就會發現，同樣菸齡的人菸癮大小有很大的差別，就像不同人有不同的酒量一樣。科學家找到和吸菸有關的基因 CYP2A6，它可以決定一個人吸菸的程度，那些擁有能更快代謝尼古丁的基因 CYP2A6 的人，就會抽更多菸。

賽跑選手比其他耐力選手更可能突顯一種特定的變數基因，它能致使骨骼肌肉在瞬間更為強烈的收縮。而關於酗酒的遺傳基因的影響力，自從一九七○年以後就已經被發現了，對雙胞胎的研究初步顯示了這一聯繫。美國德克薩斯大學的奧斯丁分校，由蘇珊．伯格森（Susan Bergson）領導的研究小組發現了影響酗酒的二十個候選基因。

「現在已經有四個基因被多個研究團體顯示會提高酗酒危險。」這是美國康乃狄克大學醫學院的精神病學教授亨利．克蘭茨勒的說法，並且他期待他們有更多的發現，「這是一個飛速發展的領域，以至於我可以預期在未來十年內，另外十個這樣的基因將會被識別，並且能被獨立複製。」

這裡要說明的是先天不等同於遺傳，先天指的是基因決定。在有性生殖中，基因的組合方式比較複雜，即使是很多基因決定的特質也不見得的就是遺傳的。比如，身高主要是基因決定的，但高的父母未必一定有高的後代，父母基因的某種組合方式也可能產生矮的後代。作為一個精通於統計的生物學家，高爾頓發現，天才、身高之類的儘管可以遺傳，但是整體來說，高個子的人兒子比父親

矮的機率更大，反之亦然。智商也是如此，現代測驗表明，智商一百一十的父親，兒子的平均智商為一百一十；智商為八十的父親，兒子平均智商則為 九十一。

大家都看到過同卵雙胞胎外形上的相似程度，這足以證明作為「物質」的我們，基本上都是基因所塑造的。我們也有理由據此推測，那些看不見的部分如內臟器官、大腦的主要結構、物質成分等也是基因所塑造的。測量證實，同卵雙胞胎腦灰質容量的相關性高達 95%，異卵雙胞胎的相關性只有 50%。人們對先天還是後天感興趣的不主要是長相和「形似」的部分，這是禿頭的蝨子明擺著的事情，無須爭論。人們關心的無形的部分，一方面，我們無法看見這些部分，沒有直觀感受，我們無法看見智商，也無法看見性格；另外一方面，人們總是對這些看不見的部分，有多少後天的可塑性很感興趣。例如，同卵雙胞胎的大腦在物質層次上可能非常相近，而智商不一定完全相近。

智力到底是先天遺傳因素決定，還是後天環境導致？這個問題一直爭論不休。但所有的有關兒童教育的流派，都強調後天因素的巨大作用。真理未必掌握在多數人手裡，這只是一種邏輯必然而已。世界有如果有這樣的一門學說聲稱：「本學科是沒有用的，只是讓你知道這是事實。」是不會被流傳的。如果你聲稱能以你的學說可以改善個人處境或者能力，即便是胡說八道，也會有很多信徒。在智力這一點上，我是比較悲觀的「認命」派。

在《基因組：人種自傳 23 章》（*Genome: The autobiography of a species in 23 Chapters*）提供了這樣一組智力相關性統計資料，其

第十章　個　性

中 100% 的相關性意味著兩個人智力完全一樣，0% 意味著二者智力沒有相關性：

同一個人接受兩次智商測驗　87%

在一起長大的同卵雙生子　86%

從小被分開的同卵雙生子　76%

在一起長大的異卵雙生子　55%

同胞兄弟姐妹　47%

父母與子女（生活在一起）　40%

父母與子女（未生活在一起）　31%

親生父母不同，卻被同一家庭收養的孩子　0%

上述統計，顯著證實了智力是先天，而非後天的。智力也應該像我們肌肉一樣，就演化的意義或者潛在能力上來看，100% 取決於基因，但後天的鍛鍊決定了有多少潛力可以發掘。弗林效應發現了二十多年，有人進行了追蹤研究，發現此後智力並沒有提高，也證實了外界刺激只是發揮了智力的潛力，並不能無限提高成績這個推論。

現代生存環境比遠古時期需要更好的視覺、聽覺及語言能力。我們不需要有鷹一樣的視力去獲得食物，但我們需要敏銳的觀察能力洞悉表面背後的本質；我們不需要有靈敏得像狗一樣的聲音辨別能力，卻需要像透過傾聽獲得最佳的學習效果。我們也需要在敏感期之後，艱難地學習外語，以應對生存和發展的挑戰。

所以，把先天和後天的問題換一種說法更明確 —— 人的哪些特徵有可塑性？有多少可塑性？在這個問題上，大多數人都希望後

天的可塑性大一點，沒有幾個人願意成為宿命論者。孩子生下來，父母當然希望能夠教育成優秀人才，而不是聽天由命。每個人也希望衝破自己基因固有的束縛，透過鍛鍊少一點疾病、透過努力變得聰明。

人們有一種將願望當成事實的傾向性。千萬別小看人們的願望，迄今為止，它仍然比科學事實的影響力更大。哈佛大學校長勞倫斯·薩默斯（Lawrence Henry Summers）曾在一次學術會議上，提出「先天性別差異可能是導致女性在科學領域內建樹甚少的原因」。雖然薩默斯只是實話實說，到處都是很明顯的證據，還是被扣上性別歧視的帽子，成為哈佛大學三百七十年來首位「被下課」的校長。

大家公認孩子的成長與家庭環境的關係極大，而忘記了先天的基因因素。過去非常講究孝道，其中說服人們孝順的一個很重要的理由是，如果你的孩子發現你不孝順，將來你老了，他會向你當年對待你父母一樣對你。

很顯然，人們把孩子的缺點歸咎於父母的教育方式不對，只有年紀大的、善於思考的人才有可能模糊地認識到遺傳的意義。年紀大的人往往發現已經成年的子女猶如當年的他，不管是模樣和做事的風格，偏好等等。

家庭教育的成功的主要原因，很可能是遺傳上的原因。三十年前，匈牙利波爾加三姐妹（Polgár）在國際象棋領域都取得了很高的成就，她們的父親拉洛斯·波爾加一開始就有計劃的培養天才，波爾加姐妹被認為是這種教育方法成功的證明。每隔一段時間，就

第十章　個　性

會有成功的孩子父母拋出一套教育方法，寫成暢銷書賺大錢。按照同樣的方法複製成功的確鮮有耳聞，而虎媽能夠嚴格約束自己的孩子，很可能是她的孩子遺傳了她本身很強的自制能力。假定虎媽是老師，未必能將其他孩子管教的有很強的自制力，這才是事實的真相。

正是因為人們希望諸如性格、智力等軟指標的可塑性更強，所以從高爾頓的生物統計到現代的基因分析，一再證明先天因素對人軟實力也有很強的決定性作用，但這種理論仍然難以流行；相反，那些聲稱能把普通兒童培養成天才的謊言，仍然有無數人為之慷慨解囊。

當然，從更嚴密的意義上說，分開的同卵雙胞胎的相似性，也不意味著後天環境無足輕重。因為分開長大的雙胞胎環境也不一定就有巨大的差異，因為假如有，也很可能導致兄弟或者姐妹二人的差別。

過去鄉村是比較封閉的，甚至一年都看不到幾輛汽車，從農村出來的大學生表現得缺乏自信、交往能力較差是一個事實，說明環境對個性的塑造還是有影響。我猜想，假如環境的分布是一個鐘形曲線，只是在鐘形曲線的兩端對人的塑造才有更大的影響力，也就是說極端環境對人的影響力會更顯著，多數中間的環境區主要受基因控制。拿具有肥胖基因的雙胞胎舉例，如果兩個人都能吃飽，運動量適中，他們可能會有相似的胖體型；但若一個採用相撲運動員的食譜，一個在衣索比亞高原上忍受飢餓，他們在體型上可能有很大的差別。

　　原始環境下，物質資源和資訊都相當匱乏，而現在的環境對於我們的基因而言是太好了，基本上都在鐘形曲線的右邊。但如果我們繼續把環境營造得更好，對提高我們的潛力可能意義不大，因為不管孩子出生在貧窮還是億萬富翁的家庭，最終都會長到他們基因鎖定的最高身高，智力也是如此。我懷疑先天的智力潛力，並不像身高那樣容易開發，只要營養足夠，耽誤不了長高，而教育方式的不當卻普遍影響了潛在智慧的發展。

　　在上一章中比較詳細地介紹了弗林效應，一九三二到一九七八年，美國年輕人智商提高了十四個百分點，後來追蹤研究，發現實際提高不大也是一個證據。一株野生的植物，如果你為它澆水、施肥、鬆土，它會長得更茁壯，但這是有限度的。我們就好像被施肥的野生植物，現代社會提供的環境，使人們的越來越接近基因設計的極限水準。

被放大的差異

　　智商和情商，只是比較粗略衡量個體性格差異程度的指標。現實中，人們拿著高倍放大鏡觀察個性，猶如現代社會的勞動分工一樣細緻無比。以如此細微的尺度測量，就會發現環境對人還是會有相當大的影響力。

　　調查表明，幽默感、對食物的偏好、社會和政治態度、宗教信仰等和基因的關係都比較小。收養子女之間似乎有比較相似的幽默感，分開的雙胞胎則有相當不同的幽默感。信哪個宗教與基因無關，但信仰的強度則有一些先天的成分。好比基因無法決定一個人

第十章　個　性

是否吸菸，如果吸菸的話，菸癮的大小則由基因決定。運動也是這個道理，基因無法決定你從事哪項運動，卻決定了你從事一項運動的天賦。這個原理推而廣之就很有意義，每個人最好都從事具有最大潛力的工作。但現在基因科學尚未到這個程度，最好的方式也只是憑著所謂愛好和興趣做事。但實際上這種方法是有很多漏洞的，因為只有極少人興趣和愛好是可以培養，培養的真正意義在於打開上癮之門。

現代社會比遠古社會、農業社會更傾向於塑造個性。職業細分是不是對個性產生了影響？這是一個很難說的問題，沒有人把研究細化到這個程度。在日常生活中，我們經常以職業、地域範圍來形容一個人：像大嬸一樣囉嗦、像農民一樣憨厚、像南部人一樣熱情……很顯然，人們把個性加上了性別、職業、地理等標籤。儘管每個農民不一定都憨厚、每個南部人也不見得就熱情，但誰也不懷疑個性受到文化的影響。

亞當斯密在《國富論》中就觀察到這一問題：「人們天賦才能的差異，實際上並不像我們所察覺的那麼多。人們壯年時在不同職業上表現出來的極不相同的才能，在多數場合，與其說是分工的原因，倒不如說是分工的結果。例如兩個性格極不相同的人，一個是哲學家，一個是街上的挑夫。他們間的差異，看起來是起因於習慣、風俗與教育，而不是起因於天性。他們生下來，在七八歲以前，彼此的天性極相類似，他們的雙親和朋友，恐怕也不能在他們兩者間看出任何顯著的差別。大約在這個年齡，或者此後不久，他們就從事於極不相同的職業，於是他們才能的差異，漸漸可以看得

出來，往後逐漸增加；結果，哲學家為虛榮心所驅使，簡直不肯承認他們之間有一點類似的地方。然而，人類如果沒有互通有無、物物交換和互相交易的傾向，每個人都須親自生產生活上一切必需品和便利品，而一切人的任務和工作全無分別，那麼工作差異所產生的才能的巨大差異，就不可能存在了。」

當一種實質性的性格在表現形式上以及行為後果上有巨大差異時，性格呈現很強的可塑性。例如為人仗義與聚眾鬥毆、階級意識與欺軟怕硬、自信與自負或者阿Q精神，直率與粗魯、勇敢與殘酷等等都是非常相似的個性，在不同的情境、不同的背景下，完全可能塑造成不同的表現型。

古人就是用個性中的這種聯繫，透過蛛絲馬跡判斷一個人內在性格。諸葛亮的七條用人之術就是一個典型：問之是非而觀其志；窮之辭辯而觀其變；諮之以計謀而觀其識；告之以難而觀其勇；醉之以酒而觀其性；臨之以利而觀其廉；期之以事而觀其信。

上癮塑造差異

人們通常只知道很極端的上癮，並且認為上癮通常只與那些人們不該做的事相關，如毒品，賭博等等。

實際上，上癮是非常普遍的現象，是最重要的人性特徵，它幾乎涉及生活的方方面面。輕微的上癮到處都是，它對個性的影響可能是至關重要的，不僅指菸癮、酒癮、毒癮或者網癮，廣義地說，所有東西都可能上癮，猶如某些小孩喜歡畫畫，有些小孩被逼久了也會愛上彈鋼琴。小時候學習一項運動，比如說游泳或者溜冰，起

第十章　個　性

初是被逼迫訓練，時間一久，有的人就會上癮。

　　不管什麼事情，一旦上癮，有時一發不可收拾。讀研究所時我第一次看見電腦，老實說一點都不喜歡，誇張一點說，開機猶如用刑；後來慢慢地覺得很有趣，就整天泡在機房裡了。寫作和看書亦如此，作者本不愛看書，更別提寫作，只是因為一些偶然的機會上癮了，欲罷不能，每次寫完一本書都下決心戒掉這個毒癮，但過一段時間又毒癮復發，寫一本新書。

　　翻閱了很多資料，找到了癮的機制、癮的基因、癮的歷史，唯獨沒有找到最想找的 ── 癮的演化機制。癮並非人類特有，癮品可以使很多動物上癮。上癮應該有演化上的意義，也就是說上癮應該優於不上癮，但其中邏輯難以想像。當然，也是受到演化材料的限制，上癮是一種繞不過的機制。這就像我們如果能演化出鋼筋鐵骨更好，但受限於材料製造的困難，只能以鈣質將就。

　　一個比較牽強的解釋是，上癮可能是演化上不夠精細所導致。比如我們習慣一種口味的食物，其實就是一種輕微的癮。這樣的癮是有好處的，食物和腸胃的生物群落建立了較為匹配的關係；學習一種技能也會上癮，比如反覆練習捕食等顯然也有好處。演化要讓生物上癮，就要設計一種物質導致上癮。在自然界生存鬥爭中，有盾就有矛，有資源就會被利用，生物利用了上癮的機理讓自己有生存優勢，也是合理的。

　　因此，癮本來是一種有利的機制，但設計過於粗糙，讓很多本來不利於生物生存的東西也上癮，當然這只是粗陋的推測，實在無法找到相關論述的蛛絲馬跡。

　　不管怎麼說，上癮對人的影響遠比人們想像得要廣泛深刻很多。很多的愛好其實都是上癮，很少人有天生喜歡學習，長期被逼學習也會上癮。美國心理學家威廉・詹姆士（William James）總結得恰到好處：「播下一個行動，收穫一種習慣；播下一種習慣，收穫一種性格；播下一種性格，收穫一種命運。」

　　勞動分工可以塑造性格差異；更進一步說，癮可以塑造性格差異。任何事情皆有癮的影子，一個勤快的人長期不勞動會變得懶惰，一個懶漢也會因為勞動變得勤快，一個特立獨行的人被迫拍馬屁，也可能塑造成一個馬屁精。亞里斯多德說：「我們由於行使正義而變得正義，由於練習自我控制而變得自我控制，由於行為勇敢而變得勇敢。」他是對的，對人性最深刻的觀察，古人已經完成了，現在科學研究只是為他們提供一些邏輯基礎和注解。

　　人類很難像挑選動物一樣，只讓某些特質的人繁殖，而讓另外一些人不許生育。但在出任社會角色時卻總是在挑選，不管是升學考試還是職務競爭，實際上都是一種選拔方式。按照《理想國》的主張，讓那些擅長治國的人來治國，每種工作都由在此方面有天才的人去做。

　　挑選這個難題，自古至今都沒有好的辦法，秦始皇、諸葛亮都會用錯人，現在沒有一個國家發明能挑選出最適任總統的方法。當然，選擇的難題還有倫理上的難題，到底是讓最有天分的，還是最有資格的人坐在最重要的位置上？要承認運氣，還是要盡量消滅運氣？

　　基因工程總有一天，能夠提供每個人可靠的潛力履歷表，這張

表格會將所有人們關心的特質客觀地呈現。如果有這張表格，秦始皇不會任用擁有背叛潛力的趙高，國家也不會選出一位不太稱職的人當總統。公司將由最可靠的人領導，而不是憑藉馬太效應的結果來評價一個人。我們的後代很可能迎來這樣的時代，只是不知道這是好還是壞。

自我馴化的人類

儘管本書非常強調人的本性，即動物性的一面，可人畢竟受到文化的影響和環境的約束，人們把這些統稱為馴化。家養動物是透過一代一代的人工挑選，雖然保留了人們需要的個性，但與野生動物相差越來越大。同時還要有一種馴化方法，就像讓馬戲團的動物學習表演，家養的牛馬學習拉車耕田。

文化、環境的差異對個性的影響很容易觀察到。農村和城市長大的孩子，在相當長的時間內有不同的交往能力和自信心；一九六〇、一九七〇年代的人，和一九九〇年代的人也有不小的差別；亞洲人和歐洲人有所不同，所有這些都是不同馴化經歷所形成的。

古代中國私塾大量的教育是關於倫理道德方面的教育，其目的就是教化出社會需要的人，以維持社會秩序的穩定，因為讀書人十分稀缺，大部分讀書人會坐上高位成為管理者，至少也是普通人中的楷模，這是文明社會馴化人類自身的一種主要方式。現代社會，教育科目的多樣化，在學校教育中，大大壓縮了人際和道德教育的時間，但是人類可以透過模仿學習別人的行為來改變自己。透過觀

察學習，兒童和成人都獲得了大量的社會環境資訊，可以知道什麼行為是受到欣賞的、什麼是受到懲罰的，什麼是不被重視的。

馴化所能達到的程度，還是受制於基因本身的設計，否則很難實現。明朝初期官員收入低，做一個海瑞式的清官甚至無法生存，又雖然對貪官的懲罰極為嚴苛，但還是難以懲戒貪腐。

心理學家發現，即使動物學會了完美的操作反應，隨著時間的推移，「習得的行為也會向著本能行為漂移」（《心理學與生活》）一些國家曾經很長一段時間宣導毫不利己、專門利人的共產主義精神，然而要徹底地改變人類基因的自私天性是不可能的。

儘管如此，文化和環境必須對人進行一定程度的塑造，如果回歸原始本性或者加強某些原始本性將會很糟糕，這些本性包括自私、自負、統禦、順從等等。如果矯枉過正，這些本性被大力鼓勵和慫恿，每個人破壞和鄰里關係、降低了幸福水準，從而支付了巨大的發展代價。

教育的起因，是人類自身為舊石器時代生存所需要的技能和習性，並不能滿足社會環境發展的需求。原始社會需要溝通卻不需要文學，需要大致知道數量的多寡，但不需要精確的數學。人的一生只跟少數熟悉的同類打交道，並不需要接觸很多陌生人與設計複雜的組織。

人類比其他動物活的更像個人，其實也付出了巨大的代價，因為要戴上枷鎖和遵守規矩，要做很多自己本不願意、也不擅長的事情。教育中一直有棍棒派和興趣派的分別，前者認為人，尤其是孩子，實際上是不愛學習的，也基本上沒有自制力，所以必須在成

第十章　個　性

人的棍棒威逼之下完成學業，就像馴猴；後者則認為不應該強制孩子學習，尤其不能體罰，要引導孩子學習興趣，讓他們樂於接受教育。

人類所學大部分並非天性所好，所謂教育最重要的目的就是泯滅部分天性，獲得社會承認。教育絕不意味著完全順應天性，教育的有效性，就是在最佳時機，用最佳的方式開發學習的潛力。

人類需要透過教育克服的天性很多：

（一）懶惰

人類祖先數百萬年前是吃水果維生，後來由於森林銳減，被迫到草原上生活，開始吃植物的種子和肉類，成為雜食動物。現代人會想像遠古的祖先們都生活在艱難困苦之中，實際上沒有這麼糟糕。採集和狩獵時代人口數量比較少，自然資源資源比現代豐富很多，古人類生活的還是比較愜意的，得到食物並不是十分困難。一旦吃飽了之後，由於食物含有較高的熱量，就不必再去奔波。靜下來休息能夠保持能量，就像貓科動物一樣。據估計，舊石器時代的人每週只工作十五個小時，比現代人少很多。人類勞動強度最大的時期，是進入農業社會之後，劇增的人口造成了強大的生存壓力，把人們牢牢禁錮在土地上。

一些對人性有深刻觀察和總結能力的人，儘管不知道演化的邏輯，但從觀察中發現很多人性的事實，例如曾國藩說：「百重弊病，皆從懶生。懶則弛緩，弛緩則治人不嚴，而趣功不敏。一處遲則百處懈矣。」如果把這些直覺加以科學解析，更加有力和可信。

一個人保持勤快非常困難，但要想變得懶惰極為容易。吃飽了想睡覺，根本原因不是科學家解釋的消化分流了血液，而是這種方式曾經符合生存鬥爭的需求。

（二）不適合與更多人交往

遠古時期，人類群體估計不會超過三五十個成員，熟悉這些成員也是幼年時期需要學會的本領。在原始部落裡，所有的成員都相互認識；而現在的城市則變成了一個超級部落，且不說數萬人的城市，因為會互動的人遠沒有那麼多。和原始場景不同，我們日常生活和工作交流的成員也不限於相互認識的成員，但人類的基因沒有與這麼多人交流的天賦，所以要靠後天培養。儘管兒童更喜歡類似於原始社會的鄉下的環境，但在適應現代社會生活方面，城市長大的兒童有明顯的優勢。

社會交往是現代人最重要的課程，好像是應該自幼培養的一種能力。

教育心理學家是很不稱職的，迄今在研究教育的規律上所獲甚微，他們提出了一個粗糙的兒童成長甘特圖。兩歲時，開始研究物體；三到七歲，就是角色表演和其他符號活動；七到十一歲，正規的學校學習活動；到了青春期，少年就力圖兼顧親密的人際關係和職業取向的探索。

教育心理學家提出的座標缺乏實用價值，既不簡潔也缺乏實用性。人類自身的馴化，必須在恰當的時機學習與他人交往這一課，童年很可能是非常重要的時期，限制兒童的交往和限制兒童遊戲一

樣，是我們社會中最普遍存在的、最錯誤的兩件事，其影響相當深遠，以至於成年之後很難彌補。

（三）不孝

從生物意義上說，人也像我們熟悉的很多家畜一樣，呵護、撫養下一代，但絕對不會贍養老人，因為這種行為在演化上缺乏意義。

第十一章

展　望

第十一章　展　望

　　大自然最神奇的創造非 DNA 莫屬，人類最不可思議之處乃是理解了 DNA 的祕密。接下來將會發生什麼？未來對人自身認識甚至改造，將落實到分子層次，這豈是福禍可以評價，毫無疑問，未來將面臨艱難抉擇。

DNA 的祕密

　　真正能對生命做出公式一樣嚴密科學的解釋，必須等到我們破解了 DNA 和蛋白質這部天書，現在尚不能預測這一天何時來臨。而生命密碼的逐漸破解，逐漸應用足以產生令人難以想像的後果。

　　人類畫出了基因的圖譜，接下來就會解釋這張圖，未來基因技術會從這門捕風捉影的社會科學，變成物理化學一樣的自然科學，所有的非確定性最終將被確定性取代，這是一個熱門話題。

　　大自然最神奇的創造非 DNA 莫屬，人類最不可思議之處乃是理解 DNA 的祕密。任何富於想像力的懸疑小說跌宕起伏的故事情節，都沒有辦法與這個奇妙的「輪迴」相提並論。儘管這個說法早已沒有任何新意，當我著手寫一章時還是感覺到無比的震撼。

　　從一九九〇年，人類基因組計畫開始啟動，到二〇〇三年，中、美、日、德、法、英等科學家宣布人類基因組序列圖繪製成功，人類基因組計畫的所有目標全部實現。已完成的序列圖覆蓋人類基因組所含基因區域的 99%，精確率達到 99.99%，這一進度比原計畫提前兩年多。人類在詳細描繪自己基因上只用了十三年，也只花費了二十七億美元。

　　讀者對有關基因的一些資料可能非常好奇，我把它羅列

在這裡：

人類二十二對體染色體加上兩條性染色體，共有二十三對染色體。

在這些染色體上共分布著大約二十九億個鹼基對，即 A（腺嘌呤）、T（胸腺嘧啶）或者 C（鳥嘌呤）、G（胞嘧啶）組合。

如此眾多的鹼基對中，大多數都沒有表達功能，僅僅存在那裡。

每一百萬個鹼基對，只有十二個左右的基因。

在二十三對染色體上共分布著兩萬六千五百四十三個基因，比此前預計的少很多，一開始人們曾預測人類有十萬個左右的基因。人類的基因大約只有玉米基因的一半。其中最大資號染色體共有兩千七百六十九個基因，最少的二十二號染色體只有一百零六個基因。

男人特有的 Y 染色體也非常小，有一百四十四個基因；而男女都有的 X 染色體有一千零九十個基因。

在宣布基因組序列繪製成功的那一刻，如果我是其中的科學家可能不會非常激動，而是會感到不知所措。完整的描繪基因圖譜只是故事開始，將來的後果難以預料！最基本的可以想像好處是：醫療、遺傳疾病的避免、壽命的延長等等。壞處則是倫理方面的：複製人、優生學……諸多的問題可以歸結到一點上：當你十分客觀地瞭解你自己，你甚至可以設計自己的後代，你將如何選擇！

無可否認，人並非像蜜蜂一樣，靠事先編制好的既定程序做事，而是一種習得性動物，基因並不是唯一影響的因素。你是不是

第十一章　展　望

一個喜歡冒險的人呢？在過去，通常把這些取向歸結於後天養成的習慣或者性格；而如今科學家發現，一個人是否喜歡冒險，與基因有很大的相關性。如果考慮到離婚傾向性、犯罪傾向性和基因也有隱祕的聯繫，這可是一件令人十分糾結的事情。

科學家宣布：他們已經發現人體第十一號染色體上有種叫D4DR的遺傳基因，它對人的性格有不可忽視的影響。D4DR共有四十八個鹼基，在不同人體內重複二到十一次不等，大多數人重複四次或者七次，它是多巴胺的蛋白質製造圖紙。簡單理解，就是這個基因重複的次數越多，製造的多巴胺就越多；而多巴胺越多，人就越喜歡冒險！D4DR基因較長的人容易興奮，善變激動、急躁冒險，比較大方；D4DR基因較短的人，比較喜歡思考，忠實溫和、個性拘謹、恬淡寡欲，並注意節儉。這僅僅是一個確切的例子，日後比較後發現了更多的與性格有關的基因，故所謂江山易改本性難移，本性本質就是基因。

D4DR使人類首次把一些人的性格特徵，與一個具體的基因明確聯繫。當然，這個研究還不完全確切，即使不考慮後天的因素，性格也可能是多種蛋白質和基因共同決定，畢竟我們所有的反應追根究柢都是由化學物質決定。不管怎麼說，這個例子已經顯示出基因在描述一個具體的人方面巨大的潛力。

假如把「冒險」這個問題換成「好色」，到底意味著什麼？實際上科學家已經說了，D4DR基因重複的次數，與性伴侶的數目有很大的正相關。前文中我們已經揭示，不好色的男人都被歷史的長河埋葬了；問題在於個體之間還是有差別的，不同男人好色程度

還是有很大的差異！「冒險」可以被研究的原因，是它是一個中性詞，如果犯罪、好色、不忠誠等貶義詞和基因建立聯繫，將會是怎樣的後果？

《天龍八部》裡面的段正淳和真實歷史上大理國皇帝差不多，他的特點是對每個女人都是真心的，只是數量比較多，更換得比較頻繁。假如女孩想判斷男友花不花心，只要捫心自問：他會不會把妳？會把妳、讓妳開心的人，多半也會在別人身上故伎重施！魚與熊掌不可得兼，這是一個很合理又讓人尷尬的邏輯，然而事實確實如此！理解這一點不需要任何生物學的知識，只需要客觀性和基本的邏輯思維而已。

基因技術讓你在判斷對方和自己時，有了很明確的客觀依據，只需取對方無所不在的汗液、用過的杯子上面一點痕跡，就很容易得到確切的答案。雖然人類不懈的努力大多數都是在追求確定性，但把確定性用於我們自身時，就會有點葉公好龍的味道，我們對它的後果完全沒有準備！

有關基因圖譜描繪的各種資料和評論可謂汗牛充棟，我不想重複大家經常會看到的各種論述，很容易就能在網路上找到更詳細的資料。基因技術不久就可能對我們產生重大影響，而我想就這些問題談一下我的看法。

篩選

物種一直按照自然的步調演化，自從人類參與之後，物種的演化已經發生了兩次革命，這兩次革命都大大加速了物種改變

的速度。

第一次革命大約是在一萬兩千年前開始的，此時人們開始挑選和種植植物，人類進入了農業社會。據考證，農業的起源可能在土耳其的某個地區，標誌是人們改變了完全靠天吃飯的生存模式。最初的種子來源於自然界，古人開始種植和栽培他們認為好吃的植物，同時保留一些種子用於下一次種植。有意無意地，他們會選一些長勢相對好的作為種子，馴化植物的歷史開始了。與此同時，狼也成為人類最早馴化的動物，地點就在埃及。

第二次革命的標誌是人類更有意的育種，奧地利傳教士孟德爾（Gregor Johann Mendel）為了培育出更好的種子，從一八五六年至一八六四年進行了八年豌豆的雜交實驗。一八五九年，《物種源始》發表，孟德爾逐漸改變了初衷，轉而研究遺傳。他的論文發表於一八六六年，但直到一九九〇年才真正得到重視，孟德爾也因此成為現代遺傳學的奠基人。

從理論上說，中國雜交水稻之父袁隆平做的事情，和孟德爾的實驗是同一件事。由此算來，人類有意識地透過雜交的方式改良馴化的動植物也不過才一個世紀，而袁隆平僅僅用二十多年的時間，將水稻平均產量提高了 20%。

接下來的第三次革命，讀者可能已經猜到了，這一次革命會透過直接操縱基因的方式開始。基因工程對物種的改變速度將會是前所未有的，而這個運動已經從構造相對簡單的植物開始了，各種基因轉殖食品已經充斥於超市。

就人類自身來講，也發生了一次人工選擇的革命。

人並非完全按照自然的步調發展，所有講述基因與人的書，都強調我們動物性的一面，例如我們與黑猩猩的基因相似度為 98.5%（也有 98.77%、99.4% 等說法，但這只是一個直觀的認識，基因比較以及後果是非常複雜的，並非完全如上述數字一樣簡單），而黑猩猩與大猩猩的相似度僅有 97%。風靡一時的《裸猿》（*The Naked Ape*）、《人類動物園》（*The Human Zoo*）、《紅色皇后》等等都是講述差不多同樣的故事。我覺得作者忽略了一個重要的事情：人是自我馴化的動物，馴化不僅是一種文化束縛，像人工馴養的其他動物一樣，馴化本身也是對人種的選擇。我看過很多有關人類演化方面的科普書，全都忽略了人類自我選擇這個關鍵細節。

按照我的邏輯演義，估計進入農業社會以來，人類的習性的改變肯定要快於此前的人類，就像我們馴養的狗一樣。戰爭、飢餓、財富、瘟疫等無形中扮演了自我馴化的工具。地球上人口總數接近八十億，而從基因多樣性的角度看，這近八十億人是趨同的，人類數量儘管很多，基因類型卻很少。

傳染病可能是人類加速演化的第一要素。過去農村每家養幾隻雞雖然也會流行雞瘟，但相對於大規模養殖流行雞瘟的頻率低得多。如果養雞場不經常消毒的話，雞瘟幾乎是常事。農耕相對狩獵和採集可以養活更多的人，人口密度的增加帶來了一個極大隱患——傳染病更容易爆發。大起大落的人口數量對基因的多樣性造成了致命的打擊，每當一次大瘟疫爆發，都只有少數人生存下來。由於生產手段沒有改變，生產能力很快恢復，人口又迅速成長到相當的規模，接下來歷史又重演。而若不斷地重複這個過程，人類成

第十一章　展　望

員之間的親緣關係就變得很近，基因的多樣性就喪失了。

　　戰爭也產生了巨大的影響，例如明末清初最令人髮指的張獻忠屠蜀，幾乎殺光了當時的四川人。崇禎以前，蜀中人口是三百萬以上；直至順治十八年（一六六一年），清代第一次戶籍清理，四川省卻僅有八萬人左右。歷史上滅絕種族的殘酷戰爭非常多，僅被記錄的歷史而言，契丹人、匈奴人、西夏人都被戰爭消滅了，但這可能只是冰山一角。

　　人類進入所謂文明社會以來，戰爭大大消滅了人類基因的多樣性。以中國為例，從西元前一九五到西元前二〇五年的西漢建國初期，共歷十年。《史記》記載，秦朝末年有兩千多萬人；到漢初，原來的萬戶大邑只剩下兩三千戶，消滅了原來人口的70%，大城市人口剩下十分之二三，甚至出現了「自天子不能具鈞駟，而將相或乘牛車，齊民無藏蓋」的現象。據考證，中國歷史上因為戰爭，有十四次大型的人口死亡紀錄。西元一五六年，人口五千零七萬，經過黃巾起義和三國混戰，西元二〇八年赤壁大戰後，全國人口為一百四十萬，西元二二一年人口下降到九十萬，損失了98.2%；西元一一二二年全國人口九千三百四十七萬，到元中早期一二七四年，人口剩八百八十七萬，損失率高達91%。

　　蒙古帝國的崛起，據估計屠殺了大約兩億人口，很多民族在這場曠世征戰中消失了；哥倫布發現新大陸之時，印第安人估計有四千萬，到了一八七〇年，只剩下四萬多人；一七七〇年，英國航海家庫克船長到達了澳洲，土著在此生活了兩萬到三萬年，人口估計有數十萬，後來逐漸減少，有的種族如澳洲南部的塔斯馬尼亞人

徹底消失。而中國儘管遭受過數位規模龐大的滅絕性戰爭，但是現在的人口仍然是早期人口的直系後裔，其他國家大多數只剩文明遺跡，而創造古文明的人口、國家和種族則消失在綿延的戰爭之中。

人類基因的第三個選擇與財富有關。不久前，財富和生存與繁殖還是緊密相關的。有錢人明媒正娶三妻四妾，暗地裡可能還要很多女人；而很多窮人就只能當光棍，隨著他的去世，基因在消失在自然之中。如果考慮到饑荒的年頭，就更加速了兩極分化。有沒有錢，雖說有太多後天因素，但也不能否認有沒有錢和個人對財富的渴望程度正相關，而渴望程度則與基因相關。現在人們為何如此貪財？我總有一種感覺，這也是人類自我馴化的結果，貪財的人留下了更多的後代，換句話說極度貪財的本性，用了很短的時間就寫入了人類的基因圖譜之中。

經過一萬兩千年的加速選擇，我們基因改變可能不多，而外在表現上可能產生了巨大的變化，這就像我們在基因總量上與黑猩猩相差甚微，但表現形式相去甚遠是一樣的道理。從表現形式上說，一萬兩千年前的人與現代人的差別，可能與一萬兩千年的狗與現在的狗差別一樣大 ，這全因為人類社會的歷史不知不覺造成了基因選擇。當然，這只是我的一個猜想。粗略的基因分析無法確認這一點，總有一天，而且我預計為期可能不會太長，我們會瞭解人體中所有基因，到那時，上述關於人類演化的歷史問題將昭然若揭。

達爾文的學說發表之後，人們想到改良物種同時，也會想到改良人種。從理論到實踐，改良人種的活動也曾小規模的進行。一九一〇到一九三五年，美國通過聯邦法律，為十多萬人做了絕

育手術，理由是這些人弱智；後來，德國也為四十萬人做了絕育手術。

　　達爾文的表弟高爾頓是演化論的狂熱支持者，他說不上是什麼方面的學者，但非常博學，其著述包括至少十五門學科，他是統計生物學的奠基人。過去，高爾頓被描述成一個種族主義者，事實上他是人種主義者，而不是種族主義者，他主張對人類也應該像對牛一樣進行選擇性繁殖：

　　「我的目的是要記錄不同人之間，由遺傳而得到的能力，家族和種族的不同，以瞭解人類歷史允許我們在多大程度上用更優良的人去代替不夠優秀的人，以思考用適當的方法完成此舉是否是我們的義務。唯其如此，我們才能更快地推進演化，避免把演化完全交到自然的手中引起的焦慮。」

　　按著高爾頓的主張，人應該像挑選動物繁殖一樣挑選人。

　　不管怎麼說，馴養動植物的物種改良運動和改良方式，並沒有原封不動地蔓延到人類自身，人類自身這個物種在文明社會只經歷了一次不自覺地演化革命。

　　那麼，即將全面展開的第三次生物演化革命，會涉及人類自身嗎？我認為會。我們不可能像培育奶牛一樣，透過雜交生產我們希望的後代類型，雖然有個別人、甚至整個國家也這麼想過，但要實行顯然很艱鉅。這是第二次革命（有意的育種）沒有涉及人的原因。也就是說文化、習俗等阻止了人工選種和雜交等方式改良人類自身。關於人類自身，是沒有辦法確定改良的目標的，這是一個價值觀的問題或者是倫理問題，而當你無法確定目標時，就不存在做

還是不做的問題。

　　我們之所以不斷改良動物，是因為我們主導了世界，而這一點恰恰很難適合人類自身。想像一下，如果讓奶牛主導這個世界，其實和我們一樣，產奶量低的奶牛也「願意」繁殖自己的後代，只是馴化動物的繁殖權被人類挾持，才產生了第二次物種革命。

　　第三次生物演化革命會什麼時候波及人類自身呢？我認為主導作用的因素不再是倫理和文化，而是資訊。一旦資訊是透明確鑿的，每個人就能輕而易舉的趨利避害，從而篩選基因。

　　幾乎可以肯定的是，篩選首先會從優生學開始，大體上說，人類的疾病不是來源於外界的感染，就是來自於自身的原發性疾病，而後者絕大多數都與基因有直接關係，進而有某種程度的遺傳特徵。抗生素使人類抵禦細菌的鬥爭有了一個制勝的武器，然而對於絕大多數來源於人體自身的疾病，不管是癌症、糖尿病、白化病等等都很難治癒，最多也只能緩解病症。

　　我們可以非常直觀地想像，所有由基因決定的疾病，想治癒應該非常困難，改變任何一個細胞中的基因尚且不宜，何況要改變細胞數目如此龐大的人體！但想防止這種病的發生相對比較容易，科學家已經發現了四千多個與疾病有關的基因。胚胎早期的基因檢測，不久就可能達到商用的程度，阻止有致病基因的胚胎進一步孵化，看來在倫理上也是一種較優的選擇，畢竟讓那些患有先天性疾病的人出生，對當事人和相關親屬都可能是一件很糟糕的事。起初，人們會阻止一些最重要的疾病，如自閉症、先天聾啞、先天性智障等，然後這種篩選就會逐漸深化，比如：含有日後會患糖尿

病、癌症、帕金森氏症、老年癡呆症等等的胚胎，要不要流產？隨著基因密碼破解的進展，胚胎基因檢測技術的應用會不斷升級，第一階段檢測基因疾病，接下來就會檢測聰明與否、長相美醜等等。

最後，基因篩選會越過早期胚胎檢測，應用於日常生活的方方面面。假如你現在是一個小老闆，希望招募員工，而最讓你頭痛的可能是員工的忠誠度，因為你是小公司，員工的流失經常造成直接的損失。假如有一天，科學家發現了某幾個基因與天生的忠誠度有關，基因檢測已經非常容易並且收費低廉。這時，你招募員工不再注重履歷，而是要求得到對方的一個「細胞」，這是基因在職業選擇中的一個應用。實際應用場景可能多得現在都無法想像，從婚配到就業，應用基因進行篩選會相當普遍，無可阻擋。就業可能靠立法暫時抵擋一下，而婚配壓根就是個人的事情，很難透過立法干涉；同時，把基因檢測用於婚配與現行的倫理根本沒有衝突，沒有任何阻力實施這個選擇行動。

過去，曾經認為和先天沒有什麼關係的事情，現在也逐漸和基因建立聯繫。例如，過去我們認為離婚一般純屬兩人合不來；然而統計結果顯示，遺傳能解釋其中一半的原因。在丹麥，對於被領養孩子的犯罪紀錄顯示，他們是否犯罪與親生父母是否犯罪有很大關係，與養父母則關係很小。

一九九五年，柯林頓執政時期，美國犯罪率飆升，人們憂心忡忡。

「我們有六年時間來扭轉當前青少年犯罪的形勢，」柯林頓說道，「否則我們的國家將陷入一片混亂。而我的繼任者在發表演講

的時候，他所討論的將不是全球經濟的輝煌前景，而是如何讓市民們能夠更加安心地生活。」毫無疑問，我們應該把錢花在預防犯罪上面。

然而，犯罪率不僅沒有「不斷上升」，反而下降了，且是一直在下降。按照《蘋果橘子經濟學》（*Freakonomics: A Rogue Economist Explores the Hidden Side of Everything*）作者史蒂芬·列維特（Steven David Levitt）的解釋，一九九〇年代犯罪率飆升背後真正的原因，是一九七〇年代美國墮胎是違法的。作者說，本想墮胎的非婚生子勉強生下來，得不到很好的撫養，很多人走向了犯罪道路。我想這可能並非列維特的本意，想墮不能墮的人本身犯罪率就偏高，這些孩子帶有「犯罪基因」的機率要高於正態分布的常人。列維特這樣說怕挨罵，出於政治正確的原因，才轉而用溫和的後天造就說法。

領養的孩子提供了證據，統計發現，他們是否犯罪和生父母是否有犯罪紀錄關係很大，與養父母則沒有什麼關係。有的讀者可能說，你這純屬胡扯，忠誠之類的都是後天原因，基因無法決定你的電腦程式設計水準，也無法和任何一門具體的技能聯繫起來。

沒錯！現代就業的絕大多數技能都是才出現不久的事，人們所具備的這些能力都是後天習得的，因為基因裡面怎麼也不可能寫著「此人擅長程式設計」。但如果你仔細觀察一下，大多數的事情是不是能做到出乎其類、拔乎其萃，背後都要有天賦支撐？從某種角度說，天賦在非常多的領域比知識更重要，既然說到天賦，我們說它與基因有關大概不會有人反對的。雖然古老環境下演化不出編寫電

# 第十一章　展　望

腦程式的智慧，但是這種智慧只是某種古老智慧的一種表現形式。

履歷的缺點是它具有初始地位敏感的演化性質，一個人可能因為運氣好、不斷地獲得馬太效應而爬上高位；而當基因技術發展到一定程度，人們就不再這樣選擇人才，轉而注重一個人先天的潛力。一個細胞內的那一點點微量物質就決定了你人生的走向，既不會太幸運，也不會被埋沒，這樣更準確也更合適。

我們應該怎樣評價這樣一個帶有宿命色彩的、確定的世界呢？很多人直覺上認為這樣是很糟糕的，畢竟我們主張自身透過努力改變命運。那麼換一個角度看，你恰好有某種天賦，努力的方向卻錯了，或者無緣發揮出來。而基因圖紙讓你明確了這一點，同時別人也相信基因的客觀性，給你發揮這方面特長的機會，你就會覺得一點問題沒有！就不會再感歎王侯將相，寧有種乎了。

對基因的直接篩選，毫無疑問地會直接、快速地影響到人類自身這個物種。這可能造成無法想像的衝突和倫理革命，這絕對不是一個簡單的問題。如果你問我的主張，我是沒有主張，只是認為這場革命必然到來。我即反對人的優化，也不盲目的站在反科學的一邊，主張一切回歸到自然狀態，回到不確定性之中 —— 我們的一生可能中大獎，是一個幸運的人；我們也有可能是倒楣那個，懷才總是不遇，命運總是不濟。只有考慮到各種情況，態度才相對客觀，而探討倫理和態度的問題過於思辨以至於很無聊，所以點到為止。

分化

　　基因篩選並非一種假說，在我們生活中已經不知不覺地加速，只是還沒有用基因圖譜的方式。在婚配嫁娶方面，一直講求門當戶對。從某種角度來說，人們的這種意識與原始狀態相比，影響了人類基因的基本走向，形成了更加分化的趨勢。只是由於上文所述的諸多原因，形成的分化被一次次地消滅，人類個體之間非常近的親緣關係才使分化沒有持續發展。另外，過去資訊一直是比較封閉，多數人只能在一個很小的範圍內選擇配偶，只要回想一下幾十年前的歷史就能明白這一點。

　　現在已經發生了很大的變化，不管從經歷上，還是從網路上，每個人都獲得了比以前多很多的選擇面，使婚配更加門當戶對，分化的趨勢就會加速發展。有些人感覺，美國人比華人更加離散，他們說華人都差不多，美國人聰明的則非常聰明，笨人則非常笨。我沒有找到更科學的統計資料，權且當作一種街談巷議。如果這個感覺是正確的，是很符合資訊流動加速了人類分化這個假說的。西方工業化和開放也就比我們早了兩代人左右。認識人越多，經歷越豐富，選擇和自己相似稟賦的人組成配偶的可能性就越大。

　　奧利佛‧卡里（Oliver Curry）是英國倫敦經濟學校達爾文研究中心的研究員，他應精彩電視臺（Bravo）邀請，對人類未來的演化進行了大膽預言。

一千年後：現有的人種概念將不復存在

　　由於不同膚色人種一千年來互相結合繁衍，最終導致全人類融

第十一章 展 望

合為一個人種 —— 咖啡色人。而隨著營養學和醫療水準的提高，那時人類的平均身高將達到最高點 —— 一百九十五公分，壽命也將增至一百二十歲。此外，由於基因修改、整容手術和性別選擇等技術，人類的外貌將比現在更美麗。每個男性都將擁有運動員般的體格、剛毅的下巴、深沉的嗓音和更好的性能力，女性則有更光滑的皮膚、更明澈的雙眼和更美麗的秀髮。

一萬年後：下巴變短，人類變成「冷血動物」

而由於長期對科技過分依賴，一萬年後，人類將嘗到自釀的苦果。卡里稱，由於人類對加工食品的嚴重依賴，咀嚼功能變得不再重要，人類很可能下顎骨退化，下巴逐漸變短。人類的相貌將變得越來越像青春期尚未發育成熟的少年。此外，人類將逐漸喪失社交技能，變成沒有愛心、同情心、信任心等感情的「冷血動物」。而且還會面臨嚴重的健康問題，由於醫療技術的發達，癌症等遺傳性疾病導致的死亡將被阻止，但這些致命基因將遺傳下去，從而無法從人類的基因庫中「清除」出局。而人類長期依賴藥物，將導致免疫系統的退化。

十萬年後：人種分化，「高雅人」大戰「野蠻人」

十萬年後，由於社會貧富兩極分化，人類將徹底演化成兩個截然不同的亞種 —— 英俊而聰明的「高雅人」和醜陋而愚笨的「野蠻人」。卡里稱，「高雅人」處於社會的頂層，由少數擁有特權、受過高等教育而且健康的富人演化而來。他們外貌又高又瘦、體形勻稱，聰明且富有創造力，可維持一百二十歲的平均壽命；而「野蠻人」處於社會的底層，由一無所有的窮人演化而來。他們不僅身材

矮小肥胖、智力低下，壽命也大大縮短。由於兩個種族之間可謂水火不容，社會動盪不安，甚至爆發大戰。

儘管只是一個科普或者假說，這個報告還是反映了一些實質性的問題。我覺得這份報告對人類分化的預計過分保守，現在資訊社會已經讓我們能夠感覺到這種分化的趨勢，人種的分化遠遠用不了十萬年。

從非常短暫的現在的生活場景來看，人類本身的演化已經喪失了自然狀態下的天擇機制，體格與留下後代不再有直接的相關性，一些在自然狀態下會被淘汰特性和基因會在文明的環境中保持下來，很多遺傳性的疾病不斷地提高在人群中的機率，在這種情況下，分散選擇（個體之間離散性增加的趨勢）造成分化的客觀後果不可避免。

我們可以合理的設想，假如人們普遍認可了先天決定一切的說法，而真實情況確實差不多如此，那麼，在婚配選擇上必然導致一些分化後果，就像我們飼養的家畜一樣。

如果人們認定某種性狀與基因和遺傳有很大的關係，甚至不需要基因檢測，僅僅透過表現性狀就會改變婚配規則，進而形成分化。

如果考慮到人們將來依據基因圖譜可以瞭解更確實、更可靠的資訊。甚至用不了一千年就會產生這樣的分化。網路婚介已經不再處於萌芽階段，規模已經相當大，透過網路找到自己另一半最大的障礙是可信度的問題。將來有一天，我們確切了明白了基因的含義，你不僅得到對方的履歷，也不必聽信對方的花言巧語。附件中

第十一章　展　望

DNA 建立會相當可靠地告訴你對方的資訊，從基因上瞭解的資訊可能比你認為知根知底的資訊更客觀、更可靠。

分化造成的可怕後果，更多的可能是倫理方面的。分化更容易形成統禦—服從關係，就像專制的組織一樣，可能更有效率，其代價則是犧牲了公平。

測定

從行文的順序上，應該首先是測定，然後再篩選和分化。我之所以沒有按照正常的順序編排，是因為篩選在基因測定之前就已經開始，現在我們仍然使用古老的方式，透過外在表現判斷自己和他人，靠基因檢測科學的判斷是若干年後的事。

用 DNA 做親子鑒定、用於刑事偵查早已是一種普遍應用。從未來的發展看，這只是基因技術非常初級的應用，更廣闊、更普遍的應用必將展開。

很多對科普略知一二的人可能會想到這樣一個問題：既然每次性交，男人要射出兩億到四億顆精子，那麼，有沒有辦法選擇一個最好的「種子」與卵細胞結合呢？前文我們說到，精子的種類有八百多萬種可能的基因組合，如果能夠挑選當然是好事。起碼在很大程度上可以避免一些遺傳疾病。目前看來，未來也不一定能有這樣的技術，精子是非常小的細胞核加上一個細胞膜，內部的染色體非常緻密地團在一起，要想在非常短的時間內非破壞性的鑒別精子內部的基因，不太可能實現。

很多人憑直覺想像過鑒別精子的性別，而這面臨的困難和上述

問題差不多，分清楚哪條精子內是 X 染色體、哪條是 Y 染色體，實現無破壞檢驗比我們想像的要困難得多。

如果換一種方式，即懷孕之後進行早期的胚胎的基因檢測，就很容易了。因為從技術上允許取出少許細胞做破壞性技術分析。但普遍實施胚胎早期檢測，好處和壞處可能都很多。最大的好處就是避免先天性遺傳疾病的胎兒出生，現在看來，遺傳性疾病的最佳治療方案不在於治，而在於防，最佳的防止手段無疑是不讓攜帶遺傳病基因的胚胎成長為胎兒；最大的壞處就是可能使新生嬰兒男女性別比例失調。晚期胚胎性別檢測已經造成了相當程度的男女比例失衡。

隨著早期胚胎基因檢測程度的深入，以後暴露的問題和好處會與日俱增。當人們能夠確保生一個沒有遺傳病的寶寶的需求被滿足之後，人們就會希望生一個天才的寶寶、生一個漂亮的寶寶等等，各式各樣的要求就會滋生。人的慾望總是這樣一步一步被激發，得寸進尺是天擇規律，只是在我們人類身上表現得要比其他動物突出的多。

大家都生聰明、漂亮的寶寶有什麼不好嗎？可能沒有，問題在於一旦早期深度檢測開頭，就可能引起早期檢測的軍備競賽，後果難以預料。所謂社會精英的精子庫早已經建立，沒有得到廣泛應用的原因有二：其一，也許是生物上的原因，也許是倫理上的原因，沒有多少人希望後代不是自己的血脈；其二，沒有引起攀比和軍備競賽。人們對於基因的決定性作用還處於將信將疑的階段，對於大多數和基因密切相關的性格、品性等，人們仍然固執地認為和基因

無關，一旦人生和基因的關係得到更準確地確認，像離婚、自殺、暴力傾向、愛鑽牛角尖、更容易沉溺於遊戲等，人們一直認為純粹是後天因素造成的，而科學家則找到了某些基因與這些品性的相關性，當更多的人相信了這種關係，基因競賽就有可能爆發。其實我們已經看到了端倪，今日生活的富足並沒有消滅競爭，正好相反，引起了更激烈的競爭。在我上大學時，學生之間的競爭基本上是從高中開始的，有時也波及國中；現在已經把競爭提前到幼兒時期，很多幼稚園的小孩非常辛苦，日程被父母安排得滿滿的，今天畫畫，明天鋼琴……我們很有理由相信，也許不久，個體之間的競爭，就會上溯到胚胎的早期測定和挑選。

　　成年人的競爭很快就被提早到幼稚園。當競爭的戰火蔓延到早期胚胎階段，就不僅是時間跨度上的量變，而是基因層次的質變。到目前為止，所有的人之間的競爭都是後天的競爭，戰火一旦燃燒到先天上，對人類這個物種的演化影響是難以估計的。

　　基因定序具備了大眾消費的基礎，其廣闊前景難以想像。部分基因的測試已經開始商用，你只要花上三百九十九美元，即可進行DNA唾液測試，對你九十多項特徵和身體狀況進行評估，如禿頭和失明。儘管23andMe並非世界上唯一一家向公眾推出DNA測試服務的公司，但在使這項服務可獲取和可承受方面，它絕對是做得最好的。

　　23andMe聯合創始人安妮·沃西基（Anne Wojcicki）表示，23andMe可以為客戶識別和解讀六十萬個遺傳標記，這些遺傳標記其實是你的數位表現形式，而這是你從鏡子中絕對看不到的性

情資訊。

改造

　　很久以前，人們就對包括人在內的動物生殖現象有濃厚的興趣。最早的假說是預成論（epigenesis），意思是我們就像俄羅斯娃娃一樣，大娃娃裡面包含著小的、同樣的娃娃。按照這種學說，現在以及後來的人類，都是早就存在於亞當睪丸裡面的小人。提出這個假說的人本身也會懷疑其邏輯的正確性，世代都可以細分，這個娃娃最後就會無限小。問題是除此之外，想像不出來另外的答案。

　　不久人們就知道，成體都是從一個圓形的、沒有四肢和五臟六腑的受精卵發育而成。就人類來講，受精卵最早分裂的幾個細胞，每個都可以發育成一個完整的個體，這個時候的細胞叫做全能幹細胞。而受精五天之後的細胞不再能發育成完整的個體，這些細胞已經產生了功能分化，有的將來可以發育成外胚層皮膚、神經等，有的將來會發育成內胚層即五臟六腑等等，這是專門化的幹細胞。胚胎幹細胞的一部分在細胞分化成功能細胞的過程中停下，維持未分化的狀態，以備將來對組織更新的需求。

　　一九七○年，美國胚胎學家萊羅伊‧史蒂文生（Leroy Stevens）發現小鼠的某些胚胎細胞，一旦被移植到子宮之外，就會發育成混合著牙齒、骨骼、肌肉的畸形瘤。一九九八年，美國科學家詹姆斯‧湯普森（James Thomson）分離出人類胚胎幹細胞。

　　幹細胞的基因與普通細胞完全一致，但它的分化機理還尚未完

全清楚，生命的密碼尚有很多待解之謎。我們在各種新聞媒體上時不時會看到幹細胞研究的進展。DNA、生命、人這幾個詞結合在一起，給了人們無限的想像空間。無孔不入的商業娛樂自然不會忽略這個題材，一九九六年，日本 Capcom 公司推出電子遊戲《生化危機》以來，已經分化出電影、動畫等很多品類，並且綿延不衰；好萊塢賣座大片《侏羅紀公園》從琥珀中提取出恐龍 DNA，講述了人們製造出恐龍後所引起的一系列事件。

　　人造生命一直就是一個合理的想像，與科學無關。DNA 技術的進展，讓人造生命從科幻變成了現實。基因轉殖技術已經商用，其方法是在原有生物的 DNA 中插入人工分離和修飾過的基因，讓生物體變化，這是一種半人造生命。

　　科學會不會有一天發展到可以合成人體，就像生產線上的啤酒一樣？雖然人從本質上是複雜化合物的組合，成人共有約六十兆（6×10^{13}）個細胞，現在還沒有人大膽地想像到這一點。所謂合成人體，只需要合成一個具有分化全分化功能的人體細胞，就可以發育成一個完整的人，而這是有可能的。

　　比人造生命更近、更現實的將是基因改造。從某種角度說，現代醫學、優越的生活環境也使人類這個物種本身退化，人類因對環境的能力越來越脆弱。雖然現代醫學時間不長，在這種特定的環境下，對基因的影響可能是巨大的。理論和實踐已經證明，替換單一基因只需要十個世代的時間（《社會生物學》），而如果退回到舊時期茹毛飲血的生活方式，幾乎沒有多少人能夠在這種環境中分娩，更別說很多女人已經沒奶了。在優越的環境下，「不強健」的基因

分布頻率會越來越高，我們無法一直提高生存環境的優良程度，以至於讓每個人都生活在無菌室裡。

人們當然不會讓天擇這種較為殘酷的方式最佳化、或者保持基因的競爭力。那麼，改造或者修飾基因就成為一個必然的選擇。現在人們雖然接受基因轉殖食品尚存疑慮，但也許不久後滿街都是基因轉殖的人。

提瑞西阿斯無意中看見了雅典娜在洗澡

於是刺瞎了他的眼睛

雅典娜後悔了

但無法恢復他的視覺

她給了他預言未來的能力

然而看到未來是一種可怕的命運

因為無法改變未來

第十一章　展　望

後記

即便是經典的電影也很少有人回顧，人們總是在看新電影。書的壽命通常也是短暫的，即便是那些探討恆久問題而不是短期問題的書籍，也像生鮮食品一樣過期作廢，只有少量著述能夠幸運地被長期傳承。

本書顯然不是討論流行趨勢的，而是長久的議題，這樣的書二十年前出版或者五十年後出版，其真實價值差異不大，但我悲觀地意識到它被長期傳閱的機率不高。同時我也意識到，由於人類糟糕的記憶力只是為原始場景設計，誰都不可能記住多少書中的內容，讀完之後必高束焉、庋藏焉。那麼為了讓讀者收穫更多，讓這本書的生命力更頑強一點，我對本書做一個簡略總結。

由於心理學並不是一門成熟的科學，存在各種可能性就存在浩瀚的著述。在如此浩瀚的領域，我當然不可能全面閱讀，但我感覺本書有六個重要的發現：

1. 人類智力的起源。本書認為人類較高的智力水準是語言演化的副產品，而語言演化則是很自然的。

2. 人類智力的分類。它指的不是傳統上的數理邏輯、語言能力等分類方法，而是指人類智力可以分成本能、銘印、學習等能力。在這些智慧之中，我們又分成原始場景下需要的智慧，和只有文明社會才需要的智慧。這種劃分方法並非給諸多的劃分方法添亂，而是有非常重要

的意義。

3. 智力發育的甘特圖。每個人都知道三歲頑童、十多歲的少年和成人是不同的，但我們從未試圖精確地分析過這一問題。在我看來，僅從智力發育的自然規律而言，人們研究的實在太少，沒有很好的用於教育系統，以至於數十億人受其所累，沒有能夠很好地開發人類每個成員的潛力。

4. 人類母系社會的本源。人類社會並非是很顯著的父系社會或者母系社會，如果是很顯著的話，就輪不到我來發現這個問題了。但是，我認為較為傾向於母系社會塑造的人類性格，將來必將改變整個世界的結構，人類還會回到母系主導的本源中。

5. 戰時心理和平時心理。我從未見到有人提出過相似的說法，這個提法有力地解釋了群體狀態下一些特別的心理、行為模式。人們已經清楚人類並非總是理性的，但是並未從理論上清晰地界定這個問題。戰時心理這個概念的提出會成為團體心理學較為扎實的理論基礎，舉一反三，可以讓我們更加準確地認識在不同情境下的心理和行為特徵。

6. 挑選自身。自古人類就有意無意地挑選家養動植物的種子，於是牠們被馴化。基因技術的發展必將使這種挑選應用於人類自身，其深遠的影響難以估量。

以上六點，任何一點為真，並產生影響力，都是巨大的影響

力。所以，本書絕不是一些雞零狗碎的論證和堆砌。既然它已經出版，那麼它也像生命體一樣接受了天擇的淘汰和挑選，是為總結。

電子書購買

國家圖書館出版品預行編目資料

猿始　我們為什麼會有人性與個性？鬥
爭、從眾、好色、馴化，一場關於人類本
能的終極探索 / 孟慶祥編著 . -- 第一版 . --
臺北市：崧燁文化事業有限公司 , 2021.07
　面；　公分
POD 版
ISBN 978-986-516-688-5(平裝)
1. 人性 2. 個性
173.7　　110008621

猿始　我們為什麼會有人性與個性？鬥爭、從眾、好色、馴化，一場關於人類本能的終極探索

編　　者：孟慶祥
編　　輯：簡敬容
發 行 人：黃振庭
出 版 者：崧燁文化事業有限公司
發 行 者：崧燁文化事業有限公司
E - m a i l：sonbookservice@gmail.com
粉 絲 頁：https://www.facebook.com/sonbookss/
網　　址：https://sonbook.net/
地　　址：台北市中正區重慶南路一段六十一號八樓 815 室
Rm. 815, 8F., No.61, Sec. 1, Chongqing S. Rd., Zhongzheng Dist., Taipei City 100,
Taiwan (R.O.C)
電　　話：(02)2370-3310　　傳　　真：(02) 2388-1990
印　　刷：京峯彩色印刷有限公司（京峰數位）

- 版權聲明

定　　價：380 元
發行日期：2021 年 7 月第一版

臉書

蝦皮賣場